读者心理学导论

DUZHE XINLIXUE DAOLUN

孙海英 等 主编

知识产权出版社
全国百佳图书出版单位

图书在版编目（CIP）数据

读者心理学导论/孙海英等主编. —北京：知识产权出版社，2018.5
ISBN 978-7-5130-5518-5

Ⅰ.①读… Ⅱ.①孙… Ⅲ.①读者心理学 Ⅳ.①G252.0

中国版本图书馆 CIP 数据核字（2018）第 072457 号

内容提要

本书以图书馆的读者为特定研究对象，以中国古代心理学思想及著述、西方心理学经典学说、著作的心理学研究成果为依据，从图书馆学中的读者心理研究、阅读心理学的研究与应用、读者心理疾病的阅读疗法、数字化阅读中的读者心理等方面入手，结合研究团队的工作经验，力求从一个全新的角度，揭示现代社会各阶层各年龄各类型读者的阅读心理，形成一个较为系统的读者心理学，以便图书馆更好地为读者服务。本书可作为图书馆学理论研究者与实践者，图书馆学、档案学相关从业者，阅读心理学的研究者，以及所有热爱阅读的朋友们的参考用书。

责任编辑：许　波　　　　　　　责任出版：孙婷婷

读者心理学导论
DUZHE XINLIXUE DAOLUN

孙海英　等主编

出版发行	知识产权出版社有限责任公司	网　　址	http://www.ipph.cn
电　　话	010-82004826		http://www.laichushu.com
社　　址	北京市海淀区气象路 50 号院	邮　　编	100081
责编电话	010-82000860 转 8380	责编邮箱	xubo@cnipr.com
发行电话	010-82000860 转 8101	发行传真	010-82000893/82005070
印　　刷	北京中献拓方科技发展有限公司	经　　销	各大网上书店、新华书店及相关专业书店
开　　本	720mm×1000mm 1/16	印　　张	17.75
版　　次	2018 年 5 月第 1 版	印　　次	2018 年 5 月第 1 次印刷
字　　数	300 千字	定　　价	58.00 元

ISBN 978-7-5130-5518-5

出版权专有　侵权必究
如有印装质量问题，本社负责调换。

编委会

主　编 孙海英

副主编 金丽娜　孙丽丽　白美程
　　　　　陈　军　陈秀峰

主　审 胡锦成

前 言

在过去的半个多世纪里，美国著名的心理学家亚伯拉罕·哈洛德·马斯洛（Abranham Harold Maslow）所创立的人本主义心理学，尤其是他的"需求层次理论"，被奉为当代心理学的圭臬，广泛地应用于各个领域中。

马斯洛认为，人作为一个有机整体，具有多种动机和需要，包括生理需要、安全需要、归属与爱的需要、自尊需要和自我实现需要。当人的低层次需要被满足之后，会转而寻求实现更高层次的需要，其中自我实现的需要是超越性的，追求真、善、美将最终导向完美人格的塑造，高峰体验代表了人的这种最佳状态。

人类社会的进步，其实就是一个从低级需求向高级需求逐步进化的过程。人类的一切行为或动机，都是由这个心理需求驱动的，读书当然是人类谋求更高的需求满足的一种方法和手段。随着人类获取这种需求满足的方法和手段、所倚重的力量，从体力转向脑力，通过阅读和学习来获得知识和技能变得越来越重要。

图书馆出现和发展的过程，就是人这种有机体为满足其心理需求而不断培育与滋养的过程。换言之，图书馆就是在一个不断迎合与影响读者的阅读心理的过程中发展着的有机体。

研究读者的阅读心理，提供读者满意的文献与情报服务，从而实现图书馆的社会效益与文化担当，是当代图书馆人的责任与使命。

本书以图书馆的读者为特定研究对象，以前人的心理学研究成果为依据，结合研究团队的工作经验，力求从一个新的视角，揭示现代社会各阶层、各年龄、各类型读者的阅读心理，形成一个较为系统的读者心理学研究成果，进而以此为指导更好地为读者服务。

本书由佳木斯大学图书馆的孙海英（第一章）、金丽娜（第二章）、孙丽丽（第三章）、白美程（第四章）、陈军（第五章）、陈秀峰（第六章）合作完成。由于作者理论与认知水平的局限，本书难免存在疏漏之处，敬请广大读者朋友批评指正。

孙海英

2018年春于佳木斯

目录

第一章 中国古代心理学思想及著述

第一节 中国古代心理学发端/2

第二节 中国古代心理学的主要学说/4

第三节 其他非主流的心理学理论/52

第二章 西方心理学经典学说与著作

第一节 西方古典心理学代表人物及学说/62

第二节 现代心理学的学派及著作/71

第三节 精神分析类著作/81

第三章 图书馆学中的读者心理研究

第一节 中国图书馆史/110

第二节 世界图书馆史/113

第三节 大学图书馆史/122

第四节 图书馆学研究兴起/127

第五节 现代世界图书馆学代表人物/135

第六节 图书馆学中的读者心理研究/140

第四章　阅读心理学的研究与应用

第一节　阅读/150

第二节　三类阅读模式/155

第三节　阅读心理学/161

第四节　读者心理现象与分析/165

第五节　国外对读者心理的研究/170

第六节　国内读者心理学的研究/175

第五章　读者心理疾病的阅读疗法

第一节　阅读卫生学与阅读疗法/196

第二节　早期对阅读疗法的认识/201

第三节　阅读疗法理论基础/206

第四节　国外的阅读疗法研究/215

第五节　国内的阅读疗法研究/221

第六章　数字化阅读中的读者心理

第一节　数字化阅读的技术基础/234

第二节　数字图书馆及其研究/239

第三节　数字化阅读/257

第四节　数字化阅读中读者心理/266

参考文献/274

第一章
中国古代心理学思想及著述

第一节　中国古代心理学发端

书是最传统也是最典型的文献，中国古代人说到"书"，如果不是特指，读者都知道他说的是"四书五经"❶ 中"五经"里的《书经》，《书经》又称《尚书》，相传是孔夫子（子姓，孔氏，名丘，字仲尼，前551—前479年）编纂的一部伟大的文献典籍，是虞、夏、商、周时期"典、谟、训、诰、誓、命"的汇编，是中国现存最早的史书和政书，不仅包括了"二帝三王之道"，同时也是"七经的冠冕，百代的襟袖"，为宋人言心、言性、言理所出之处。换句话说，它就是中国古代心理学的奠基之作。

但孔夫子本人是不知道这部书被后人称为《尚书》的，因为《尚书》是汉代才叫的名字。

孔夫子所编的这部书中有一篇名为《洪范》，"洪"者"大"也（洪水就是大水），"范"者"法"也。"洪范"即统治大法，用今天的话来说就是"宪法"。

"宪法"是国家的根本大法，按说应该通俗易懂才是，但唐代的大学问家韩愈却认为"周诰殷盘，佶屈聱牙"，也就是说《尚书》这本书，看着太烧脑，读着太饶舌。果真如韩先生说得这么不堪么？非也，只是那韩先生打心眼里反感宪法。

下面是《尚书·洪范》的原文：

惟十有三祀，王访于箕子。王乃言曰："呜呼！箕子，惟天阴骘下民，相协厥居，我不知其彝伦攸叙。"

箕子乃言曰："我闻在昔，鲧陻洪水，汨陈其五行。帝乃震怒，不畀洪范九畴，彝伦攸斁。鲧则殛死，禹乃嗣兴。天乃锡禹洪范九畴，彝伦攸叙。"

"初一曰五行，次二曰敬用五事，次三曰农用八政，次四曰协用五纪，次五

---

❶ "四书五经"是四书和五经的合称，中国儒家经典书籍。四书指的是《论语》《孟子》《大学》和《中庸》；而五经指的是《诗经》《书经》《礼经》《易经》《春秋经》，简称为"诗、书、礼、易、春秋"，在之前，还有一本《乐经》，合称"诗、书、礼、乐、易、春秋"，这六本书也被称做"六经"，其中的《乐经》后来亡佚了，就只剩下了五经。四书之名始于宋朝，五经之名始于汉武帝。

曰建用皇极，次六曰乂用三德，次七曰明用稽疑，次八曰念用庶征，次九曰向用五福，威用六极。"

这段话译为白话文就是：

> 周文王十三年（大约是前1087年），周文王姬昌的儿子周武王姬发拜访箕子。武王说道："哎呀！箕子先生，上天庇护下民，帮助他们共建和谐社会，我不知道上天规定了哪些治国的纲领？"
>
> 箕子回答说："我听说从前鲧堵塞治理洪水，将水火木金土五行的排列扰乱了。天帝大怒，没有把九种治国大法给鲧。治国安邦的常理受到了破坏。鲧在流放中死去，禹起来继承父业，上天于是就把九种大法赐给了禹，治国安邦的常理因此确立起来。"
>
> "第一是五行，第二是慎重做好五件事，第三是努力办好八种政务，第四是合用五种计时方法，第五是建立最高法则，第六是用三种德行治理臣民，第七是明智地用卜筮来排除疑惑，第八是细致研究各种征兆，第九是用五福劝勉匹民，用六极惩戒罪恶。"

箕子，子姓名胥余，殷商末期人，是商纣王子辛受的叔父，官太师，封于箕，子爵，故后人称其为箕子。周武王向他讨教的时候，还只是西伯候的接班人，也就是"候储"，这时商离被武王灭国还有30多年，此时二人的年纪还都不会太大，而商的国君还是纣王的父亲帝乙。所以，这个给未来的"革命家"指明前进方向的箕子说起来算是个卖国贼了。也许正是因为这个，周武王真的成了周武王以后，并没有难为这位"革命导师"，古书上说他，"违衰殷之运，走之朝鲜"，建立东方君子国，其流风遗韵，至今犹存。当然，古书上出现了明太祖朱元璋赐名的"朝鲜"，这个古书上说的事的真伪也就值得考证了。

箕子所说的九条里唯一需要解释的就是五件事，哪五件事呢？孔夫子给出的课下注释是这样解释的：

> 五事：一曰貌，二曰言，三曰视，四曰听，五曰思。貌曰恭，言曰从，视曰明，听曰聪，思曰睿。恭作肃，从作乂，明作晳，聪作谋，睿作圣。

这段话译为白话文就是：

> 五事：一是态度，二是言论，三是观察，四是听闻，五是思考。态度要

恭敬．言论要正当，观察要明白，听闻要聪敏，思考要通达。态度恭敬臣民就严肃，言论正当天下就大治，观察明白就不会受蒙蔽，听闻聪敏就能判断正确，思考通达就能成为圣明的人。

从态度到思考，兼以中间的言论、观察和听闻，这就是一个完整的心理活动链条。所以说中国古代朴素心理学的源头就在于此。

第二节　中国古代心理学的主要学说

一、人贵论

心理学是研究人的最主要的一门科学。心理学如果看不到人是世界万物中最可贵的东西，就会忽视了它自己的一项最重要的任务，即阐明人的最重要的本质特征和所发挥的重大作用。所以"人贵"思想是心理学所最需要的一种最根本的思想。没有这样的认识，就会把人和动物以至一般生物混作一谈，以致使心理学模糊或完全忽视了自己最核心的课题。中国古代心理学思想中很独特的一种思想就是"人贵论"。

"人贵论"是中国古代心理学思想中最重要的部分。"人贵论"的核心思想就是人是世界最可贵、最重要的事物，而人的贵在于人的思想，也就是人的心理活动。"人贵论"认为人是世界万物中最为可贵的，能起最大作用的生物，而人的可贵则在于有智慧。"人贵论"和"人为万物之灵"这句话是同样的意义。

从心理学角度来看，人之所以最为可贵主要是因为人类拥有发展到很高的高度的心理活动，而心理学也正是要研究人之所以可贵的实质。因此人也就成为最值得并最有必要由科学来予以研究、了解的东西。

中国古代的思想家几乎没有一人不把人和禽兽完全区分开来。这是中国整个古代思想中的一直绵延不绝直到现在的优良传统。

《孝经·圣治章第九》❶ 上有这样一段：

曾子曰："敢问圣人之德无以加于孝乎？"子曰："天地之性，惟人为贵。人之行，莫大于孝。孝莫大于严父，严父莫大于配天，则周公其人也。昔者周公郊祀后稷，以配天。宗祀文王于明堂，以配上帝。是以四海之内，各以其职来祭。夫圣人之德，又何以加于孝乎。故亲生之膝下，以养父母日严。圣人因严以教敬，因亲以教爱。圣人之教不肃而成，其政不严而治，其所因者本也。父子之道，天性也。君臣之义也。父母生之，续莫大焉。君亲临之，厚莫重焉。故不爱其亲而爱他人者，谓之悖德。不敬其亲而敬他人者，谓之悖礼。以顺则逆民，无则焉不在于善，而皆在于凶德。虽得之，君子不贵也。君子则不然，言思可道，行思可乐，德义可尊，作事可法，容止可观，进退可度，以临其民。是以其民畏而爱之，则而像之。故能成其德教，而行其政令。诗云：淑人君子，其仪不忒。"

这段话译为白话文就是：

曾子说："我很冒昧地请问，圣人的德行，没有比孝道更大的了吗？"孔子说："天地万物之中，以人类最为尊贵。人类的行为，没有比孝道更为重大的了。在孝道之中，没有比敬重父亲更重要的了。敬重父亲，没有比在祭天的时候，将祖先配祀天帝更为重大的了，而只有周公能够做到这一点。当初，周公在郊外祭天的时候，把其始祖后稷配祀天帝；在明堂祭祀，又把父亲文王配祀天帝。因为他这样做，所以全国各地诸侯能够克尽职守，前来协助他的祭祀活动。可见圣人的德行，又有什么能超出孝道之上呢？因为子女对父母亲的敬爱，在年幼相依父母亲膝下时就产生了，待到逐渐长大成人，则一天比一天懂得对父母亲的爱敬。圣人就是依据这种子女尊敬父母的天性，教导人们对父母孝敬；又因为子女对父母天生的亲情，教导人们爱的道理。圣人的教化之所以不必严厉的推行就可以成功，圣人对国家的管理不必施以严厉粗暴的方式就可以治理好，是因为他们因循的是孝道这一天生自然的根本天性。父亲与儿子的亲恩之情，乃是出于人类天生的本性，也体现

---

❶《孝经》中国古代儒家的伦理学著作。传说是孔子自作，但南宋时已有人怀疑是出于后人附会。清代纪昀在《四库全书总目》中指出，该书是孔子"七十子之徒之遗言"，成书于秦汉之际。自西汉至魏晋南北朝，注解者及百家。现在流行的版本是唐玄宗李隆基注，宋代邢昺疏。全书共分为18章。

了君主与臣属之间的义理关系。父母生下儿女以传宗接代，没有比此更为重要的了；父亲对于子女又犹如尊严的君王，其施恩于子女，没有比这样的恩爱更厚重的了。所以那种不敬爱自己的父母却去爱敬别人的行为，叫作违背道德；不尊敬自己的父母而尊敬别人的行为，叫做违背礼法。不是顺应人心天理地爱敬父母，偏偏要逆天理而行，人民就无从效法了。不是在身行爱敬的善道上下功夫，反而凭借违背道德礼法的恶道施为，虽然能一时得志，也是为君子所鄙视的。君子的作为则不是这样，其言谈，必须考虑到要让人们所称道奉行；其作为，必须想到可以给人们带来欢乐；其立德行义，能使人民为之尊敬；其行为举止，可使人民予以效法；其容貌行止，皆合规矩，使人们无可挑剔；其一进一退，不越礼违法，成为人民的楷模。君子以这样的作为来治理国家，统治黎民百姓，所以民众敬畏而爱戴他，并学习仿艾其作为。所以君子能够成就其德治教化，顺利地推行其法规、命令。《诗经》中说：'善人君子，其容貌举止丝毫不差。'"

上文中出现了"天地之性（生）人为贵"。这可以说是"人贵论"思想的最早表述。

中国古代心理学思想中的"人贵论"是一种很值得珍视的思想，对科学的心理学是一种极重要的根本观点。心理学如不理解人在这个世界中的重要独特地位及其所能发挥的越来越大的作用，要把自己建立成为一种正确的而不是歪曲的或不完善的科学，是很困难或者说是做不到的。

中国的古人认为人是万物中的灵长，惟人万物之灵。

同样是在《尚书》的另一篇《泰誓上》❶中，周武王说："惟天地万物父母，惟人万物之灵。"

原文如下：

惟十有一年，武王伐殷。一月戊午，师渡孟津，作《泰誓》三篇。

王曰："嗟！我友邦冢君越我御事庶士，明听誓。惟天地万物父母，惟人万物之灵。亶聪明，作元后，元后作民父母。今商王受，弗敬上天，降灾下民。沈湎冒色，敢行暴虐，罪人以族，官人以世，惟宫室、台榭、陂池、侈服，以残害

---

❶ 道纪居士解译. 尚书全鉴 [M]. 北京：中国纺织出版社，2016.

于尔万姓。焚炙忠良，刳剔孕妇。皇天震怒，命我文考，肃将天威，大勋未集。

肆予小子发，以尔友邦冢君，观政于商。惟受罔有悛心，乃夷居，弗事上帝神祇，遗厥先宗庙弗祀。牺牲粢盛，既于凶盗。乃曰：'吾有民有命！'罔惩其侮。天佑下民，作之君，作之师，惟其克相上帝，宠绥四方。有罪无罪，予曷敢有越厥志？同力，度德；同德，度义。受有臣亿万，惟亿万心；予有臣三千，惟一心。

商罪贯盈，天命诛之。予弗顺天，厥罪惟钧。予小子夙夜祗惧，受命文考，类于上帝，宜于冢土，以尔有众，底天之罚。天矜于民，民之所欲，天必从之。尔尚弼予一人，永清四海，时哉弗可失！"

这段话译为白话文就是：

周受命后十一年，武王伐殷。一月戊午，大军渡过孟津，作《泰誓》三篇。

武王说："听我说，来自友邦的国君和战士们，听清我们的誓言：天地是万物的父母，人类是万物的灵长，只有聪明睿智的人才能被上天选择，做人民的父母。今天的商纣王，不敬上天，给人民带来灾害。他沉湎于酒色，行事暴虐，一个人犯罪，要株连所有族人，官职都被某些家族世代把持，大量兴修宫殿、台榭、水池，制造奢侈的服饰，残害你们这些百姓。他把忠良之士架在火上烤，抛开孕妇的肚子，皇天因此震怒，授予我父亲使命，来彰显上天的威严，但可惜大功未成。

今天，我这个鲁莽的年轻人——姬发，要和你们这些友邦的君主，一起到商王那里去看看他们的政治。让我们看看这位纣王是否有悔改之心。他以前不服事上帝，不祭祀自己的祖先，随意处置祭品，他自负地认为'我已经拥有人民和天命'。如果他今天还是这样，我们不必让他继续羞辱我们。上天保护人民，因此才设立君主，做人民的导师，这是希望他们能够效法上帝的品德，满足四方的利益。如果商王无罪，我怎敢有讨伐君主的僭越之心？力量相同的时候，利益一致的人更有力量，利益一致的时候，拥有道义的人更有力量。纣王虽然有亿万臣民，但他们是亿万颗心，我虽然只有三千追随者，我们是一颗心。

商王已经恶贯满盈，是上天派遣我们去诛杀他。如果我们不顺从天意，我们是有罪的。我这个鲁莽的年轻人已经心怀恐惧地反复思考，这是我父亲的遗命，这也是上天的使命，这是有利于我们家园的事业。因此，我最终决定带领你们，完成上天要我们进行的讨伐。上天是怜悯人民的，人民都渴望的，上天一定会听从。今天请你们帮助我，完成这个四海永清的事业，时机已到，决不要错过！"

对"惟天地万物父母，惟人万物之灵"一句，《尚书·孔传》中的解释是："天地所生，惟人为贵。"这是中国思想家一直宣称的"人为万物之灵"的表述，是"人贵论"的另一种说法。

春秋时思想家老子也认为"域中有四大，而人居其一"，所谓"四大"指的是道、天、地和人。他指出人与天地同为一"大"，在天地间有优越的位置。此语出自《道德经》❶：

有物混成，先天地生。寂兮寥兮，独立而不改，周行而不殆，可以为天下母。吾不知其名，字之曰道，强为之名，曰大。大曰逝，逝曰远，远曰反。故道大，天大，地大，人亦大。

域中有四大，而人居其一焉。人法地，地法天，无法道，道法自然。

这段话译为白话文就是：

有一存在浑融而成，先于天地分化的现实世界而存在。它无音无形，廓然无依地自在，没有根本性的迁改；循环反复地运行，永不败坏。可以称之为天下万物共同依归的母本。我不知道它确切的名号叫什么，给它加上一个标号说是"道"，勉强给它一个描述说它是无不包含的整体存在。这个整体存在绵延运行，运行之中它远化展开，远化展开之后又循环反复。因此，道是整体性存在，天是整体性存在，地是整体性存在，人也是整体性存在。宇宙中有四个层次的整体性存在，而人是其中之一。人效法地，地效法天，天

---

❶ 《道德经》，又名《老子》，由春秋时道家创始人老子的著作，记录了春秋晚期思想家老子的学说，是中国古代先秦诸子分家前的一部著作，为其时诸子所共仰，是道家哲学思想的重要来源。道德经分上下两篇，原文上篇《德经》、下篇《道经》，不分章，后改为《道经》在前，《德经》在后，并分为81章。其是中国历史上首部完整的哲学著作。《德经》在前是谓先修自身心意，后《道经》是谓以身心精进，在体悟道之所传。

效法道，道则以随遇自在、作为法则。

继孔孟之后的战国时期的又一大儒荀子（名况，字卿，约前313年—前238年）在他的《荀子·王制》❶中写到：

水火有气而无生，草木有生而无知，禽兽有知而无义；人有气、有生、有知，亦且有义，故最为天下贵也。力不若牛，走不若马，而牛马为用，何也？曰：人能群，彼不能群也。人何以能群？曰：分。分何以能行？曰：义。故义以分则和，和则一，一则多力，多力则强，强则胜物，故宫室可得而居也。故序四时，裁万物，兼利天下，无它故焉，得之分义也。

这段话译为白话文就是：

水、火有气却没有生命，草木有生命却没有知觉，禽兽有知觉却不讲道义；人有气、有生命、有知觉，而且讲究道义，所以人最为天下所贵重。人的力气不如牛，奔跑不如马，但牛、马却被人役使，为什么呢？就是因为：人能结合成社会群体，而它们不能结合成社会群体。人为什么能结合成社会群体？就是因为有等级名分。等级名分为什么能实行？就是因为有道义。所以，根据道义确定了名分，人们就能和睦协调；和睦协调，就能团结一致；团结一致，力量就大；力量大了，就强盛；强盛了，就能战胜外物；所以人才有可能在房屋中安居。所以，人才能依次排列四季，管理好万事万物，使天下都得到利益，这并没有其他的缘故，而是从名分和道义中得来的。

在这段话中，荀子指出，人之所以区别并凌驾于万物，在于人有道义，套用一句心灵鸡汤里的话就是，人可以有一个强大的精神世界。

到了汉武帝时期，中国又出了一个大儒（从此中国"罢黜百家，独尊儒术"了）董仲舒（前179年—前104年），董仲舒在他的《举贤良对策》中系统地提出了"天人感应"。

董仲舒认为，人"超然万物之上而最为天下贵"（《春秋繁露·天地阴阳》）：

天、地、阴、阳、木、火、土、金、水、九，与人而十者，天之数毕也。故

---

❶ 《荀子》是战国末年著名唯物主义思想家荀况的著作。该书旨在总结当时学术界的百家争鸣和自己的学术思想，反映唯物主义自然观、认识论思想以及荀况的伦理、政治和经济思想。

数者至十而止，书者以十为终，皆取之此。人何其贵者？起于天至于人而毕。

这段话译为白话文就是：

> 天、地、阴、阳、木、火、土、金、水，计九种，加上人共十种，上天之数就完全了。所以数目达到十就终止了，书写和符号也以十作为终结，全由这个取法。人类为何贵？因为他由天而起到人而结束。

其后的东汉唯物主义哲学家，无神论者王充（27—约97）同样认为，人之所以可贵，在于他有知识、有智慧。他说："倮虫三百，人为之长，天地之性，人为贵，贵其识知也。"此语出自《论衡·别通》：

> 人生禀五常之性，好道乐学，故辨于物。今则不然，饱食快饮，虑深求卧，腹为饭坑，肠为酒囊，是则物也。倮虫三百，人为之长。天地之性，人为贵，贵其识知也。今闭暗脂塞，无所好欲，与三百倮虫何以异，而谓之为长而贵之乎？

这段话译为白话文就是：

> 人生来就承受了仁、义、礼、智、信五常本性，喜爱道义，乐于学习，所以区别于其他动物。现在却不是这样，要吃得饱，喝得痛快，稍用心思就想睡觉，肚子成了饭坑，肠子成了酒袋，这就成了一般动物。没有羽毛鳞甲的360种动物，人是它们的首领。天地间有生命的东西，人最为宝贵，宝贵在人懂得求知。如今愚昧无知，对学习没有一点爱好和要求，跟360种没有羽毛鳞甲的动物有什么区别呢？能说他们是无羽毛鳞甲动物的首领而尊贵他们吗？

王充又说："人，物也，万物之中有智慧者也。"语出《论衡·辨祟》[1]：

> 夫倮虫三百六十，人为之长。人，物也，万物之中有知慧者也。其受命于天，禀气于元，与物无异。鸟有巢栖，兽有窟穴，虫鱼介鳞，各有区处，犹人之有室宅楼台也。能行之物，死伤病困，小大相害。或人捕取以给口腹，非作巢穿穴有所触，东西行徙有所犯也。人有死生，物亦有终始；人有起居，物亦有动

---

[1] 《论衡》一书为东汉思想家王充（27—97）所作，大约完成于汉章帝元和三年（86年）。现存文章有85篇（其中的《招致》仅存篇目，实存84篇）。《论衡》细说微论，解释世俗之疑，辨照是非之理，它的创作目的是"冀悟迷惑之心，使知虚实之分"（《论衡·对作》篇）。

作。血脉、首足、耳目、鼻口与人不别,惟好恶与人不同,故人不能晓其音,不见其指耳。

这段话译为白话文就是:

> 在360种倮虫中,人是首领。人,是物,是万物之中有智慧的一种。人从上天承受命,从天地元气那里承受气,这和万物没有什么不同。鸟有鸟窝,兽有兽穴,虫鱼介鳞各种动物,各有居住的地方,如同人有室宅楼台一样。能行动的动物,死伤病因,小的大的相互侵害。有的被人捕捉去满足口腹之欲,并不是因为作窝、凿洞时触犯了什么鬼神,也不是因为向东或向西搬迁时触犯了什么鬼神。人有生有死,动物也有始有终;人有日常生活,动物也有各种活动。动物的血脉、首足、耳目、口鼻和人没有区别,只是爱好憎恶和人不同,所以人不懂得它们的声音,不了解它们的意图。

唐代哲学家刘禹锡则更进一层指出天人相互制约、相互作用的关系。他在《天论》[1]中提出的天与人"交相胜""还相用"的学说发展了"人贵论"的观点。

原文节选如下:

或曰:"子之言天与人交相胜,其理微,庸使户晓,盍取诸譬焉。"刘子曰:"若知旅乎?夫旅者,群适乎莽苍,求休乎茂木,饮乎水泉,必强有力者先焉,否则虽圣且贤莫能竞也。斯非天胜乎?群次乎邑郭,求荫于华榱,饱于饩牢,必圣且贤者先焉,否则强有力莫能竞也。斯非人胜乎?苟道乎虞、芮,虽莽苍犹郛邑然;苟由乎匡、宋,虽郛邑犹莽苍然。是一日之途,天与人交相胜矣。吾固曰:是非存焉,虽在野,人理胜也;是非亡焉,虽在邦,天理胜也。然则天非务胜乎人者也,何哉?人不宰,则归乎天也。人诚务胜乎天者也,何哉?天无私,故人可务乎胜也。吾于一日之途而明乎天人,取诸近也已。"

或者曰:"若是,则天之不相预乎人也信矣,古之人曷引天为?"答曰:"若知操舟乎?夫舟行乎潍、淄、伊、洛者,疾徐存乎人,次舍存乎人。风之怒号,不能鼓为涛也;流之溯洄,不能峭为魁也。适有迅而安,亦人也;适有覆而胶,

---

[1] 刘禹锡. 天论[M]. 天津纺织学院理论组,译注. 天津:天津人民出版社,1975.

亦人也。舟中之人未尝有言天者，何哉？理明故也。彼行乎江、河、淮、海者，疾徐不可得而知也，次舍不可得而必也。鸣条之风，可以沃日；车盖之云，可以见怪。恬然济，亦天也；黯然沉，亦天也。阽危而仅存，亦天也。舟中之人未尝有言人者，何哉？理昧故也。"

这段话译为白话文就是：

  有人说："你讲的这套'天与人交相胜'的道理太深奥了，要真想让大家明白，做到家喻户晓，最好打个比方，讲得通俗一些。"譬如人旅行，走到离城市相当远的地方，想在大树下面休息一下，到泉水旁边喝一口水。在这种情况下，身体强壮有力量的人跑在前边。虽有圣人、贤人，也不能和他竞争。这不是天胜吗？人进了城，想在华丽的房子里面休息，想吃好饭。在这个时候，圣人、贤人就在先，身体强壮有力量的人也不能和他竞争。这不是人胜吗？如果社会上的秩序很好，在野外也就和在城里一样，都是人胜。如果秩序不好，在城里也和在野外一样，都是天胜。所以我说：在有是非的地方，即使是荒野，人也是会胜的，反之，无是非的地方，即使是在城邦，天也要胜人的。为什么呢？人把自己的不幸归因于天，人实在是可以胜天的。为什么这么说？天没有私心，所以人可以胜天。这是我在走一天的路之中，所悟出来的最接近真理的道理。

  有人问："如果真像你说的那样，天不会帮人什么忙，那古人为什么常常称引天呢？"我的回答说："知道行船吗？当船在潍河、淄水、伊水、洛水这些小河中行驶的时候，船速的快慢由人操纵，停泊起航也由人决定。在小河中，即使狂风怒号，也不能激起波涛；河水逆流形成漩涡，也不能耸起洪峰。如果船行得迅速而平稳，这是人为的；如果船倾覆或搁浅，也是人为的。船上人没有说这是天意，因为事情发生的道理是很明白的。那些在长江、黄河、淮水、大海里航行的船，不能预计航行的快慢，停泊起航也不好掌握。吹动树枝的小风，顷刻之间就可掀起遮天蔽日的巨浪；车篷大小的云块，一会儿就可以引出变幻莫测的怪异现象。在这种情况下，船能安然自得地航行，在于自然条件；临近危险而单独幸存，还是在于自然条件。船上的人没有说这是人为的，这是为什么？因为人们不明白事情发生的道理。"

在以上的文字中，刘禹锡阐述了两个重要的哲学观点，一个是他认为万事万物都必有"数"和"势"，这个"数"是指事物运动的客观规律；"势"是指事物发展的必然趋势。

刘禹锡的"数"出自《天论·中篇》❶：

问者曰："吾见其骈焉而济者，风水等耳。而有沉有不沉，非天曷司欤？"答曰："水与舟，二物也。夫物之合并，必有数存乎其间焉。数存，然后势形乎其间焉。一以沉，一以济，适当其数乘其势耳。彼势之附乎物而生，犹影响也。本乎徐者其势缓，故人得以晓也；本乎疾者其势遽，故难得以晓也。彼江、海之覆，犹伊、淄之覆也。势有疾徐，故有不晓耳。"

问者曰："子之言数存而势生，非天也，天果狭于势邪？"答曰："天形恒圆而色恒青，周回可以度得，昼夜可以表候，非数之存乎？恒高而不卑，恒动而不已，非势之乘乎？今夫苍苍然者，一受其形于高大，而不能自还于卑小；一乘其气于动用，而不能自休于俄顷，又恶能逃乎数而越乎势耶？吾固曰：万物之所以为无穷者，交相胜而已矣，还相用而已矣。天与人，万物之尤者耳。"

这段话译为白话文就是：

> 还有人问："你的说法有些道理，可怎么解释那些一起行船却一个沉、一个不沉的情况呢？"作者回答："水和船是两种东西，作用在一起，其间有'数'有'势'。'数'和'势'一起作用，'势'这东西是依附在物体上的，物体运动得快，它的'势'就强，运动得慢，它的'势'就弱。船划得慢也可能会翻，但它是怎么翻的，我们看得明白；船要是太快，在大江大海里行进，势很疾，即使翻了船，也看不明白是怎么回事。"

> 还有人问："你那么看重'数'和'势'，却不拿老天当回事，天的作用难道还比不上数和势吗？"作者回答："天的形体永远是圆的，颜色永远是青的，四季的运转周期可以计算出来，昼夜的交替可以用仪器观测出来，就是因为'数'存在于其中。天永远是那么高远而不低下，永远在运动而

---

❶ 刘禹锡的《天论》三篇，写于贬谪朗州时期。"永贞革新"失败后，刘禹锡、柳宗元等参与改革运动的核心人物，遭受守旧势力的迫害。韩愈以"论史"为题对柳宗元进行有神论的说教："夫为史者，不有人祸，则有天刑。"暗示"永贞革新"的失败是"天"的惩罚。柳宗元撰写了《天说》，驳斥韩愈鼓吹天有意志，能赏功罚祸的谬论，刘禹锡写作《天论》，是为了更透彻地辩明这个问题。

不停止，就是因为'势'在起着作用。那苍茫无际的天，一旦形成了高大的形体，自己就不能再回复到卑小的状态；一旦凭借着元气而运动，自己就不能停止片刻。天又怎么能逃脱'数'和超越'势'呢？所以，我坚持认为万物都是'交相胜，还相用'的。"

刘禹锡指出，行进在平静江河里的船只，由于操舟者对于水与船之间运动规律"数"掌握得准确，就不会翻船。他实际上已认识到掌握客观规律办事的重要性问题，尽管这种认识不是十分清晰。

第二个是"空"。原文如下：

问者曰："天果以有形而不能逃乎数，彼无形者，子安所寓其数邪？"答曰："若所谓无形者，非空乎？空者，形之希微者也。为体也不妨乎物，而为用也恒资乎有，必依于物而后形焉。今为室庐，而高厚之形藏乎内也；为器用，而规矩之形起乎内也。音之作也有大小，而响不能逾；表之立也有曲直，而影不能逾。非空之数欤？夫目之视，非能有光也，必因乎日月火炎而后光存焉。所谓晦而幽者，目有所不能烛耳。彼狸、狌、犬、鼠之目，庸谓晦为幽邪？吾固曰：以目而视，得形之粗者也；以智而视，得形之微者也。乌有天地之内有无形者耶？古所谓无形，盖无常形耳，必因物而后见耳。乌能逃乎数耶？"

这段话译为白话文就是：

> 提问题的人接着问："就算你说的对，天因为有形体存在而逃脱不了'数'的限制，那么，对那些无形的东西你又怎么用你的'数'来做解释呢？"作者回答："你所谓的无形的东西，是不是空啊？空这个东西也是有形体的，只不过它的形体要依附于其他东西而存在。一间屋子，里边是空的，这是四四方方的空；一只杯子，里边是空的，这是圆柱体的空。不管你说什么空，就照我这个说法自己推理好了。难道天地之内真有无形的东西存在吗？没那回事！古人所谓的'无形'，其实是'无常形'，也就是没有固定的形状，依附在物体上也就现了形了。所以，你所谓的无形的东西也一样逃不了'数'的限制。"

刘禹锡认为"空"是一种物质存在的特殊形式。相对于"器用"而言，它是"空"；相对于"常形"而言，它是"无"，而它的存在却是千真万确的。

宋代朱熹（1130—1200）《朱子语类》❶中有这样一段话：

人贵剖判，心下令其分明，善理明之，恶念去之。若义利，若善恶，若是非，毋使混殽，不别于其心。譬如处一家之事，取善舍恶；又如处一国之事，取得舍失；处天下之事，进贤退不肖。蓄疑而不决者，其终不成。

这段话译为白话文就是：

人的可贵在于有分析判断的能力，一事当前，心里有正确的判断，善的道理让它发扬光大，恶的念头要去除它。譬如义和利，善和恶，是和非，不能混淆，在自己心里不能没有分别。譬如处理一家的事，要取善舍恶；处理一国（这里指古代的诸侯国）的事情，要取得舍失；处理天下（这里指治理国家）的事情，要任用贤良正直的人排斥坏人小人。如果在心里对是非曲直犹豫不决，一定是一事无成的。

二、天人论

"人论"是中国传统思想的基本内容之一。"天人论"是关于人和天关系的学说。人和天的关系的问题是中国古代许多思想家所关心并论述过的问题。中国古代思想家对天人关系的看法也有对立的两种。一种看法是把天看作人化的天，认为它也像人一样有意志，有思想感情，能祸福人，能主宰人的生死和国家的存亡。这种思想是封建统治阶级所欢迎、所推崇的，因为可以用作愚民的工具。封建帝王所御用的学者就宣扬这种非科学思想。

"天人论"的思想最早见于荀子的《天论》❷：

治乱，天邪？曰：日月星辰瑞历，是禹、桀之所同也；禹以治，桀以乱，治乱非天也。时邪？曰：繁启蕃长于春夏，畜积收藏于秋冬，是又禹、桀之所同也；禹以治，桀以乱，治乱非时也。地邪？曰：得地则生，失地则死，是又禹、桀之所同也；禹以治，桀以乱，治乱非地也。……

---

❶ 朱熹与其弟子问答的语录汇编。中国宋代景定四年（1263年）黎靖德以类编排，于咸淳二年（1270年）刊为《朱子语类大全》140卷，即今通行本《朱子语类》。此书编排次第，首论理气、性理、鬼神等世界本原问题，以太极、理为天地之始；次释心性情意、仁义礼智等伦理道德及人物性命之原；再论知行、力行、读书、为学之方等认识方法。

❷ [战国] 荀况. 荀况和《天论》[M]. 太原：山西人民出版社，1974.

星队木鸣，国人皆恐。曰：是何也？曰：无何也。是天地之变，阴阳之化，物之罕至者也。怪之可也，而畏之非也。夫日月之有蚀，风雨之不时，怪星之党见，是无世而不常有之。上明而政平，则是虽并世起，无伤也。上闇而政险，则是虽无一至者，无益也。夫星之队，木之鸣，是天地之变，阴阳之化，物之罕至者也。怪之可也，而畏之非也。

雩而雨，何也？曰：无何也，犹不雩而雨也。日月食而救之，天旱而雩，卜筮然后决大事，非以为得求也，以文之也。故君子以为文，而百姓以为神。以为文则吉，以为神则凶也。

这段话译为白话文就是：

> 社会的太平和动乱，是天决定的吗？回答说：日月星等天体运行和历法现象，这是夏禹和夏桀同有的自然条件，夏禹凭借这样的自然条件把国家治理得很好，夏桀却把国家搞乱了，所以太平和动乱不是天决定的。是时节变化决定的吗？回答说：庄稼在春夏都生长茂盛起来，在秋冬则收获储藏起来，这又是夏禹和夏桀同有的自然条件，夏禹凭借它把国家治理好了，夏桀却把国家搞乱了，所以治乱不是时节变化决定的。是地理条件决定的吗？回答说：庄稼得到土地便生长，离开土地就死去，这又是夏禹和夏桀同有的自然条件，夏禹凭借它使国家大治，夏桀却把国家搞乱了，所以治乱不是土地决定的。
>
> 流星坠落，树木爆裂作响，国都里的人都惊恐。问道：这是怎么回事？答道：没有什么。这是自然界发生的变化，是较少出现的现象。对它感到奇怪是可以的，害怕它就不对了。日食月食发生，刮风下雨不合时节，怪星偶然出现，这是没有哪个时代不曾有过的。君主英明、政局安定，就是这些现象同时发生，也没有危害。君主昏庸、政治暴虐，即使这些现象一样也不出现，也没有好处。所以说，流星坠落，树木作响，这是自然界发生的变化，事物较少出现的现象。认为它奇怪是可以的，害怕它就不对了。
>
> 举行求雨的祭祀便下了雨，这是为什么？答道：没有什么，就如同不举行求雨的祭祀也下雨一样。出现日食月食就敲击锣鼓去抢救，天旱就举行求雨的祭祀，先占卜然后才决定大事，不是用它来作为得到所祈求的东西的手

段，只不过用它为政事作装饰。所以君子把它看作是一种文饰，可是普通百姓却把它看作神灵存在的具体表现了。认为是一种装饰手段就会有好处，认为有神灵就有害处了。

这段文字从头到尾都是在说天，也就是自然与人的关系，荀子的"天人论"的核心是天不能决定人的命运，而人要掌握和利用天道来为人服务。荀子认为，"星坠，木鸣，国人皆恐。日是何也？曰无何也，是天地之变，阴阳之化，物之罕至者也。怪之可也，而畏之非也"。这是用天地间自然的变化来说明灾异这类现象的。它们因为是少见的或者因为人自己缺乏认识才令人感到奇怪，并无别的什么。这就是他有名的"欲天"思想。

关于人和天的关系的学说。中国古代思想家对天人关系的看法有对立的两种。一种看法是唯心论的"天人论"，把天看作人化的天，认为天也像人一样有意志，有思想感情，能祸福人，能主宰人的生死和国家的存亡。汉初的董仲舒是这种思想的一个主要代表。唯心论的"天人论"和科学的心理学思想完全无关，与心理学思想有关的是唯物论的"天人论"。这种天人关系论认为天并不是别的什么，只是种种自然事物所构成的大自然。人必须处在一定的环境中并不断与之交往，人脱离开环境，不仅不会有心理活动，连存在也不可能。

另一部分中国古代的许多思想家把天看作是大自然，并用这样的观点来阐明天和人的生活以及思想的关系，从而构成一种心理学思想。例如荀子在他的《天论》中说："大天而思之，孰与物畜而制之。"这就是他的有名的"戡天"❶ 思想。原文节选如下：

在天者莫明于日月，在地者莫明于水火，在物者莫明于珠玉，在人者莫明于礼义。故日月不高，则光晖不赫；水火不积，则晖润不博；珠玉不睹乎外，则王公不以为宝；礼义不加于国家，则功名不白。故人之命在天，国之命在礼。君人者，隆礼尊贤而王，重法爱民而霸，好利多诈而危，权谋倾覆幽险而尽亡矣。

大天而思之，孰与物畜而制之？从天而颂之，孰与制天命而用之？望时而待之，孰与应时而使之？因物而多之，孰与骋能而化之？思物而物之，孰与理物而勿失之也？愿于物之所以生，孰与有物之所以成？故错人而思天，则失万物之情。

---

❶ 戡天：胜天，控制自然界。

这段话译为白话文就是：

在天上的东西，没有什么比太阳月亮更显明的；在地上的东西，没有什么比水火更显明的；在万物中，没有什么比珠玉更显明的；在人类所具有的东西中，没有什么比礼义更显明的。所以说，太阳月亮如果不高悬空中，它的光辉就不会显著；水火如果不积聚起来，它们的光辉和润泽就不会广大；珠玉的光彩如果不显现在外面，王公贵族就不会把它们当成宝贝；礼义如果不用在国家的治理上，执政者的功绩和名声就不会显赫。所以人的生命受之于自然，国家的命脉决定于礼制。统治别人的人，推崇礼制而又尊重贤人，就可以在天下称王；重视法治而又爱护人民，就可以在诸侯中称霸。如果贪图私利、多用欺诈，就很危险；如果使用权术、颠覆、阴险等手段，那就彻底灭亡了。

与其尊崇天而思慕它，哪里比得上把天当作物一样蓄养起来而控制着它呢？与其顺从天而赞美它，哪里比得上控制自然的变化规律而利用它呢？与其盼望、等待天时，哪里比得上适应天时而役使它呢？与其依顺万物的自然繁殖而求它增多，哪里比得上施展人的才能而使它按着人的需要有所变化呢？与其思慕万物而使它成为能供自己使用的物，哪里比得上管理好万物而不失掉它呢？与其希望于万物能自然生长出来，哪里比得上掌握万物的生长规律呢？所以放弃人的努力而只是寄希望于天，那就不能理解万物的本性，也就不能去利用它了。

成书于汉代初期的《淮南子》也论及作为大自然的天和人的关系，指出人能利用、驾驭并改造大自然以取得生活资料并进行生产，又指出大自然的天既不对人赐予什么，因而也不对人夺取什么。这一观点见于《淮南子·精神训》[1]：

古未有天地之时，惟像无形，窈窈冥冥，芒芠漠闵，澒濛鸿洞，莫知其门。有二神混生，经天营地；孔乎莫知其所终极，滔乎莫知其所止息；于是乃别为阴阳，离为八极；刚柔相成，万物乃形；烦气为虫，精气为人。是故精神，天之有也，而骨骸者，地之有也，精神入其门而骨骸反其根，我尚何存？是故圣人法天

---

[1] ［西汉］刘安编. 淮南子［M］. 陈惟直，译注. 重庆：重庆出版社，2007.

顺情，不拘于俗，不诱于人；以天为父，以地为母；阴阳为纲，四时为纪；天静以清，地定以宁；万物失之者死，法之者生。

夫静漠者，神明之宅也；虚无者，道之所居也。是故或求之于外者，失之于内；有守之于内者，失之于外。譬犹本与末也，从本引之，干枝万叶，莫不随也。

夫精神者，所受于天也，而形体者，所禀于地也。故曰："一生二，二生三，三生万物。"万物背阴而抱阳，冲气以为和，故曰一月而膏，二月而胅，三月而胎，四月而肌，五月而筋，六月而骨，七月而成，八月而动，九月而躁，十月而生。形体以成，五藏乃形，是故肺主目，肾主鼻，胆主口，肝主耳，外为表而内为里，开闭张歙，各有经纪，故头之圆也象天，足之方也象地。天有四时五行九解三百六十六日，人亦有四支五藏九窍三百六十六节。天有风雨寒暑，人亦有取与喜怒。故胆为云，肺力气，肝为风，肾为雨，脾为雷，以与天地相参也，而心为之主。是故耳目者，日月也；血气者，风雨也。日中有踆鸟，而月中有蟾蜍。日月失其行，薄蚀无光；风雨非其时，毁折生灾；五星失其行，州国受殃。

夫天地之到至纮以大，尚犹节其章光，爱其神明，人之耳目曷能久熏劳而不息乎？精神何能久驰骋而不既乎？是故血气者，人之华也；而五脏者，人之精也。夫血气能专于五脏而不外越，则胸腹充而嗜欲省矣。胸腹充而嗜欲省，则耳目清、听视达矣。耳目清、听视达，谓之明。五脏能属于心而无乖，则教志胜而行之僻矣。教志胜而行之不僻，则精神盛而气不散矣。精神盛而气不散则理，理则均，均则通，通则神，神则以视无不见，以听无不闻也，以为无不成也。是故忧患不能入也，而邪气不能袭。

这段话译为白话文就是：

上古还没有形成天地的时候，只有模糊不清的状态而无具体形状，这种状态是昏暗幽深、混沌不清，无法知道它的门道。那时有阴阳二神同时产生，一起营造天地；深远得不知它的尽头，宽广得不知它的边缘。这时便分出天地阴阳，散离成四方八极，阴阳二气互相作用，万物才从中产生形成。这里，杂乱的气产生鱼鸟禽兽和昆虫，而纯精的气则产生人类。因此，人的精神归属于上天，而形骸归属于大地。如果人死以后，精神归属于上天、形骸归属于大地，那"我"还有什么存剩呢？所以圣人遵循天地的运行规则、顺应人的本性，不为世俗所拘束、不被人欲所诱惑，以天为父，以地为母，以阴阳变化、四时运行为准则。天清澈而洁静、地平定而安宁，万物离开它就死亡，依附它就生存。

　　静漠，是神明的住宅；虚无，是道的居所。因此，只追求身外之物，就会失去对内心精神世界的保养持守，反过来对某些事情一直耿耿于怀，就会影响人体外形的健康。这就好比树根与树梢的关系，从根本上牵引着树根主干，树的千枝万叶也就无不随之摇动。

　　人的精神是从上天那里得到的，而形体则是从大地那里得到的。所以说"道生阴阳二气，阴阳二气产生出中和之气，万物均从中和之气中产生。"万物背阴而抱阳，阴阳激荡而成和气。所以说人的生命体产生的过程是：一个月成脂膏状态，二个月变成肿块形状，三个月成胎，四个月生肌肉，五个月长筋络，六个月长骨骼，七个月成人形，八个月胎儿会动，九个月则躁动于母腹，十个月就呱呱落地。人之形体一旦形成后，内在五脏也随之形成。所以是肺主管眼，肾主管鼻，胆主管口，肝主管耳。外表五官和内部五脏，开闭张合，各自互相联系着。所以人的脑袋呈圆形，像天，脚呈方形，像地。天有四季、五行、九大分野、三百六十六天，人则也有四肢、五脏、九窍和三百六十经脉。天有风雨寒暑，人则也有取予喜怒。所以这样又可将胆配云，肺配气，肝配风，肾配雨，脾配雷，以此来与天地自然相参验伍配，而这当中心脏是主宰物。因此人的耳目如同天上的日月，气血如同自然之风雨。日中有三足乌，而月中有蟾蜍。日月如果不按常规运行，就会出现昏淡无光的日月食；风雨如果不合时令降临，就会毁折农作物而生灾害；五星如果失常运行，它所对应的国家就会遭殃。

　　天地之道宏大深邃，尚且还要节制，珍惜其光彩，人的耳目又怎能长久劳累而不休息呢？人的精神又怎能长久驰骋而不耗尽呢？所以说人的气血和五脏是人的精华。血气如能专注聚集在五脏之内而不外溢，那么这胸腹内的五脏就充实而嗜欲也随之减少。五脏充实而嗜欲减少，就能使耳目清明、视听就畅达。耳目清明、视听畅达，叫作"明"。五脏能归属于心而不与心违逆，这样旺盛之气占优势而使人行为不乖悖、怪僻，人的精神就旺盛而精气不散泄。精神旺盛和精气不散泄则顺畅，顺畅就调匀，调匀则通达无阻，通达无阻就能产生出神奇的能力。这种能力能使人视无不见、听无不闻，没有什么事办不成的。这样，忧患祸害就不会侵入，邪气歪风也无法侵扰。

与荀子等人的唯物主义的"天人论"相左的是汉初的董仲舒的唯心主义"天人论"。在《汉书·董仲舒传》[1]中有这样一段文字体现了董仲舒的天人思想：

陛下发德音，下明诏，求天命与情性，皆非愚臣之所能及也。臣谨案《春秋》之中，视前世已行之事，以观天人相与之际，甚可畏也。国家将有失道之败，而天乃先出灾害以谴告之，不知自省，又出怪异以警惧之，尚不知变，而伤败乃至。

以此见天心之仁爱人君而欲止其乱也。自非大亡道之世者，天尽欲扶持而全安之，事在强勉而已矣。强勉学习，则闻见博而知益明；强勉行道，则德日起而大有功：此皆可使还至而有效者也。《诗》曰"夙夜匪解"，《书》云"茂哉茂哉！"皆强勉之谓也。

道者，所繇适于治之路也，仁义礼乐皆其具也。故圣王已没，而子孙长久安宁数百岁，此皆礼乐教化之功也。王者未作乐之时，乃用先王之乐宜于世者，而以深入教化于民。教化之情不得，雅颂之乐不成，故王者功成作乐，乐其德也。

乐者，所以变民风，化民俗也；其变民也易，其化人也著。故声发于和而本于情，接于肌肤，臧于骨髓。故王道虽微缺，而管弦之声未衰也。夫虞氏之不为政久矣，然而乐颂遗风犹有存者，是以孔子在齐而闻《韶》也。夫人君莫不欲安存而恶危亡，然而政乱国危者甚众，所任者非其人，而所繇者非其道，是以政日以仆灭也。

夫周道衰于幽、厉，非道亡也，幽、厉不繇也。至于宣王，思昔先王之德，兴滞补弊，明文、武之功业，周道粲然复兴，诗人美之而作，上天晁之，为生贤佐，后世称通，至今不绝。此夙夜不解行善之所致也。孔子曰"人能弘道，非道弘人"也。故治乱废兴在于己，非天降命不得可反，其所操持誖谬失其统也。

---

[1] （晋）陈寿，（南朝宋）范晔，（汉）班固．汉书 后汉书 三国志（经典珍藏版）[M]．西安：三秦出版社，2007．

臣闻天之所大奉使之王者，必有非人力所能致而自至者，此受命之符也。天下之人同心归之，若归父母，故天瑞应诚而至。《书》曰"白鱼入于王舟，有火复于王屋，流为乌"，此盖受命之符也。周公曰"复哉复哉"，孔子曰"德不孤，必有邻"，皆积善累德之效也。及至后世，淫佚衰微，不能统理群生，诸侯背叛，残贼良民以争壤土，废德教而任刑罚。刑罚不中，则生邪气；邪气积于下，怨恶畜于上。上下不和，则阴阳缪盭而妖孽生矣。此灾异所缘而起也。

臣闻命者天之令也，性者生之质也，情者人之欲也。或夭或寿，或仁或鄙，陶冶而成之，不能粹美，有治乱之所在，故不齐也。孔子曰："君子之德风，小人之德草，草上之风必偃。"故尧、舜行德则民仁寿，桀、纣行暴则民鄙夭。夫上之化下，下之从上，犹泥之在钧，唯甄者之所为，犹金之在熔，唯冶者之所铸。"绥之斯俫，动之斯和"，此之谓也。

这段话译为白话文就是：

> 陛下发出有德的声音和英明的诏书，寻求天命和情性的解答，这两个问题都不是愚臣所能答复的。我谨慎地按照《春秋》中的记载，考察前代已经做过的事情，来研究天和人相互作用的关系，情况是很可怕的呀！国家将要发生违背道德的败坏事情，那么天就降下灾害来谴责和提醒它；如果不知道醒悟，天又生出一些怪异的事来警告和恐吓它；还不知道悔改，那么伤害和败亡就会降临。由此可以看出，天对人君是仁爱的，希望帮助人君消弭祸乱。如果不是非常无道的世代，天都是想扶持和保全他，事情在于君主发奋努力罢了。发奋努力钻研学问，就会见闻广博使才智更加聪明；奋发努力行道，德行就会日见崇高，而且越发成功，这些都是可以很快得到，并且是可以很快有成效的。《诗经》中说："从早到晚，不敢懈怠。"《尚书》中说："努力呀！努力呀！"都是奋勉努力的意思。
>
> "道"就是由此达到治理国家的道路，仁、义、礼、乐都是治理国家的工具。所以虽然圣明的君王死了，可是他的子孙还能长久统治，安宁数百年，这都是礼乐教化的功效啊。君王在自己没有制作乐章的时候，就选用先代君王乐章中适合当时社会的，用它来深入教化人民。得不到教化的实效，典雅、歌颂的乐也就作不成，所以君王功成名就以后才作乐，用乐来歌颂他

的功德。

"乐"是用来改变民风，感化民俗的；"乐"改变民风容易，感化人民也有显著的功效。所以，"乐"的声音是从和谐的气氛中发出，依据于感情，接触到肌肤，深藏在骨髓。因此王道虽然衰微了，管弦之声却依然流传。虞舜的政治已经很久都没有了，可是流传下来的乐颂还依旧存在，所以孔子在齐国能听到《韶》乐。人君没有不希望国家安宁而憎恶危亡的，然而政治混乱、国家危亡的很多，这是由于任用的人不得当，言行举止不符合治理国家的"道"，所以政事一天天衰败下去。

周代的"道"到了周厉王、周幽王时衰落了，不是"道"亡了，而是厉王和幽王不遵循这个"道"。周宣王思念先代圣君的德行，复兴久已停滞的事业，补救时弊，发扬周文王、周武王开创的功业，周代的"道"又灿烂复兴起来。诗人赞美他，为他作诗，认为上天保佑他，为他出生贤良的辅佐，后世称颂周宣王，至今不绝。这是周宣王日夜不懈地做好事得来的。孔子说"人能光大'道'，不是'道'光大人"。所以治和乱、废和兴，都在于自己。世遭衰乱并不是天命不可挽回，而是由于人君的行为荒谬，失掉了先王优良的传统啊。

臣听说受到天的尊重，天使他得到天下而成为王的人，必有常人所不能及的能力，这就是王者承受天命的凭证。天下的人都同心归顺他，就像归顺父母一样，所以天感应到诚意，祥瑞就出现了。《尚书》中说："白鱼跳进王乘坐的船里，有火覆盖着王屋，变成了乌鸦。"这就是承受天命的凭证啊。周公说："应得善报呀！应得善报呀！"孔子说："有德的人决不会孤立，一定会得到帮助。"这都是积善累德的效果啊。可是到了后世，君主淫逸奢侈，道德衰微，不能治理人民，诸侯背叛他，杀害良民，争夺土地，废弃道德教化，滥用刑罚。刑罚使用不适当，就产生了邪气；邪气聚积在下面，怨恶聚集在上面，上下不和，就会阴阳错乱，妖孽滋生。这就是灾害怪异发生的原因。

臣听说，命就是天的命令，性就是生来的本质，情就是人的欲望。有的人夭折，有的人长寿，有的人仁慈，有的人卑鄙，好比造瓦铸金，不可能都是纯粹美好的，由于社会治乱的影响，所以人的寿命、品行是不一致的。孔子说:"君子的德行像风,小人的德行像草,风向哪边吹,草就向哪边倒。"所以尧、舜实行德政,人民就仁慈长寿;桀纣肆行暴虐,人民就贪鄙夭亡。在上的人君教化在下的人民,下面的人民服从在上的人君,好像泥土放在模型里,听凭陶匠的加工;也好像金属放在容器中,听凭冶匠的铸造。《论语》❶中说:"使人民安定,人民就来归顺,使人民得到鼓舞,人民就会同心协力。"说的就是这样的意思。

董仲舒与荀子的不同在于他认为人命受制于天命,他说:"国家将有失道之败,而天乃出灾害以谴告之"。这是一种唯心论的天人观。一些在他之前和许多在他之后的先进的思想家都反对这种天人观。

汉代初期的《淮南子》❷也持有这样的天人论思想,见《淮南子》中的这段文字:

> 天有明,不忧民之晦也,百姓穿户凿牖,自取照焉。地有财,不忧民之贫也,百姓伐木芟草,自取富焉。至德道者若丘山,嵬然不动,行者以为期也。直己而足物,不为人赣,用之者亦不受其德,故宁而能久。天地无予也,故无夺也;日月无德也,故无怨也。喜德者必多怨,喜予者必善夺。唯灭迹于无为,而随天地自然者,唯能胜理,而为受名。名兴则道行,道行则人无位矣。故誉生则毁随之,善见则怨从之。利则为害始,福则为祸先。唯不求利者为无害,唯不求福者为无祸。侯而求霸者,必失其侯,霸而求王者必丧其霸。

这段话译为白话文就是:

> 天本有明,不忧虑百姓在黑暗中生活,而百姓也自会开门户、凿牖窗,从天上采光照亮房屋;地本有财,不忧虑百姓的贫穷,而百姓自会伐木砍草,从大地获取财物丰富生活。得道的人就像山丘,岿然不动,而行路人将它作为目标来攀登。这岿然不动的山丘只是自然而然地自给自足,它也不对人有过什么有意地施与,取用山丘财货的人也不必因为受了山的恩德而要去回报它,所以山能安宁长久。天地也是不赐予,所以也就无剥夺;就像日月那样无恩施,故也不招惹怨恨。喜欢施恩的必定多怨恨,喜欢施予的必定会

---

❶ 赵娟. 刘禹锡集 [M]. 姜剑云,评注. 太原:山西古籍出版社,2004.
❷ (西汉) 刘安编. 淮南子 [M]. 陈惟直,译注. 重庆:重庆出版社,2007.

剥夺。唯有在无为中隐匿自己踪迹、顺随天地自然的人，才能理解这个道理而不爱名。名誉兴盛起来这道就行不通，道行得通则人就无须名位。所以称誉产生，这诋毁也就随之而来；善行显示，这恶恨也就跟着而至。利是害的开始，福是祸的先导；唯有不追求利的人没有害，唯有不追求福的人没有祸。是诸侯却要去谋求当霸主，就会连诸侯都保不住；是霸主却要想统治天下当天子，就会连霸主的位子都保不住。

文中的"天地无予也，故无夺也；日月无德也，故无怨也"，则体现了这种唯物主义的天人论。

到唐代，刘禹锡则更进一层指出了天人相互制约、相互作用的关系，从而把天人关系的理论提高到较高的科学水平。这一观点体现在他的《天论·上》：

世之言天者二道焉。拘于昭昭者，则曰："天与人实影响：祸必以罪降，福必以善徕，穷厄而呼必可闻，隐痛而祈必可答，如有物的然以宰者。"故阴骘之说胜焉。泥于冥冥者，则曰："天与人实刺异：霆震于畜木，未尝在罪；春滋乎堇荼，未尝择善；跖、蹻介焉而遂，孔、颜焉而厄，是茫乎无有宰者。"故自然之说胜焉。余友河东解人柳子厚作《天说》❶，以折韩退之之言，文信美矣，盖有激而云，非所以尽天人之际。故余作《天论》，以极其辩云。

大凡入形器者，皆有能有不能。天，有形之大者也；人，动物之尤者也。天之能，人固不能也；人之能，天亦有所不能也。故余曰：天与人交相胜耳。

其说曰：天之道在生植，其用在强弱；人之道在法制，其用在是非。

阳而阜生，阴而肃杀；水火伤物，木坚金利；壮而武健，老而耗眊，气雄相君，力雄相长：天之能也。阳而艺树，阴而揫敛；防害用濡，禁焚用光；斩材窾坚，液矿硎铓；义制强讦，礼分长幼；右贤尚功，建极闲邪：人之能也。

人能胜乎天者，法也。法大行，则是为公是，非为公非，天下之人蹈道必赏，违之必罚。当其赏，虽三旌之贵，万钟之禄，处之咸曰宜。何也？为善而然也。当其罚，虽族属之夷，刀锯之惨，处之咸曰宜。何也？为恶而然也。故其人曰："天何预乃事耶？唯告虔报本，肆类授时之礼，曰天而已矣。福兮可以善取，祸兮可以恶召，奚预乎天邪？"

---

❶ 柳宗元诗文选评[M]. 吴文治, 注评. 西安：三秦出版社, 2004.

法大弛，则是非易位。赏恒在佞，罚恒在直。义不足以制其强，刑不足以胜其非，人之能胜天之具尽丧矣。夫实已丧而名徒存，彼昧者方挈挈然提无实之名，欲抗乎言天者，斯数穷矣。故曰：天之所能者，生万物也；人之所能者，治万物也。法大行，则其人曰："天何预人邪，我蹈道而已。"法大弛，则其人曰："道竟何为邪？任天而已。"法小弛，则天人之论驳焉。今以一己之穷通，而欲质天之有无，惑矣！

余曰：天恒执其所能以临乎下，非有预乎治乱云尔；人恒执其所能以仰乎天，非有预乎寒暑云尔；生乎治者人道明，咸知其所自，故德与怨不归乎天；生乎乱者人道昧，不可知，故由人者举归乎天，非天预乎人尔。

这段话译为白话文就是：

世上讨论"天"的问题的大体有两派，一派认为老天爷是天上的老大，管着我们；另一派则认为天就是大自然，既没头脑，也没心没肺。我的朋友柳宗元最近写了一篇《天说》来反驳韩愈的观点，文章写得不错，就是稍嫌偏激，没把问题谈透。所以，我必须写这篇《天论》，把道理进一步讲清楚。

但凡有形的东西都不是全能的。天，是有形之物中最大的；人，是动物中最杰出的。有些事天能干，可人干不了；也有些事人能干，可天干不了，所以说，天和人各有所长。

天的规律是生养万物，它能使万物强壮，也能使万物衰弱；人不一样，人是搞法制的，要明辨是非。

春夏之时万物生长、秋冬季节草木凋零；水淹火焚能伤害万物，木质坚实而金属锋利；年壮的强健有力，年老的体弱眼花；智力高的争相为君，体力强的争相为长。这些都是"天"的职能。人们春夏时种植庄稼，秋冬时收藏作物；防治水害而又利用水来灌溉，扑灭火灾而又利用火的光热；砍伐树木并加工成坚实的器物，冶炼矿石并磨厉成金属器具；用正义来制止强暴的武力与恶意的攻击，用礼节来确定长幼尊卑的关系；尊重贤能崇尚有功，建立是非标准以防止邪恶。这些都是人的职能。

人之所以能胜天，在于制定与执行法制。法制畅行，"是"就成为人们公认为正确的,"非"就成为人们公认为错误的。普天下的人,凡遵循法制的必然受到奖赏,凡违犯法制的必然受到惩罚。应当奖赏的,即使封以三公的高官,给予万钟的厚禄,人们都认为合适。这是因为他做了好事的缘故。应当惩罚的,即使处以灭族的惨祸,遭受刀锯的酷刑,人们都认为应该。这是因为他做了坏事的缘故。在这种情况下,人们都说天怎么能干预人事呢?只有在向天表示诚敬,报答天的恩德的祭天活动,或在新君即位、出师征伐或颁布历书等祭天仪式中,才讲到天罢了。福禄可以用行善来取得,灾祸则是由作恶招来,与天有什么相干呢?

当法废除,是非就颠倒了。自私坏法之人受奖赏,正直守法之人受惩罚。道义不足以制服强暴,刑罚不足以克制邪恶,人能胜天的手段就完全丧失了。在法制已经丧失而空有其名的情况下,那些糊涂人还孤零零地拿着这无实的空名,想去抗衡鼓吹天命的人,这当然是没有办法的。所以说,天能做的是生养万物,人能做的是治理万物。在法制广为推行的时候,人们就会说:天怎么能干预人事呢?我遵循法制就行了。在法制完全废弛的时候,人们就会说:法制究竟有什么用呢?听天由命罢了。在法制稍有松弛的时候,人们对于天人关系的认识就混乱了。如果要以个人遭遇的好坏,而想证明天命的有无,那就糊涂了。

生在治世的人,由于实行法制而是非明白,都知道赏罚的由来,所以得福不感激天,遭祸也不怨恨天;生在乱世的人,由于法制废弛而是非不清,人们不知道赏罚的依据,所以把本来是人为的祸福都归于天。其实,这并不是天在干预人事。

在《天论》中刘禹锡指出:"大凡人形器者皆有能有不能。天,有形之大者也。人,动物之尤者也。天之能,人固不能也。人之能,天亦有所不能也。故余曰,天与人交相胜尔"。他还指出,"当人对自然界缺乏认识而无力驾驭的时候,就会产生种种神道或迷信思想"。

他又说,"天非务胜乎人者也。……人诚务胜乎天者也。天无私,故人可务乎胜也"。此语见《天论·中》:

若知旅乎?夫旅者,群适乎莽苍,求休乎茂木,饮乎水泉,必强有力者先焉，否则虽圣且贤莫能竞也。斯非天胜乎？群次乎邑郭，求荫于华榱，饱于饩牢，必圣且贤者先焉，否则强有力莫能竞也。斯非人胜乎？苟道乎虞、芮，虽莽苍犹郭邑然；苟由乎匡、宋，虽郭邑犹莽苍然。是一日之途，天与人交相胜矣。吾固曰：是非存焉，虽在野，人理胜也；是非亡焉，虽在邦，天理胜也。然则天非务胜乎人者也。何哉？人不幸则归乎天也，人诚务胜乎天者也。何哉？天无私，故人可务乎胜也。吾于一日之途而明乎天人，取诸近也已。

这段话译为白话文就是：

譬如人旅行。走到离城市相当远的地方，想在大树下面休息一下，到泉水旁边喝一口水。在这种情况下，身体强壮有力量的人跑在前边。虽有圣人、贤人，也不能和他竞争。这不是天胜吗？人进了城，想在华丽的房子里面休息，想吃好饭。在这个时候，圣人、贤人就在先，身体强壮有力量的人也不能和他竞争。这不是人胜吗？如果社会上的秩序很好，在野外也就和在城里一样，都是人胜。如果秩序不好，在城里也和在野外一样，都是天胜。所以我说：在有是非的地方，即使是荒野，人也是会胜的，反之，无是非的地方，即使是在城邦，天也要胜人的。为什么呢？人把自己的不幸归因于天，人实在是可以胜天的。为什么这么说？天没有私心，所以人可以胜天。这是我在走一天的路之中，所悟出来的最接近真理的道理。

刘禹锡借此来说明天无意志，故人尽可以去制胜它。他又说明世界所以变化无穷，"万物之所以为无穷者，交相胜，而已矣，还相用而已矣"。此语见《天论·中》：

问者曰："子之言数存而势生，非天也，天果狭于势邪？"答曰："天形恒圆而色恒青，周回可以度得，昼夜可以表候，非数之存乎？恒高而不卑，恒动而不已，非势之乘乎？今夫苍苍然者，一受其形于高大，而不能自还于卑小；一乘其气于动用，而不能自休于俄顷，又恶能逃乎数而越乎势耶？吾固曰：万物之所以为无穷者，交相胜而已矣，还相用而已矣。天与人，万物之尤者耳。"

这段话译为白话文就是：

还有人问："你那么看重数和势，却不拿老天当回事，天的作用难道还比不上势吗？"我的回答是："天的形状一直都是圆的，颜色一直都是青的，天运动规律我们都测得出来，所以说天的运动是有规律的，这就是数；天一直那么高高在上，一直运行不止，这就是它的势。天的运动也无非在于数和势罢了。我一再说：万物都是'交相胜，还相用'的。自然界的变化无穷就是由于自然界事物的交相胜、交相用的结果，其中最重要的是人和整个自然界（天）的交相胜、交相用。

这也就是人产生复杂而得到高度发展的心理活动的一种主要原因。刘禹锡又强调指出天人关系是指群体的人或整个社会和大自然的关系。如就单独个人说来天人关系，那是很难说的。这些都是十分精辟的见解。明确人和大自然的关系，这是了解人的实践及他的心理的一个必要前提。

三、形神论

身体与心理的关系，也是古代心理学研究的一个课题。春秋战国时期的荀子首先提出"形具而神生"的命题，肯定身体具备了，心理才会产生；形是第一性的，神是第二性的。这也就是说，有了一定的形体，才会有一定的心理机能。

"形神论"即"心身论"，是说明心和身的关系的。荀况基本上正确地提出了"形具而神生"（《荀子·天论》）。

《荀子·天论》节选：

天职既立，天功既成，形具而神生。好恶、喜怒、哀乐臧焉，夫是之谓天情；耳、目、鼻、口、形能，各有接而不相能也，夫是之谓天官；心居中虚以治五官，夫是之谓天君；财非其类，以养其类，夫是之谓天养；顺其类者谓之福，逆其类者谓之祸，夫是之谓天政。暗其天君，乱其天官，弃其天养，逆其天政，背其天情，以丧天功，夫是之谓大凶。圣人清其天君，正其天官，备其天养，顺其天政，养其天情，以全其天功。如是，则知其所为，知其所不为矣，则天地官而万物役矣。其行曲治，其养曲适，其生不伤，夫是之谓知天。故大巧在所不为，大智在所不虑，所志于天者，已其见象之可以期者矣；所志于地者，已其见宜之可以息者矣；所志于四时者，已其见数之可以事者矣；所志于阴阳者，已其见和之可以治者矣。官人守天，而自为守道也。

这段话译为白话文就是：

天的职能已经确立，天的功效已经形成，人的形体也具备了，于是精神也产生了。好恶、喜怒、哀乐都藏于其中，这就是人自然的情感。耳、目、鼻、口、形各有不同的感触外界的能力，却不能互相替代，这就是人天生的感官。心居中心而统率五官，这就是天生的主宰者。饮食、衣服等万物，不是人类，人们却利用它来供养自己的口腹身体，这就是老天的自然之养。能利用自然之物来供养人类的就是福，不能利用自然之物供养人类的就是祸患，这就叫天之政令。心智昏乱不清，声色犬马过度，不能务本节用，不能裁用万物养育人类，喜怒、哀乐没有节制，从而失去了天的生成之功，这就是大灾难了。圣人则心智清明，端正其官能享受，完备其养生之具，顺应自然的法则，调和喜怒哀乐的情感，以此来保全天的生成之功。这样的话，就知道人所能做和应做的事，也知道人所不能做和不应做的事，那么天、地都能发挥它的作用，万物都能被人类役使了。人的行动在各方面都处理得很好，养民之术完全得当，使万物生长，不被伤害，这就叫作"知天"。所以最能干的人在于他有所不为，不去做那些不能做和不应做的事，最聪明的人在于他有所不想，不去考虑那些不能考虑和不应考虑的事。从天那里可以了解到的，是通过垂象之文知道节候的变化；从地那里可以了解到的，是通过土地的适宜生长，可以知道农作物的繁殖；从四季那里可以了解到的，是根据节气变化的次序可以安排农业生产；从阴阳变化可以了解到的，是从阴阳调和中可以知道治理的道理。掌管天文历法的人只是观察天象，而圣人则是按照上面所说的道理治理天下。

在《荀子·王制篇》❶中，荀子说道：

人有气、有生、有知，亦且有义，故最为天下贵也。力不若牛，走不若马，而牛马为用，何也？曰：人能群，彼不能群也。

这段话译为白话文就是：

人有气、有生命、有知觉，而且讲究义气，所以人在天下万物中最为尊贵。人的力气不如牛大，奔跑不如马快，但牛、马却被人役使，这是为什么

---

❶ （战国）荀子．荀子［M］．孙安邦，马银华，译注．太原：山西古籍出版社，2003．

呢？就是因为：人能结成社会群体，而它们不能。

东汉时期著名的音乐家、天文学家和哲学家桓谭（前?—56）在他的《新论》中以烛火为喻，说明形神关系，原文节选如下：

余见其旁有麻烛，而烬垂一尺所，则因以喻事。言："精神居形体，犹火之燃烛矣；如善扶持，随火而侧之，可毋灭而竟烛。烛无，火亦不能独行于虚空，又不能后燃其烬。烬犹人之耆老齿堕发白，肌肉枯腊，而精神弗为之能润泽。内外周遍则气索而死，如火烛之俱尽矣。人之遭邪伤病而不遇供养良医者或强死，死则肌肉筋骨常若火之倾刺风而不获救护，亦道灭，则朕余干长焉。"

这段话译为白话文就是：

我见他旁边有麻烛，垂下的烛烬有一尺多长，就借它做比喻说："精神附在人体上，就像烛在燃烧；如将烛扶持好，随着火热转动，就可使麻烛不熄灭直到整只烧完。没有烛，火就不能在空中独自燃烧，也不能使残烬再度燃烧。烛的残烬，就像人的衰老，牙齿掉了，头发白了，肌肉萎缩了，而精神却不可能使它重新恢复。一旦身体全身衰枯，就气绝而死，好比火和烛同归于尽。人遭受邪气或负伤成病，得不到养护和医治，也可能早死，死时肌肉筋骨仍未干枯，犹如烛火遇到大风未能得到救护而被风吹灭，烛干还剩下一长段没烧完。"

东汉另一位哲学家王充（公元27—97?）发展了桓谭学说，他在其《论衡·论死》中更详尽地论证了精神不能脱离形体而存在的道理。王充认为精神是血脉所产生的，所以"人死血脉竭，竭而精气灭"。原文节选如下：

世谓人死为鬼，有知，能害人。试以物类验之，人死不为鬼，无知，不能害人。何以验之？验之以物。人，物也；物，亦物也。物死不为鬼，人死何故独能为鬼？

人之死，犹火之灭也。火灭而耀不照，人死而知不惠。二者宜同一实，论者犹谓死有知，惑也。人病且死，与火之且灭何以异？火灭光消而烛在，人死精亡而形存。谓人死有知，是谓火灭复有光也。

这段话译为白话文就是：

世上的人说人死后能变成鬼，有知觉，能害人。试用人以外的物类来验证一下，人死后不能变成鬼，没有知觉，不能害人。用什么来验征这一点呢？用万物来验证它。人是物，人以外的万物也是物。物死后不能变成鬼，人死后为什么偏偏能够变成鬼呢？人有精气才能活着，人死精气也就没有了。所谓的精气指人的血脉。人死了，其血脉也就枯竭了。人的血脉枯竭了精气也就没了。精气没了，身体也就腐朽为灰尘了，怎么会成为鬼呢？

  人的死亡，好比火的熄灭。火熄灭了光就不照耀了，人死了知觉也就失灵了，二者实质上是同一个道理，议论者还认为死去的人有知觉，太糊涂了。人病得将要死的时候，与火将要熄灭的时候有什么差别呢？火熄灭了光消失了而烛还存在，人死后精气消失而形体还存在。说人死了还有知觉，这就如同说火熄灭了又还有光亮出现一样。

南北朝时的思想家范缜（约450—515）继承了荀子的思想，在其《神灭论》中提出了"形质神用"的观点，原文节选如下：

  神即形也，形即神也，形存则神存，形谢则神灭。形者神之质，神者形之用。是则形称其质，神言其用，形之于神，不得相异。神之于质，犹利之于刀，舍刀无利。未闻刀没而利存，岂容形亡而神在！

这段话译为白话文就是：

  精神附着于人的肉体，肉体是人精神的表现，肉体存在时精神就存在，肉体萎谢时精神也就消失了。肉体是精神存在的物质载体，精神是肉体活动的有用要素。这样，肉体就称为本质，精神就叫做功用，肉体和精神是不能够相互分开的。精神对于物质，就像利刃对于宝刀；肉体对于功用，就像是宝刀对于利刃。利刃的名字不是宝刀，宝刀的名字不是利刃。可是，舍弃利刃就没有了宝刀，舍弃宝刀就没有了利刃。没有听说宝刀没有了可是利刃还存在的道理，因此，哪里就能容许肉体萎谢了而精神还能够存在的道理！

四、性习论

"性习论"是中国古代关于人性的形成与发展的理论，也是中国古代心理学的一个重要分支。

"性习论"是指"习与性成"这个理论。"习与性成"据载是商代早期的伊尹告诫初继王位的太甲的话中的一句。这段话出自于伊尹所做的《商书·太甲上》：

> 惟嗣王不惠于阿衡，伊尹作书曰："先王顾諟天之明命，以承上下神祇。社稷宗庙，罔不祇肃。天监厥德，用集大命，抚绥万方。惟尹躬克左右厥辟，宅师，肆嗣王丕承基绪。惟尹躬先见于西邑夏，自周有终。相亦惟终；其后嗣王罔克有终，相亦罔终，嗣王戒哉！祇尔厥辟，辟不辟，忝厥祖。"
>
> 王惟庸罔念闻。伊尹乃言曰："先王昧爽丕显，坐以待旦。帝求俊彦，启迪后人，无越厥命以自覆。慎乃俭德，惟怀永图。若虞机张，往省括于度则释。钦厥止，率乃祖攸行，惟朕以怿，万世有辞。"
>
> 王未克变。伊尹曰："兹乃不义，习与性成。予弗狎于弗顺，营于桐宫，密迩先王其训，无俾世迷。王徂桐宫居忧，克终允德。"

这段话译为白话文就是：

> 嗣王太甲不听伊尹教导，伊尹作书给王说："先王成汤顾念天的明命是正确的，因此供奉上下神祇、宗庙社稷无不恭敬严肃。上天看到汤的善政，因此降下重大使命，使他抚安天下。主安定人民，所以嗣王就承受了先王的基业。我伊尹亲身先见到西方夏邑的君主，用忠信取得成就，辅相大臣也取得成就；他们的后继王不能取得成就，辅相大臣也没有成就。嗣王要警戒呀！应当敬重你做君主的法则，做君主而不尽君道，将会羞辱自己的祖先。"
>
> 商王太甲按自己的需要置若罔闻。伊尹就说：先王在天未明时就想着天明，而且坐等天亮。他广泛寻求才智超群的俊才，来启发开导后人，没有丧失先辈之命而自取灭亡。你要谨慎行为于节俭美德，思考长久之计。就像猎人射箭一样要拉开弓弩，适度拉开箭尾才能放箭。我对你的恭敬到此为止，你要遵循祖先规矩而行事，我将感到高兴，万世也会对你称赞有加。
>
> 太甲不能改变。伊尹对群臣说："嗣王这样就是不义。习惯将同生性相结合，我不能无视不顺教导的人。要在桐营造宫室，使他亲近先王的教训，莫让他终身迷误。嗣王去桐宫，处在忧伤的环境，能够成就诚信的美德。"

"习与性成"（习惯将同生性相结合）是古人关于"性习论"的最早论说，和现在流行的"习惯成自然"这句话的意思几乎是一样的。清初的王夫之曾给这句话作解释说,"习与性成者习成而性与成也"。这是解释得比较正确的,意思是说"习与性成"就是说一种习形成的时候,一种性也就和它一起形成了。"习与性成"这句话似乎平常,其实深含哲理。王夫之的这一观点见于其《习性诸论》❶:

"习与性成"者,习成而性与成也。……夫性者生理也,日生则日成也。

这段话译为白话文就是:

习与性成,是说习形成了,性也就形成了。……性是生理,天天在生长、形成。

《大戴礼记·保傅》❷ 中有这样一段话:

习与正人居之不能无正也,犹生长于齐之不能不齐言也;习与不正人居之不能无不正也,犹生长于楚之不能不楚言也。故择其所嗜,必先受业,乃得尝之;择其所乐,必先有习,乃得为之。孔子曰:"少成若天性,习贯如自然。"是殷周之所以长有道也。

这段话译为白话文就是:

经常与正直的人在一起,人就不能不正直,这就像在齐国长大的人,不能不会说齐方言。经常与不正直的人在一起,人就不可能正直,这就像在楚国长大的人,不能不会说楚方言。所以,选择一个人的爱好,必须要先接受教育,然后才能去从事,培养一个人的乐趣,必须先让他练习,然后才能去作为。孔子说:"人小的时候的成长就是靠人的天性,习惯了就自然而然了。",这就是殷商和周朝之所以能长久的道理。

荀子在其《荀子·礼论》中写道:

性者,本始材朴也;伪者,文理隆盛也。无性则伪之无所加,无伪则性不能自美。

天地合而万物生,阴阳接而变化起,性伪合而天下治。天能生物,不能辨物也;地能载人,不能治人也;宇中万物、生人之属,待圣人然后分也。

---

❶ 刘新科,栗洪武. 中外教育名著选读 [M]. 北京:中国人民大学出版社,2008.
❷ 孙显军. 《大戴礼记》诠释史考论 [M]. 北京:社会科学文献出版社,2011.

这段话译为白话文就是：

> 本性，是人天生的材质；人为，是盛大的礼法文理。没有本性，那么礼法文理就没有地方施加，没有人为，人本始的天性就不能自己变得美起来。
>
> 天地和谐，万物才能生长，阴阳相接，世界才能变化，人的天性和后天的礼义结合，天下才能得到治理。天能产生万物，却不能治理它；地能养育人，却不能治理人；世界上的万物和人类，必须依靠圣人制定礼法，然后才能各得其位。

荀子明确地肯定人的心理乃是"性伪合"，亦即先天因素与后天因素的结合体。略早于荀子的孟子在《孟子·尽心下》❶ 中写道：

口之于味也，目之于色也，耳之于声也，鼻之于臭也，四肢之于安佚也，性也，有命焉，君子不谓性也。仁之于父子也，义之于君臣也，礼之于宾主也，知之于贤者也，圣人之于天道也，命也，有性焉，君子不谓命也。

这段话译为白话文就是：

> 口对于美味，眼睛对于美色，耳朵对于好听的声音，鼻子对于香味，四肢对于安逸，都是极喜欢的，这是天性，但能否享受到，其中有命的作用，所以君子不强调天性。仁对于父子关系，义对于君臣关系，礼对于宾主关系，智慧对于贤者，圣人对于天道，都是极重要的，这都由命决定的，能否得到它们，其中也有天性的作用，所以君子不强调命的作用。

宋代的朱熹在《朱子语类》❷ 中写到：

人所禀之气，虽皆是天地之正气，但衮来衮去，便有昏明厚薄之异。盖气是有形之物，才是有形之物，便自有美有恶也。

故上知生知之资，是气清明纯粹，而无一毫昏浊，所以生知安行，不待学而能，如尧舜是也。其次则亚于生知，必学而后知，必行而后至。又其次者，资禀既偏，又有所蔽，须是痛加工夫，"人一己百，人十己千"，然后方能及亚于生知者。及进而不已，则成功一也。

---

❶ [战国] 孟轲原，刘凤泉，李福兴. 孟子 [M]. 济南：山东友谊出版社，2001.
❷ 朱义禄. 朱子语类选评 [M]. 上海：上海古籍出版社，2017.

这段话译为白话文就是:

> 人所具备的气,虽然都是天地间的正气,但经过演变,就有了昏明厚薄的区别。这是因为气是有形之物,才是有形之物,于是就有了美好和丑有恶。
>
> 所以上等的智慧是为产生知识的资本,这样的气清明而纯粹,没有一分一毫的浑浊,这样才能产生知识,平稳前进,不必等学习就能有能力,就像尧舜这些人。其次则比产生知识差一级,必须在学习后才能具有知识,必须在行进后才能达到目的。而又差一些的,天赋和禀性都不正,又被蒙蔽,为就要加大工夫,做到"人一己百,人十己千",然后才能及达到较差的水平。如达到了不断进步,那么就成功了一件事。

明代的王廷相关于人的习与性的名言:"凡人之性成于习",他在《雅述》❶中说:

> 性之本然,吾从大舜焉,人心惟危,道心惟微而已。并其才而言之,吾从仲尼焉,性相近也,习相远也而已。

这段话译为白话文就是:

> 关于性格的本质,我是认同大舜的,人心是危险难测的,道心是幽微难明的。总的来说,我还是认同孔子的观点:人的本性是相近的,由于习染不同才有了差别。

关于人性,清代的李贽提出了"私心说",认为"私心"是一切人所共有的,是人的本性,他在其《德业儒臣后论》❷中说:

> 夫私者,人之心也。人必有私,而后其心乃见;若无私,则无心矣。

这段话译为白话文就是:

> 自私心,是人类的天性。人都是有自私心的,时间长了就会看见。如果没有自私心,就是没有人性的。

---

❶ 冒怀辛. 慎言·雅述全译[M]. 成都:巴蜀书社. 2009.
❷ 北京大学中文系,北京大学哲学系编注. 历代法家著作译注(下)[M]. 北京:人民出版社,1976.

李贽认为私心和物欲是人们一切活动的原动力,圣人也不例外,也无非是为了个人私利,此观点见其《藏书·上卷·第九章》❶:谓圣人不欲富贵,未之有也。

李贽从人必有私出发,肯定了追求个人私产、追求财富的合理性。此观点见其《焚书·卷五》上有:

夫欲正义,是利之也,若不谋利,不正可也吾道苟明,则吾之功毕矣,若不计功,道又何以可明也。

这段话译为白话文就是:

人们想要正义,是利益的驱动,如果不为了谋取利益,不需要正义也可以让我的思想彰显,那么我的努力也就用尽了,如果不努力传播思想,思想又怎么能够彰显呢?

其实,"私心说"从先秦起就散见于诸子百家的论述中。与孟子同时的前期法家人物慎到则提出了"人莫不自为也"的观点,认为人人都在追求自己的利益,为自己打算。此观点见于《慎子·因循》:

天道因则大。化则细。因也者,因人之情也。人莫不自为也,化而使之为我,则莫可得而用矣。是故先王见不受禄者不臣,禄不厚者,不与入难。人不得其所以自为也,则上不取用焉。故用人之自为,不用人之为我,则莫不可得而用矣,此之谓因。

这段话译为白话文就是:

天道因循自然就广大,人为地改变它就缩小。所谓因循,就是遵循自然规律,顺应民情。人们没有不愿尽心尽力为自己做事的,要强求他们改变为自己做事而变成为我做事,那就不可能找到合用的人才。因此,古代帝王对不肯接受俸禄的人,不任用他们做臣子。对于接受不优厚俸禄的人,不要求他们担当艰巨的工作。人们如果不能尽自己的能力去做事情,那么君主就不选拔任用他们。所以,君主要善于利用人们都尽力为自己做事的特点,不要强求他们去做不愿做的事,那么天下就没有不能为我所用的人,这就叫作因

---

❶ 刘心爽. 李贽 [M]. 合肥:安徽人民出版社,2007.

循自然，顺应民情。

韩非子则认为正因为人有好利恶害、自利自为的性情，统治者就必须认识、利用这种倾向，信赏必罚，有效地治理百姓，巩固统治。此观点出自韩非《韩非子·外储上》❶：

> 人为婴儿也，父母养之简，子长人怨。子盛壮成人，其供养薄，父母怒而诮之。子父至亲也，而或谯或怨者，皆挟相为而不周于为己也。夫卖庸而播耕者，主人费家而美食，调布而求易钱者，非爱庸客也，曰：如是，耕者且深，耨者熟耘也。庸客致力而疾耘耕者，尽巧而正畦陌畛者，非爱主人也，曰：如是，羹且美，钱布且易云也。此其养功力，有父子之泽矣，而心调于用者，皆挟自为心也。故人行事施予，以利之为心，则越人易和；以害之为心，则父子离且怨。

这段话译为白话文就是：

> 人在婴儿时，父母对他抚养马虎，儿子长大了就要埋怨父母；儿子长大成人，对父母的供养微薄，父母就要怒责儿子。父子是至亲骨肉，但有时怒责，有时埋怨，都是因为怀着相互依赖的心理而又认为对方不能周到地照顾自己。雇用工人来播种耕耘，主人花费家财准备美食，挑选布匹去交换钱币以便给予报酬，并不是喜欢雇工，而是因为，这样做，耕地的人才会耕得深，锄草的人才会锄得净。雇工卖力而快速地耘田耕田，使尽技巧整理畦埂，目的并不是爱主人，而是说这样做，饭菜才会丰美，钱币才容易得到。主人这样供养雇工，爱惜劳力，有父子之间的恩惠，而雇工专心一意地工作，都是怀着为自己的打算。所以人们办事给人好处，如果从对人有利处着想，那么疏远的人也容易和好；如果从对人有害处着想，那么父子间也会分离并相互埋怨。

韩非对于人的自私之性是持明显的否定态度的，仍主张要"化性起伪"（《韩非子·性恶》）：

> 问者曰：人之性恶，则礼义恶生？
>
> 应之曰：凡礼义者，是生于圣人之伪，非故生于人之性也。故陶人埏埴而为

---

❶（战国）韩非. 韩非子 [M]. 徐翠兰，木公，译注. 太原：山西古籍出版社，2003.

器，然则器生于陶人之伪，非故生于人之性也。故工人斲木而成器，然则器生于工人之伪，非故生于人之性也。圣人积思虑，习伪故，以生礼义而起法度，然则礼义法度者，是生于圣人之伪，非故生于人之性也。若夫目好色，耳好听，口好味，心好利，骨体肤理好愉佚，是皆生于人之情性者也；感而自然，不待事而后生之者也。夫感而不能然，必且待事而后然者，谓之生于伪。是性伪之所生，其不同之征也。

故圣人化性而起伪，伪起而生礼义，礼义生而制法度；然则礼义法度者，是圣人之所生也。故圣人之所以同于众，其不异于众者，性也；所以异而过众者，伪也。夫好利而欲得者，此人之情性也。假之有弟兄资财而分者，且顺情性，好利而欲得，若是，则兄弟相拂夺矣；且化礼义之文理，若是，则让乎国人矣。故顺情性则弟兄争矣，化礼义则让乎国人矣。

凡人之欲为善者，为性恶也。夫薄愿厚，恶愿美，狭愿广，贫愿富，贱愿贵，苟无之中者，必求于外。故富而不愿财，贵而不愿埶，苟有之中者，必不及于外。用此观之，人之欲为善者，为性恶也。今人之性，固无礼义，故强学而求有之也；性不知礼义，故思虑而求知之也。然则性而已，则人无礼义，不知礼义。人无礼义则乱，不知礼义则悖。然则性而已，则悖乱在己。用此观之，人之性恶明矣，其善者伪也。

这段话译为白话文就是：

有人问：人的本性是邪恶的，那么礼义是从哪里产生出来的呢？

我回答他说：所有的礼义，都产生于圣人的人为努力，而不是原先产生于人的本性。制作陶器的人搅拌揉打黏土而制成陶器，那么陶器产生于陶器工人的人为努力，而不是原先产生于人的本性。木工砍削木材而制成木器，那么木器产生于工人的人为努力，而不是原先产生于人的本性。圣人深思熟虑、熟悉人为的事情，从而使礼义产生了、使法度建立起来了，那么礼义法度便是产生于圣人的人为努力，而不是原先产生于人的本性。至于那眼睛爱看美色，耳朵爱听音乐，嘴巴爱吃美味，内心爱好财利，身体喜欢舒适安逸，这些才都是产生于人的本性的东西，是一有感觉就自然形成、不依赖于人为的努力就会产生出来的东西。那些并不由感觉形成、一定要依靠努力从事然后才能形成的东西，便叫作产生于人为。这便是先天本性和后天人为所产生的东西极其不同的特征。圣人改变了邪恶的本性而做出了人为的努力，人为的努力做出后就产生了礼义，礼义产生后就制定了法度。那么礼义法度这些东西，便是圣人所创制的了。圣人和众人相同而与众人没有什么不同的地方，是先天的本性；圣人和众人不同而又超过众人的地方，是后天的人为努力。那爱好财利而希望得到，是人的本性。假如有人弟兄之间要分财产而依顺爱好财利的本性，那么兄弟之间也会反目为仇、互相争夺了；如果受到礼义规范的教化，那人们就会相互推让了。所以依顺本性，那就兄弟相争；受到礼义教化，那人们就会相互推让。

一般来说，人们想行善，正是因为其本性邪恶的缘故。微薄的希望丰厚，丑陋的希望美丽，狭窄的希望宽广，贫穷的希望富裕，卑贱的希望高贵。如果本身没有它，就一定要向外去追求；所以富裕了就不羡慕钱财，显贵了就不羡慕权势，如果本身有了它，就一定不会向外去追求了。由此看来，人们想行善，实是因为其本性邪恶的缘故。人的本性，本来是没有什么礼义观念的，所以才努力学习而力求掌握它；本性是不懂礼义的，所以才开动脑筋而力求了解它。那么如果只有本性，人就不会有礼义，就不会懂得礼义。人没有礼义就会混乱无序，不懂礼义就会悖逆不道。那么如果人只有本性，在他身上就只有逆乱了。由此看来，人的本性是邪恶的就很明显了，他们那些善良的行为则是人为的。

韩非主张"去私心，行公义"，此观点见《韩非子·饰邪》[1]：

明主之道，必明于公私之分，明法制，去私恩。夫令必行，禁必止，人主之公义也；必行其私，信于朋友，不可为赏劝，不可为罚沮，人臣之私义也。私义行则乱，公义行则治，故公私有分。人臣有私心，有公义。修身洁白而行公行正，居官无私，人臣之公义也；污行从欲，安身利家，人臣之私心也。明主在上，则人臣去私心行公义；乱主在上，则人臣去公义行私心。故君臣异心，君以计畜臣，臣以计事君，君臣之交，计也。害身而利国，臣弗为也；害国而利臣，君不为也。臣之情，害身无利；君之情，害国无亲。君臣也者，以计合者也。至夫

---

[1] 赵沛注说. 韩非子［M］. 开封：河南大学出版社，2008.

临难必死，尽智竭力，为法为之。故先王明赏以劝之，严刑以威之。赏刑明，则民尽死；民尽死，则兵强主尊。刑赏不察，则民无功而求得，有罪而幸免，则兵弱主卑。故先王贤佐尽力竭智。故曰：公私不可不明，法禁不可不审，先王知之矣。

这段话译为白话文就是：

> 做明君的原则是一定要明白公私的区别，彰明法制，舍弃私人恩惠。有令必行，有禁必止，是君主的公义；一定要实现自己的私利，在朋友中取得信任，不能用赏赐鼓励，不能用刑罚阻止，是臣子的私义。私义风行国家就会混乱，公义风行国家就会平安，所以公私是有区别的。臣子有私心，有公义。修身廉洁而办事公正，做官无私，是臣子的公义；玷污品行而放纵私欲，安身利家，是臣子的私心。明君在上，臣子就去私心而行公义；昏君在上，臣子就去公义而行私心。所以君臣不一条心，君主靠算计蓄养臣子，臣子靠算计侍奉君主，君臣交往的是算计。危害自身而有利国家，臣子是不做的；危害国家而有利臣子，君主是不干的。臣子的本心，危害自身就谈不上利益；君主的本心，危害国家就谈不上亲近。君臣关系是凭算计结合起来的。至于臣子遇到危难一定拼死，竭尽才智和力量，是法度造成的。所以先王明定赏赐来加以勉励，严定刑罚来加以制服。赏罚分明，百姓就能拼死；百姓拼死，兵力就会强盛，君主就会尊贵。刑赏不分明，百姓就会无功而谋取利益，有罪而侥幸免罚，结果是兵力弱小，君主卑下。所以先王贤臣都竭力尽心。所以说，公私不可不明，法禁不可不察，先王是懂得这个道理的。

张载是宋明理学的二元人性论代表人物，有名言"为天地立心，为生民立命，为往圣继绝学，为万世开太平"。张载认为，性有"天命之性"和"气质之性"的区分及其对立，强调"气质之性，君子有弗性者焉"，此观点见于张载的《正蒙·诚明篇》[1]：

> 性于人无不善，系其善反不善反而已。过天地之化，不善反者也。命于人无不正，系其顺与不顺而已；行险以侥幸，不顺命者也。形而后有气质之性，善反之则天地之性存焉。故气质之性，君子有弗性者焉。

---

[1] 周赟.《正蒙》诠译[M].北京：知识产权出版社，2014.

这段话译为白话文就是：

> 本性对于人来说本没有不好的，这种所谓的不好也只是由于是否会改变而已。经过天地间的改变，不会改变的就是好的。命运对于人来说也没有不正确的，那些所谓的不正确也是由于顺利和不顺利带来的，很多是靠侥幸才有的运气。人的身体成形后才会有气质上的本性。

明清之际，随着资本主义萌芽的发展，人们的"个人感"逐渐提高，自我意识不断增强。他们不甘于仅仅作为手段、附属物而存在，产生了挣脱封建宗法关系之网，挣脱一切封建束缚而追求自由私产、寻求个人价值的要求。同时，在从事工商业、发展商品经济的过程中，他们又强烈地感受到封建专制制度对个体的压抑与束缚，意识到他们要求的自由私产与封建君主专制国家之间的利益冲突，感受到封建君主在"公"的名义下对个人私利的剥夺。这一切，给维护封建纲常秩序、维护封建专制统治的宋明理学"人性论"以巨大冲击。明清之际的"人性自私说"，正是在这一社会历史背景中，作为新兴市民阶层的思想意识被明确提出来的。

黄宗羲（1610—1695）认为，人的本性是自私自利的，他在《明夷待访录》❶中揭露，君主就是以满足自身的私利为大公而否定普通百姓的私利，他认为这种本性的满足不仅是人类早期的本然状态，而且也是人类未来的应然状态，因此制度、法律的产生都必须以满足人的自私自利为出发点和落脚点。相关论述如下：

> 有生之初，人各自私也，人各自利也；天下有公利而莫或兴之，有公害而莫或除之。有人者出，不以一己之利为利，而使天下受其利；不以一己之害为害，而使天下释其害；此其人之勤劳必千万于天下之人。夫以千万倍之勤劳，而己又不享其利，必非天下之人情所欲居也。故古之人君，量而不欲入者，许由、务光是也；入而又去之者，尧、舜是也；初不欲入而不得去者，禹是也。岂古之人有所异哉？好逸恶劳，亦犹夫人之情也。
>
> 后之为人君者不然。以为天下利害之权皆出于我，我以天下之利尽归于己，

---

❶ 黄宗羲，刘河.《明夷待访录》注译简评[M]. 贵阳：贵州人民出版社，2001.

以天下之害尽归于人,亦无不可;使天下之人,不敢自私,不敢自利,以我之大私为天下之大公。始而惭焉,久而安焉。视天下为莫大之产业,传之子孙,受享无穷;汉高帝所谓"某业所就,孰与仲多"者,其逐利之情,不觉溢之于辞矣。此无他,古者以天下为主,君为客,凡君之所毕世而经营者,为天下也。今也以君为主,天下为客,凡天下之无地而得安宁者,为君也。是以其未得之也,荼毒天下之肝脑,离散天下之子女,以博我一人之产业,曾不惨然。曰:"我固为子孙创业也。"其既得之也,敲剥天下之骨髓,离散天下之子女,以奉我一人之淫乐,视为当然。曰:"此我产业之花息也。"然则,为天下之大害者,君而已矣。向使无君,人各得自私也,人各得自利也。呜呼!岂设君之道固如是乎?

这段话译为白话文就是:

  人类社会形成之后,人都是自私的,也是自利的。对公众有利的事却无人兴办它,对公众有害的事也无人去除掉它。有时,一个人出来,他不以自己一人的利益作为利益,却让天下人得到他的利益;不以自己一人的祸患作为祸患,却让天下人免受他的祸患。那个人的勤苦辛劳,必定是天下人的千万倍。拿出千万倍的勤苦辛劳,而自己却又不享受利益,这必然不是天下常人之情所愿意的。所以古时的君主,考虑后而不愿就位的,是许由、务光等人;就位而又离位的,是尧、舜等人;起先不愿就位而最终却未能离位的,是大禹了。难道说古代人有什么不同吗?喜好安逸,厌恶劳动,也像常人一样啊。

  后代做人君的却不是这样。他们认为天下的利害大权都出于自己,我将天下的利益都归于自己,将天下的祸患都归于别人,也没有什么不可以的。让天下的人不敢自私,不敢自利,将自己的大私作为天下的公利。开始时对此还感到惭愧,时间久了也就心安理得了,将天下看作是他广大的产业,把它传给子孙,享受无穷。正如汉高祖所说的:"我的产业所达到的成就,与二哥相比,究竟谁多呢?"他追逐利益的心情,不知不觉已流露于言辞了。这没有其他原因,古时将天下看作是主,将君主看作是客,凡是君主一世所经营的,都是为了天下人。现在将君主看作主,将天下看作是客,凡是天下没有一地能够得到安宁的,正是在于为君主啊。因而当他未得到天下时,使天下的人民肝脑涂地，使天下的子女离散，以增多自己一个人的产业，对此并不感到悲惨，还说："我本来就是为子孙创业呀。"当他已得到天下后，就敲诈剥夺天下人的骨髓，离散天下人的子女，以供奉自己一人的荒淫享乐，把这视作理所当然，说："这些都是我的产业的利息呀。"既然这样，作为天下最大的祸害，只是君主而已！当初假使没有君主，人们都能得到自己的东西，人们都能得到自己的利益。唉！难道设立君主的道理本来就是这样的吗？

顾炎武（1613—1682）也认为追求私利是人的本性，他在其所著《日知录》[1]中写到：

天下之人各怀其家，各私其子，其常情也。为天子为百姓之心，必不如其自为。此在三代以上已然矣。圣人者因而用之，用天下之私，以成一人之公，而天下治。夫使县令得私其百里之地，则县之人民皆其子姓，县之土地皆其田畴，县之城郭皆其藩垣，县之仓廪皆其囷窌。

这段话译为白话文就是：

天底下的人都各自关怀自己的家庭，各自爱护自己的子女，这是人之常情。作为天子也一样。他们为人民服务的用心，必然不会比为自己谋利更用心，这在夏、商、周三个朝代以前就这样了。所谓的圣人就是顺应这一规律而利用它，利用天下人的私心，以成就一个人的大公而达到治理天下的目的。让县令得到他所管辖的百里范围内的土地，那么县里的人民就都成了他的子孙，县里的土地就都成了他的田畴，县里的城郭就都成了他的围墙，县里之粮仓就都成了他自己的粮仓。

因此，在他看来，"人道"即是指对人的私利与欲望的满足，道德就存在于人们的物质利益之中，统治者只有遵循人性而行动，充分满足人们的私欲，才能达到天下大治。

刘宗周（1578—1645）认为，人性来源于流行的"气"，他在《刘子全

---

[1] [清] 顾炎武. 日知录[M]. 北京：中国文史出版社，1999.

书》❶中写道"人生而有此形骸，蠢然者耳，有气以运行其间，而形骸之发窍始灵，此一点灵气无所不有，而实无一物之可指，这便是天命之性"，又道"天命流行，物与无妄，天之道也，人得之以为性"。

颜元（1635—1704）在《存性编》❷中提出"气质即性"论，"非气质无以为性，非气质无以见性也"，并且指出人性与感性物质欲望相联系的，尽性不是寡欲、窒欲、去欲，而是应该充分满足人的物质欲望，并且批判理学家视人欲为一己之私的观点，认为这是"以气质为恶，故视己为私欲，日克己制私，……理有不通。"

五、知行论

知行论是着重说明知和行的关系。在中国古代心理学思想中，这历来是一个十分受重视的问题，曾对它进行热烈的讨论和争论。

知行合一的思想最早可见于《太甲下》❸：

呜呼！弗虑胡获？弗为胡成？一人元良，万邦以贞。君罔以辩言乱旧政，臣罔以宠利居成功，邦其永孚于休。

这段话译为白话文就是：

啊！不思考如何弄明白？不作为如何成功？天子大善则天下就会因此得行正道。君主不以巧辩扰乱已有之政，臣下不仗高位和利禄而安于成就功名。如此则国家将永远能够保持美好。

将"知与行"的关系阐述得更明晰的是《尚书·说命中》：

惟说命总百官，乃进于王曰："呜呼！明王奉若天道，建邦设都，树后王君公，承以大夫师长，不惟逸豫，惟以乱民。惟天聪明，惟圣时宪，惟臣钦若，惟民从义。惟口起羞，惟甲胄起戎，惟衣裳在笥，惟干戈省厥躬。王惟戒兹！允兹克明，乃罔不休。""惟治乱在庶官。官不及私昵，惟其能；爵罔及恶德，惟其贤。虑善以动，动惟厥时。有其善，丧其善；矜其能，丧其功。惟事事，乃其有

---

❶ [明]刘宗周.刘子全书[M].华文书局.1969.
❷ 颜元.存性编[M].北京：中华书局.1985.
❸ 姜建设注说.尚书[M].开封：河南大学出版社，2008.

备,有备无患。无启宠纳侮,无耻过作非。惟厥攸居,政事惟醇。"黩于祭祀,时谓弗钦。礼烦则乱,事神则难。"

王曰:"旨哉!说。乃言惟服。乃不良于言,予罔闻于行。"

说拜稽首,曰:"非知之艰,行之惟艰。王忱不艰,允协于先王成德;惟说不言,有厥咎。"

这段话译为白话文就是:

> 傅说接受王命总理百官,于是向王进言说:"啊!古代明王顺从天道,建立邦国,设置都城,树立侯王君公,又以大夫众长辅佐他们,这不是为了逸乐,而是用来治理人民。上天聪明公正,圣主善于效法它,臣下敬顺它,人民就顺从治理了。号令轻出会引起羞辱;甲胄轻用会引起战争;衣裳放在箱子里不用来奖励,会损害自己;干戈藏在府库里不用来讨伐,会伤害自身。王应该警戒这些!这些真能明白,政治就无不美好了。""治和乱在于众官。官职不可授予亲近之人,应当授予能者;爵位不可赐给坏人,当赐给贤人。考虑妥善而后行动,行动又应当适合时机。夸自己美好,就会失掉美好,夸自己能干,就会失去成功。做事情,要有准备,有准备才没有后患。不要开宠幸的途径而受侮辱;不要以改过为耻而形成大非。这样思考所担任的事,政事就不会杂乱。轻慢对待祭祀,是不敬。礼神烦琐就会乱,这样侍奉鬼神就难了。"

> 王说:"好呀!傅说。你的话应当实行。你如果不善于进言,我就不能勉力去做了。"

> 傅说跪拜叩头,说道:"不是知道它艰难,而是实行它很难。王诚心不以实行为难,就真合于先王的盛德;我傅说如果不说,就有罪过了。"

在这篇文献中傅说告诫他的君主说,"非知之艰,行之惟艰",表达了他的"知易行难"的观点。

《论语·学而》❶篇记述了孔子对"知"——学习和"行"——实践的重视,"行有余力,则以学文"则出于下文:

---

❶ [春秋] 孔丘. 李浴华译注;[战国] 曾参等撰;马银华译注;(战国) 子思等撰;马银华译注. 论语 [M]. 太原:山西古籍出版社, 2003.

子曰:"弟子入则孝,出则弟,谨而信,汎爱众,而亲仁,行有余力,则以学文。"

这段话译为白话文就是:

孔子说:"弟子们在父母跟前,就要孝顺父母;出门在外,要顺从师长,言行要谨慎,要诚实可信,寡言少语,要广泛地爱众人,亲近那些有仁德的人。这样躬行实践之后,如果还有余力的话,就再去学习文献知识。"

墨翟在其《墨子·非命》❶ 中也论述了知行论,他认为言论的是非有三个标准("三表"),其中之一是见之于行的实效("用")。具体文段如下:

子墨子言曰:"言必立仪。言而毋仪,譬犹运钧之上,而立朝夕者也,是非利害之辨,不可得而明知也。故言必有三表。"何谓三表?子墨子言曰:"有本之者,有原之者,有用之者。于何本之?上本之于古者圣王之事;于何原之?下原察百姓耳目之实;于何用之?发以为刑政,观其中国家百姓人民之利。此所谓言有三表也。"

这段话译为白话文就是:

墨子说道:"必须订立准则。说话没有准则,好比在陶轮之上放置测量时间的仪器,就不可能弄明白是非利害之分了。所以言论有三条标准。"哪三条标准呢?墨子说:"有本原的,有推究的,有实践的。"如何考察本原?要向上本原于古时圣王事迹。如何推究呢?要向下考察百姓的日常事实。如何实践呢?把它用作刑法政令,从中看看国家百姓人民的利益。这就是言论有三条标准的说法。

荀子指出行要有知的帮助,说:"知明而行无过矣"。他把行动和认识结合起来,提出"不登高山不知天之高也,不临深溪不知地之厚也"。此语出自他的《劝学》,现摘录如下:

君子曰:学不可以已。

青,取之于蓝,而青于蓝;冰,水为之,而寒于水。木直中绳,𫐓以为轮,其曲中规。虽有槁暴,不复挺者,𫐓使之然也。故木受绳则直,金就砺则利,君

---

❶ 罗炳良,胡喜云.墨子解说[M].北京:华夏出版社,2007.

子博学而日参省乎己，则知明而行无过矣。

故不登高山，不知天之高也；不临深溪，不知地之厚也；不闻先王之遗言，不知学问之大也。干、越、夷、貉之子，生而同声，长而异俗，教使之然也。诗曰："嗟尔君子，无恒安息。靖共尔位，好是正直。神之听之，介尔景福。"神莫大于化道，福莫长于无祸。

吾尝终日而思矣，不如须臾之所学也；吾尝跂而望矣，不如登高之博见也。登高而招，臂非加长也，而见者远；顺风而呼，声非加疾也，而闻者彰。假舆马者，非利足也，而致千里；假舟楫者，非能水也，而绝江河。君子生非异也，善假于物也。

这段话译译为白注文就是：

君子说：学习不可以停止的。

譬如靛青这种染料是从蓝草里提取的，然而却比蓝草的颜色更青；冰块是冷水凝结而成的，然而却比水更寒冷。木材笔直，合乎墨线，但是用火萃取可使它弯曲成车轮，（那么）木材的弯度（就）合乎（圆到）如圆规画的一般的标准了，即使又晒干了，（木材）也不会再挺直，用火萃取使它成为这样的。所以木材经墨线比量过就变得笔直，金属制的刀剑拿到磨刀石上去磨就能变得锋利，君子广博地学习，并且每天检验反省自己，那么他就会智慧明理并且行为没有过错了。

因此，不登上高山，就不知天多么高；不临深涧，就不知道地多么厚；不懂得先代帝王的遗教，就不知道学问的博大。干越夷貉之人，刚生下来啼哭的声音是一样的，而长大后风俗习性却不相同，这是教育使之如此。《诗经》中说："你这个君子啊，不要总是贪图安逸。恭谨对待你的本职，爱好正直的德行。神明听到这一切，就会赐给你洪福祥瑞。"精神修养没有比受道德熏陶感染更大了，福分没有比无灾无祸更长远了。

我曾经一天到晚地冥思苦想，却比不上片刻学到的知识收获大；我曾经踮起脚向远处望，却不如登到高处见得广。登到高处招手，手臂并没有加长，可是远处的人却能看见；顺着风喊，声音并没有加大，可是听的人却能听得很清楚。借助车马的人，并不是脚走得快，却可以达到千里之外，借助舟船的人，并不善于游泳，却可以横渡长江黄河。君子的资质秉性跟一般人没什么不同，只是君子善于借助外物罢了。

《荀子·儒效篇》❶写到，"闻之不若见之，见之不若知之，知之不若行之。学至于行而止矣"。他又说，"知之而不行，虽敦必困"。此语出自以下文段：

不闻不若闻之，闻之不若见之，见之不若知之，知之不若行之。学至于行之而止矣。行之，明也，明之为圣人。圣人也者，本仁义，当是非，齐言行，不失毫厘，无它道焉，已乎行之矣。故闻之而不见，虽博必谬；见之而不知，虽识必妄；知之而不行，虽敦必困。不闻不见，则虽当，非仁也，其道百举而百陷也。

这段话译为白话文就是：

没有听到不如听到，听到不如见到，见到不如理解，理解不如实行。学习到了，实行也就到头了。实行，才能明白事理，明白了事理就是圣人。圣人以仁义为根本，能恰当地判断是非，能使言行保持一致，不差丝毫，这并没有其他的窍门，就在于他能把学到的东西付诸行动罢了。所以听到了而没有见到，即使听到了很多，也必然有谬误；见到了而不理解，即使记住了，也必然虚妄；理解了而不实行，即使知识丰富，也必然会陷入困境。不去聆听教诲，不去观摩考察，即使偶尔做对了，也不算是仁德，这种办法采取一百次会失误一百次。

执"先知后行"观点的有以董仲舒、程颐、朱熹等为代表的学人。董仲舒的"先知后行"的观点体现在其所著的《春秋繁录》中：

何谓之知？先言而后当。凡人欲舍行为，皆以其知先规而后为之。

这段话译为白话文就是：

什么是智慧？在做之前预言然而后来印证（预言）。但凡人想要放弃他所做的事情，都是因为他们预见了事情发展的规律，然后去放弃他们在做的事情。

程颐的"先知后行"的观点体现在朱熹的《近思录·致知》❷中：

---

❶ [战国] 荀子. 荀子 [M]. 孙安邦，马银华，译注. 太原：山西古籍出版社，2003.
❷ [南宋] 朱熹，[南宋] 吕祖谦. 近思录全译（修订版）[M]. 贵阳：贵州人民出版社，2009.

学者固当勉强，然须是知了方行得。若不知只是觑却尧，学他行事。无尧许多聪明睿智，怎生得如他动容周旋中礼？如子所言，是笃信而固守之，非固有之也。未致知，便欲诚意，是躐等也。勉强行者，安能持久？除非烛理明，自然乐循理。性本善，循理而行，是顺理事，本亦不难，但为人不知，旋安排著，便道难也。知有多少般数，煞有深浅。学者须是真知，才知得是，便泰然行将去也。

这段话译为白话文就是：

> 学者固然应当努力实行，但需要的是先知而后行。如果不懂其中道理，只是看见尧，就学尧那样行事，却没有尧那样的聪明睿智，怎么能像尧一样举止容仪、应酬事务全都符合礼呢？像你刚才说的那样，那是实实在在地相信并且牢固地守持着某一善行，这善行却不是他本身原来自然就有的，没有做到获取知识明白事理，就想做到真实无妄诚实无欺，是越级而进。超越能力地勉强实行，怎么能持久呢？除非你洞彻世理明白无碍，才会自然而然地乐于按照圣人之道去行。人性本善，顺理而行，这也是顺理成章的事，本来也不难。只怕为人不明理，急于按照一个理去顺着做，那就难了。你知道要行的事有多少般多少种，怎么一一安排？这里有深浅。学者须是真正理解事理，才理解得正确，就能泰然实行了。

宋代理学家朱熹继承二程的理论而又有创新。朱熹认为知先于行，但知和行"常相须"而统一在一起。朱熹的这一观点见于《朱子语类·卷九·学三·论知行》：

知、行常相须，如目无足不行，足无目不见。论先后，知为先；论轻重，行为重。

论知之与行，曰："方其知之而行未及之，则知尚浅。既亲历其域，则知之益明，非前日之意味。"

这段话译为白话文就是：

> 知、行总是相伴相随，这如同离开了眼睛，脚就不能向前行走，离开脚眼睛也不能看得更远。论先后，知在先；论轻重，行为重。
>
> 讨论知之与行，可以这样说，只知道怎么做而做不到，是因为知道的太少。已经有了这方面的亲身经历，则理解得更深刻，不再是此前的状态。

明代的王守仁（1472—1529，字伯安，别号阳明）以他的知行合一说而著称。其观点见于《与薛君采书》❶：

> 讲得一事即行一事，行得一事即知一事，所谓真知矣。徒讲而不行，则遇事终有眩惑。
>
> 练事之知，行乃中几。讲论之知，行尚有疑。何也？知、在我者也，几、在事者也。

这段话译为白话文就是：

> 谈论一件事就做一件事，做一件事去就去明白一件事。只是谈论而不做，遇到事后还是会迷惑的。
>
> 经过实行的知，行起来才能合乎事物的规律；讲论的知则行起来还是要有疑惑的。这是为什么呢？认识事物在于我，而事物的规律则在事物的本身。

他认为，这些论断是从实际体验得来的，符合实际情况，不局限于概念的推论。

清初的王夫之（1619—1692，字而农，号薑斋，亦自署"船山遗老""一瓠道人"等，学者尊为"船山先生"）尖锐地批判了过去一切重知轻行的不正确说法，因而强调指出，行和知是同样重要的，但行终究是主要的，并且是容易受到忽视的。王夫之认为知和行是不相离的，此观点见《读四书大全说》：

> 知行之分有从大段分界者，则如讲求义理为知，应事接物为行是也。乃讲求之中力其讲之事，则亦有行矣。应事接物之际不废审虑之功，则亦有知矣。是则知行终始不相离。存心亦有知行，致知亦有知行，而不可分一事以为知而非行，行而非知。

这段话译为白话文就是：

> 知和行的区别，有从大段分界限的，则如讲求义理为知，应事接物为行是也。乃讲求之中，力其讲求之事，则亦有行矣；应接之际，不废审虑之

---

❶ 中国社会科学院哲学研究所中国哲学史研究室编．中国哲学史资料选辑：宋元明之部［M］．北京：中华书局．1962．

功，则亦有知矣。是则知行终始不相离，存心亦有知行，致知亦有知行，而更不可分一事以为知而非行，行而非知。故饶、史之说，亦得以立也。

第三节　其他非主流的心理学理论

一、情二端论

在情绪的分类学说里，中国古代有六情论、七情论和情二端论。

六情之说始见于《左传·昭公二十五年》❶ 中的"六气"：

> 天地之经，而民实则之。则天之明，因地之性，生其六气，用其五行。气为五味，发为五色，章为五声，淫则昏乱，民失其性。是故为礼以奉之：为六畜、五牲、三牺，以奉五味；为九文、六采、五章，以奉五色；为九歌、八风、七音、六律，以奉五声；为君臣、上下，以则地义；为夫妇、外内，以经二物；为父子、兄弟、姑姊、甥舅、昏媾、姻亚，以象天明，为政事、庸力、行务，以从四时；为刑罚、威狱，使民畏忌，以类其震曜杀戮；为温慈、惠和，以效天之生殖长育。民有好、恶、喜、怒、哀、乐，生于六气。是故审则宜类，以制六志。哀有哭泣，乐有歌舞，喜有施舍，怒有战斗；喜生于好，怒生于恶。是故审行信令，祸福赏罚，以制死生。生，好物也；死，恶物也；好物，乐也；恶物，哀也。哀乐不失，乃能协于天地之性，是以长久。

这段话译为白话文就是：

> 天地的规范，百姓加以效法，效法上天的英明，依据大地的本性，产生了上天的六气，使用大地的五行。气是五种味道，表现为五种颜色，显示为五种声音，过了头就混乱，百姓就失掉本性，因此制作了礼用来使它有所遵循：制定了六畜、五牲、三牺，以使五味有所遵循。制定九文、六采、五章，以使五色有所遵循。制定九歌、八风、七音、六律，以使五声有所遵循。制定君臣上下的关系，以效法大地的准则。制定夫妇内外的关系，以规

---

❶ 张帅，程开元译注. 左传[M]. 济南：山东画报出版社，2014.

范两种事物。制定父子、兄弟、姑姊、甥舅、翁婿、连襟的关系，以象征上天的英明。制定政策政令、农工管理、行动措施，以随顺四时。制定刑罚、牢狱让百姓害怕，以模仿雷电的杀伤。制定温和慈祥的措施，以效法上天的生长万物。百姓有好恶、喜怒、哀乐，它们以六气派生，所以要审慎地效法，适当地模仿，以制约六志。哀痛有哭泣，欢乐有歌舞，高兴有施舍，愤怒有战斗。高兴从爱好而来，愤怒从讨厌而来。所以要使行动审慎、使命令有信用，用祸福赏罚，来制约死生。生，是人们喜好的事情。死，是人们讨厌的事物。喜好的事物，是欢乐。讨厌的事物，是哀伤。欢乐不失于礼，就能协调天地的本性，因此能够长久。

最早正式提出六种性情的是荀子。荀子说出了："性之好、恶、喜、怒、哀、乐谓之情"，此语见于其《荀子·正名》：

散名之在人者：生之所以然者谓之性。性之和所生、精合感应、不事而自然谓之性。性之好、恶、喜、怒、哀、乐谓之情。情然而心为之择谓之虑。心虑而能为之动谓之伪。虑积焉、能习焉而后成谓之伪。正利而为谓之事，正义而为谓之行。所以知之在人者谓之知，知有所合谓之智。智所以能之在人者谓之能，能有所合谓之能。性伤谓之病，节遇谓之命。是散名之在人者也，是后王之成名也。

这段话译为白话文就是：

在人事方面的各种具体名称：人生下来就具有的本性叫作天性。天性的和阴阳二气所产生的、精神接触外物感受的反应、不经人为努力或社会影响而自然形成的东西叫作本性。本性中的爱好、厌恶、喜悦、愤怒、悲哀、快乐叫作感情。感情由心生而心灵又对这些进行选择叫做思虑。心灵思虑后，官能为之而行动，叫作人为。思虑不断积累，官能反复练习，而后形成一种常规，就叫作人为。为了功利去做叫作事业，为了道义去做叫作德行。在人身上所具有的用来认识事物的能力叫作知觉，知觉和所认识的事物相互接触所产生的能力叫作智慧。在人身上所具有的用来处置事物的能力叫作本能。本能和外界的客观事物相适合，相互接触所产生的能力叫作才能。天性受到伤害叫作疾病，制约人生的不期遭遇叫作命运。这些就是在人事方面的各种具体名称，这些就是现代圣王确定的名称。后王在确定事物名称概念时，是不可以不审慎的。

最早将六种性情直接名之以"六情"的是汉代的《白虎通义》❶：

五性者何？谓仁、义、礼、智、信也。仁者，不忍也，施生爱人也；义者，宜也，断决得中也；礼者，履也，履道成文也；智者，知也，独见前闻，不惑于事，见微者也；信者，诚也，专一不移也。故人生而应八卦之体，得五气以为常，仁、义、礼、智、信是也。六情者，何谓也？喜、怒、哀、乐、爱、恶谓六情，所以扶成五性。性所以五，情所以六者何？人本含六律五行气而生，故内有五藏六府，此情性之所由出入也。《乐动声仪》❷ 曰："官有六府，人有五藏。"

这段话译为白话文就是：

五性都是什么呢？指的是仁、义、礼、智、信。仁就是不忍，对生物施舍对人爱；义就是适宜，判断决策居中；礼是履行，所走的道路有纹理；智就是知识，对历史有真知独见，面对事情不疑惑，能够看见细微的东西；信就是诚信，对事和人专一而不移。所以人生对应着八卦的体系，得到了五气来作为常礼，就是仁、义、礼、智、信。什么叫作六情？喜、怒、哀、乐、爱、恶这六种性情就叫作六情，有了六情才会有五性。为什么性有五性，情有六情呢？这是因为人本来就是含六律五行气而生的，故人体内有五脏六腑，这就是情性产生的根本。《乐动声仪》上说："官有六府，人有五藏"，就是这个道理。

更广泛的说法是七情，所谓人有"七情六欲"，《礼记》❸ 上就有七情的说法：

何谓人情？喜怒哀惧爱恶欲七者，弗学而能。何谓人义？父慈、子孝、兄良、弟弟、夫义、妇听、长惠、幼顺、君仁、臣忠十者，谓之人义。讲信修睦，谓之人利。争夺相杀，谓之人患。故圣人所以治人七情，修十义，讲信修睦，尚辞让，去争夺，舍礼何以治之？饮食男女，人之大欲存焉；死亡贫苦，人之大恶

---

❶ 佚名. 白虎通义 [M]. 迪志文化出版有限公司. 2001.
❷ 佚名. 纬书集成 [M]. 上海：上海古籍出版社，1994.
❸ 秦国娟主编. 礼记 [M]. 呼和浩特：远方出版社，2007.

存焉。故欲恶者，心之大端也。

这段话译为白话文就是：

什么叫作人情？喜，怒，哀，惧，爱，恶，欲这七种人情是人们不用学习就先天具有的。什么叫作人义？父慈，子孝，兄良，弟悌，夫义，妇听，长惠，幼顺，君仁，臣忠，这十种关系叫作人义。人们讲究诚信，培养和睦的关系，这就是人们获得利益的根本，人们相互争夺厮杀，这就是人们获取灾难的根源，所以说，圣人要调治人们的七情，教导人们的十义，教人们诚信和睦，崇尚言辞谦虚，避免争夺，舍去了用"礼"的方法，怎么能治理得好呢？人们需要饮食，男女床第，这是人们欲望的表现，贫困苦厄，这是人们厌恶的东西，欲望和厌恶的东西是人们心里最敏感的，每个人都深藏他们的心机，别人是不能揣度的，人们的善良、丑恶都藏在心里，都不会在外表上表现出来，想要管制他们的欲望，张扬他们的善良，舍去了用"礼"的方法怎么能行呢？

而在《黄帝内经》❶里又有喜、怒、悲、忧、恐五情之说：

天有四时五行，以生长收藏，以生寒暑燥湿风。人有五藏化五气，以生喜怒悲忧恐。故喜怒伤气，寒暑伤形。暴怒伤阴，暴喜伤阳。厥气上行，满脉去形。喜怒不节，寒暑过度，生乃不固。故重阴必阳，重阳必阴。故曰：冬伤于寒，春必温病；春伤于风，夏生飧泄；夏伤于暑，秋必痎疟；秋伤于湿，冬生咳嗽。

这段话译为白话文就是：

大自然的变化，有春、夏、秋、冬四时的交替，有木、火、土、金、水五行的变化，因此，产生了寒、暑、燥、湿、风的气候，它影响了自然界的万物，形成了生、长、化、收藏的规律。人有肝、心、脾、肺、肾五脏，五脏之气化生五志，产生了喜、怒、悲、忧、恐五种不同的情志活动。喜怒等情志变化，可以伤气，寒暑外侵，可以伤形。突然大怒，会损伤阴气，突然大喜，会损伤阳气。气逆上行，充满经脉，则神气浮越，离去形体。所以喜

---

❶ 杨永杰，龚树全主编．黄帝内经[M]．北京：线装书局．2009

怒不加以节制，寒暑不善于调适，生命就不能牢固。阴极可以转化为阳，阳极可以转化为阴。所以冬季受了寒气的伤害，春天就容易发生温病；春天受了风气的伤害夏季就容易发生飧泄；夏季受了暑气的伤害，秋天就容易发生疟疾；秋季受了湿气的伤害，冬天就容易发生咳嗽。

事实上，不管是六情、七情或五情，这些关于人类情感的论说可以分成两大类，那就是好和恶的情二端论。

韩非曾说过："人情者有好恶"，此语见于《韩非子·八经》[1]：

凡治天下，必因人情。人情者有好恶，故赏罚可用；赏罚可用，则禁令可立而治道具矣。君执柄以处势，故令行禁止。柄者，杀生之制也；势者，胜众之资也。废置无度则权渎，赏罚下共则威分。是以明主不怀爱而听，不留说而计。故听言不参，则权分乎奸；智力不用，则君穷乎臣。故明主之行制也天，其用人也鬼。天则不非，鬼则不困。势行教严，逆而不违，毁誉一行而不议。故赏贤罚暴，誉善之至者也；赏暴罚贤，举恶之至者也：是谓赏同罚异。赏莫如厚，使民利之；誉莫如美，使民荣之；诛莫如重，使民畏之；毁莫如恶，使民耻之。然后一行其法，禁诛于私家，不害功罪。赏罚必知之，知之，道尽矣。

这段话译为白话文就是：

凡是要治理天下，必须依据人情。人之常情，有喜好和厌恶两种趋性，因而赏和罚可据以使用；赏和罚可据以使用，法令就可以建立起来，治国政策也就进而完备了。君主掌握政柄并占有地位，所以能够令行禁止。政柄是决定生杀的本权，势位是服众的基础。废除什么，建立什么，如果无章可循，政权就不神圣了；如果和臣下共掌赏罚大权，君主的威势就分散了。因此，明君不带偏爱去听取意见，不抱成见去计谋事情。所以听取意见不加验证的话，权力就会被奸臣分割；不能使大家尽心竭力，君主就会受臣下困窘。所以明君行使权力时像天一样光明正大，任用臣下时像鬼一样神妙莫测。光明正大，就不会遭到反对；神妙莫测，就不会陷入困境。君主运用权势，管教严厉，臣民即使有抵触情绪，也不敢违背；毁誉褒贬的标准始终如

---

[1] 高华平，王齐洲，张三夕译注. 韩非子[M]. 北京：中华书局. 2010.

一，不容有妄自非议的余地。所以奖赏贤人，惩罚暴行，是鼓励做好事的极致；奖赏暴行，惩罚贤人，是鼓励干坏事的极致：奖赏和自己意见相同的，惩罚和自己意见不同的。赏赐最好是优厚一些，使民众觉得有利；赞扬最好是美好一些，使民众感到荣耀；惩罚最好是严重一些，使民众感到害怕；贬斥最好残酷一些，使民众感到羞耻。然后坚决把法制贯彻下去，禁止臣下私行诛罚，不让他们破坏赏功罚罪的制度。该赏该罚，君主一定要清楚；清楚的话，治国方略就完备了。

在六情论的基础上，中国古代心理学思想中又有一种见解，指出情的根本形式不外两种，即好（爱）和恶（憎），称为情感的两大端。

董仲舒在《春秋繁露·保位权》❶中指出人有好恶两种最基本的情感：

民无所好，君无以权也。民无所恶，君无以畏也。以无权，无以畏，则君无以禁制也。无以禁制，则比肩齐势而无以为贵矣。故圣人之治国也，因天地之性情，孔窍之所，利以立尊卑之制，以等贵贱之差，设官府爵禄，利五味，盛五色，调五声，以诱其耳目，自令清浊昭然殊体，荣辱踔然相駮，以感动其心，务致民令有所好。有所好后然可得而劝也，故设赏以劝之。有所好必有所恶，有所恶然后可得而畏也，故设罚以畏之。既有所劝，又有所畏，然后可得而制。制之者，制其所好，是以劝赏而不得多也。制其所恶，是以畏罚而不可过也。所好多则作福，所恶多则作威。作威则君亡权，天下相怨；作福则君亡德，天下相贼。故圣人之制民，使之有欲，不得过节，使之敦朴，不得无欲。无欲有欲，各得以足，而君道得矣。

这段话译为白话文就是：

  百姓没有什么追求，国君便无法加以劝勉。百姓没有厌恶的事，国君便无法使他们畏惧。无法加以劝勉，无法使之畏惧，国君就没有办法施以禁止与管理。无法施以禁止与管理，国君和百姓就站在一个高度，有同等的权势却没了尊贵的资本。所以圣人治理国家，按照天地自然的本性和百姓孔窍般的利欲之心，来建立地位高低不同的制度，以便区别身份贵贱。设置官府和

---

❶ 曾振宇注说. 春秋繁露［M］. 开封：河南大学出版社，2009.

爵位俸禄，以五味作为利，使五色兴盛，使五音调和，诱导百姓的耳目，使音律明显地有差别，区别人格，荣辱明显不同，以此使百姓的思想受到震动，务必让百姓有追求。有追求之后才可能受到劝勉，所以设置奖赏来劝勉百姓。有好的追求一定也有讨厌的事，有所讨厌的事之后才能感到畏惧，所以设置惩罚来使百姓畏惧。有了劝勉的手段，又有畏惧的手段，然后才可能进行控制，控制，就是控制人们的好的追求，所以奖赏鼓励不能太多。控制人们讨厌的东西，所以惩罚畏惧不能太过分。所喜好的奖赏多百姓就有了福，所讨厌的惩罚多君主就有了威势。有了过多的威势，国君就可能失去政权，百姓就会恨君主；有了过多的福，国君可能失去恩德，天下人要互相残害。所以圣人控制百姓，让他们有追求，但不能超过一定的限度；让他们淳厚朴实，但不能没有追求。没有欲望追求和有欲望追求，各自都能得到满足，为君之道就得到了合适的尺度。

二、主客论

中国古代很早就有关于心是由形自生、凭空而生，还是由客观事物作用于形而产生的争论。早在先秦时代，许多唯物主义思想家就明确地提出，有了形体之后，还必须与外物相"接"、相"合"、相"遇"、相"交"、相"感"，才能产生认识、产生心理。墨家认为，人要有所认识，不仅要有认识的器官（材），而且还必须与外物相接、相遇，并能把它反映出来。荀子更提出了"精合感应"的命题，认为心理、精神是由外物的刺激所引起的人对外物的反应。所以就心与物的关系来说，荀子的心理学思想也体现了物质第一性、意识第二性的唯物主义观点。

北宋思想家张载认为，物是客观存在的，心必须感外物而后生。他的两句名言是"人本无心，因物为心。""感亦须待有物，有物则有感，无物则何所感！"他还进一步指出，人的心理存在着明显的差异，而这种差异应当在"感万物不一"之中去找原因，即所谓"心所以万殊者，感外物为不一也"[1]。

---

[1] [宋] 张载. 张载集 [M]. 章锡琛，点校. 北京：中华书局. 1978.

张载认为：感亦须待有物，有物则有感，无物则何所感？人本无心，因物为心：

感亦须待有物，有物则有感，无物则何所感！若以闻见为心，则止是感得所闻见。亦有不闻不见自然静生感者，亦缘自昔闻见，无有勿事空感者。闻见不足以尽物，然又须要他。耳目不得则是木石，要他便合得内外之道，若不闻不见又何验？……言尽物者，据其大总也。今言尽物且未说到穷理，但恐以闻见为心则不足以尽心。人本无心，因物为心，若只以闻见为心，但恐小却心。今盈天地之间者皆物也，如只据己之闻见，所接几何，安能尽天下之物？

这段话译为白话文就是：

人的感知是需要依靠客观事物才会产生的，有事物才会有感知，没有事物怎么会有感知呢？如果以听和看作为心，那么行动就是感知到了所听所见。也有不听不看也自然而然地产生感知的，这也是因为过去曾经听过见过，从来没有不依靠事物而产生感知的，听和看是不能全面了解事物的，但又不能离开听和见。人的耳目如果不能听和看就无异于木石，需要耳目是符合内外之道的，如果不听不见又怎么能验证事物呢？……语言能详尽地描述事物，是根据其大体。现在要全面说尽事物，并且还没有穷尽事理，只是恐怕要以见闻为心则不足以穷尽心思。人其实本来没有想法，因为有了事物才有了想法。若只是以见闻为想法，心乃是物的反映。人的见闻有限，天地之间事物无穷，须尽量了解天下之物，不以见闻为限。但是如何才能尽天下之物呢？

在《正蒙·太和篇》中，他又讲道：心所以万殊者，感外物为不一也。意为人们的想法千差万别，是因为对外物的感知不同。

明代王廷相明确提出了"动者，缘外而起"的命题，认为人的心理只有在与外物接触的基础上才能得到发生和发展。

清代的戴震[1]认为，人的心理活动是由外物引起的，心理活动的源泉在客观

---

[1] ［清］戴震. 孟子字義疏證［M］. 中华书局. 1982.

事物，而不在人的自身，所谓"味与声色在物不在我，接于我之血气，能辨之而悦之"。又说："喜、怒、哀、乐之情，感而接于物。""夫事至而应矣，心也。"他还提出一种"符节说"，认为耳、目、鼻、口等感觉的产生，必须与相应的声、色、臭、味等刺激相吻合，就好像符节一样；否则就不会有相应的感觉。先秦墨家认为，人要有所认识，不仅要有认识的器官，而且还必须与外物相接、相遇，并能把它反映出来。荀子更提出了"精合感应"的命题，认为心理、精神是由外物的刺激所引起的人对外物的反应。

清代的王夫之在他的《张子正蒙注》❶中说："形也，神也，物也，三相遇而知觉乃发"，出自下文：

人之有性，函之于心而感物以通，象著而数陈，名立而义起，习其故而心喻之，形也，神也，物也，三相遇而知觉乃发。故由性生知，以知知性，交涵于聚而有间之中，统于一心，由此言之则谓之心。

王夫之认为，只有"合外物"才能"生其心"，只有形、神、物"三相遇而知觉乃发"（《张子正蒙注》卷一）。他还进一步具体阐述了张载的"心所以万殊"的论点，认为人们在情、识、意方面的个别差异，乃是"物之相感"的不同所致。又认为由于人们处于不同的时（时间）、位（空间）和环境。其心理也会表现出相应的差异。戴震也认为，人的心理活动是由外物引起的，心理活动的源泉在客观事物，而不在人的自身，所谓"味与声色在物不在我，接于我之血气，能辨之而悦之"（《孟子字义疏证·理》）。又说："喜、怒、哀、乐之情，感而接于物。"（《孟子字义疏证·才》）"夫事至而应矣，心也。"（《孟子字义疏证·理》）他还提出一种"符节说"，认为耳、目、鼻、口等感觉的产生，必须与相应的声、色、臭、味等刺激相吻合，就好像符节一样，否则就不会有相应的感觉。

中国古代哲学著作中的心理学理论，对研究今人的心理活动仍然具有指导意义，并已经成为我们研究读者心理的重要理论依据。

---

❶ ［清］王夫之．张子正蒙注［M］．北京：中华书局．1975．

第二章
西方心理学经典学说与著作

第一节 西方古典心理学代表人物及学说

一、古希腊时期

与中国最早的知识，尤其是心理学知识是中国古典哲学的有机组成一样，西方最初所有的知识都包含在哲学里，并依次分化出力学和天文学；再从中分化出数学、物理学、化学等，最后是心理学。西方哲学家史从古希腊开始，自然，西方心理学也是从古希腊开始的。

古希腊人信奉万物有灵论。他们认为世界是原来就有的，并不是谁创造出来的。万事万物都有灵性，都由神主宰着。神不是万能的，但比人高明，人可以祈求神的援助。

米利都学派是西方最早的学派，可追溯到公元前8世纪。代表人物是泰勒斯（Thales，约前624年—约前546年）和阿那克西曼德（Anaximander，约前610—前545））。

泰勒斯认为水是万物的根源，万物由水生成，消灭后复归为水[1]。

阿那克西曼德认为万物的本源是"无限者"，无限者指无定形的物质，由无限者分出两种相互对立的物质，冷和热。热在外，冷在内，不断旋转，于是形成万物。可以说他模模糊糊地猜测到世界是发展而成的，生物是由进化而来的。他是最早提出进化论思想的人。

毕达哥拉斯学派产生于前6世纪末，前5世纪被迫解散，其成员大多是数学家、天文学家、音乐家。他是西方美学史上最早探讨美的本质的学派。该学派的首领为毕达哥拉斯（Pythagoras，约前580—约前500），他认为自然现象的基础不是物质的始源，而是数及其关系。数构成了宇宙的秩序，认识世界就是认识数。

关于人类的心理，毕达哥拉斯认为存在着可以脱离身体、不死而轮回降生的灵魂；认为灵魂分三部分，即理性、智慧和情欲。理性在脑，智慧也在脑，情欲

---

[1] 李国山，王建军. 欧美哲学通史：古代哲学卷[M]. 天津：南开大学出版社，2006.

在心脏。

阿尔可迈翁（Alcmaeon of Croton，约前500年）是毕达哥拉斯学派的另一个人物，也西方第一个从事动物解剖的人，他发现了视神经和中耳管，并用孵过的鸡卵观察胚胎的发育。他认为大脑是感觉和思维器官。

爱抚斯学派产生于公元前6世纪，其代表人物为赫拉克利特（Heraclitus，约前530年—前470年），他是辩证法的奠基人之一。他以火代表万物的根源。万物由火生成，复归于火。他认为人身体是土，而人的灵魂是纯净的火，是人体中最热烈的部分，也是最干燥的。

爱利亚学派与爱抚斯学派同时出现，观点对立。其代表人物为巴门尼德（Parmenides of Elea，约前515年—前5世纪中叶以后）。他认为只有思维和逻辑才能达到真理，感官经验是虚妄的；存在的是可思维的东西，不可思维的东西是不存在的，存在的物质也是思想。

多元论学派创立于公元前5世纪，代表人物为阿那克萨戈拉（Anaxagoras，约前500—前428）和恩培多克勒（Empedocles，前490—约前430）。

阿那克萨戈拉认为，世界是数目无限的小体（他称之为微种子），每个小体都含有世界所有的一切相反的性质，如冷与热等。对于物体由于小体比例的多少变异而产生的变化，他认为是"努斯"（即心）推动的结果，"努斯"是极其精细的流质。

恩培多克勒认为，多变的万物是由四种不变的物质，即所谓的四根组成。四根是土、水、火、空气（他用实验证明空气是物质）。四根是不能自动的，必须另有物使之运动，他称这种物质为爱和憎。爱使四根结合，憎使四根分离，由此生成万物。爱憎带有物质性。人的身体由四根构成。固体的部分是土，液体的部分是水，维持生命的是空气，血液主要是火。人的心理特征依赖的构造，跟人的心理的不同是因为四根的配合比例的不同[1]。

原子论的代表人物是德谟克利特（Demokritos，约前460—前370），他认为灵魂原子遍布全身，但特别集中在感官、脑、心脏和肝脏。脑是思想的器官，心

---

[1] 北京大学哲学系外国哲学史教研室编译. 古希腊罗马哲学 [M]. 北京：生活·读书·新知三联书店，1961.

脏是意气的器官，肝脏是欲望的器官。他认为客观上只有原子和虚空；颜色、滋味、冷热等感觉都是主观的。

被西方尊为"医学之父"的西方医学奠基人希波克拉底（Hippcrates of Cos，前460年—前370年）提出"体液学说"。他认为一切病的缘由都是自然，与神无关。他认为人体内有四种液体：黏液生于脑（是水根），黄胆汁生于肝（是空气），黑胆汁生于胃（是土根），血液处于心脏（是火根）。他认为羊痫风是由于脑失去了黏液。他在《论水、空气和地域》一书中论述了地理环境、气候等决定人体质和民族的心理特征。

产生于公元前5世纪的称智者学派的代表人物普罗塔格拉（Protagoras，约前490或480年—前420或410年）认为，人不是生来就是好或坏的，人人都可以教育成好公民。他第一个明确提出美德可以由教育培养而成。

该学派的另一位代表人物苏格拉底（Socrates，前469—前399年）认为，道德只是少数杰出人物所具有的，而贵族是真正道德的体现者。他通过口头谈话或与人争辩的方式传播他的理论，他的论辩方法被亚里士多德称为"归纳的论证"，他自己称为"产婆术"。

苏格拉底的学生柏拉图（Plato，前427年—前347年）在他的《理想国》一书中提出理想国与灵魂三级论。

理想国中社会分三个等级，第一等级是哲学家、王者或执政者，第二等级是武士，第三等级是农民、商人和手艺人。他把人的灵魂分三个等级，并与他的理想国等级相对应。灵魂分为理性、意气和欲望。理性位于头部，意气位于胸部，欲望位于腹部横膈膜与肚脐之间。

他认为事物的普遍性是在个别事物之外的，并且先于这些事物存在。他将这些普遍性称为"伊劫耶"，一般译为理念，意为心。因为只有对伊劫耶的认识才是真实的知识，所以真正的知识都是回忆。他认为认识即回忆的过程。

柏拉图的学生亚里士多德（Aristotle，前384—前322）认为，世界万物都有生命，有灵魂。他把灵魂分为三个等级，植物只有滋长的灵魂，动物有感性的灵魂，人则有理性的灵魂。从植物到人，灵魂的等级越来越高。人不仅有特殊感官，如眼、耳、鼻、舌等，还有执行特殊感官的感觉以上、抽象思维以下的中间功能的"共同感官"，位于人的心脏区域。

他把心理功能区分为认识和动求两大类功能，动求功能包括情感、欲望、意志和动作等过程。他认为，心理的器官是心脏而不是脑。

怀疑学派的奠基人皮浪（Pyrrhon，约前365—约前275）提出心神恬静说，即人生的目的在于达到心神恬静。要达到心神恬静，必须默于不可知，安于不知，对一切事物不下断语。

伊壁鸠鲁学派的代表人物伊壁鸠鲁（Picurus，前341—前270年）提出，心智有两种作用，一是自动的，一是有意的；一切感觉都伴有快乐或痛苦的感情。生活的目的就是快乐，而快乐就是没有痛苦。

斯多葛哲学学派的创始人芝诺（Zeno，约前336—约前264年）认为世界是物质，也是理性。人的灵魂是物质的，也是理性的。人的灵魂是物质的，也是时间与理性的一部分。所以，人应该服从理性。一切变化都是世界理性的表现，都是前定的，因此人应该听天由命，顺受一切。

圣奥古斯丁（AureliusAugustinus，354—430）认为人和世界是由有人格的上帝创造的，人类的始祖亚当和夏娃的原罪遗留给全人类，使每个人生来都是罪恶的，需要赎罪。只有"全能的上帝的奇妙的恩赐"才能使人得救，而教会就是上帝在地上的代表；离开教会人就不能得救。他的结论是，教会的权力必须大于世俗权力，教会必须统治世界。

他信奉二元论的心理学，认为心是存在的。我"思"所以我"心"在。对心身关系，认为人是灵魂与身体的结合。认为灵魂的活动和心理的活动是统一的，灵魂有三种功能——自觉的记忆、理智、意志。其中意志活动是最重要的，它贯穿于一切心理活动之中，意志是心理活动的根本，其余只是意志的表现。

二、文艺复兴时期

勒内·笛卡儿（René Descartes，1596—1650）提出心物二元论，他认为，世界上有上帝，有灵魂（心），有物质，三者都是不依赖他物而独立存在的实体。其中绝对独立存在的只有上帝，灵魂与物质是相对独立的，他们必须依赖上帝才能存在。他指出松果腺是身心交感的部位，是灵魂驻体的办事处。他相当明确地勾画出了反射和反射弧的轮廓。在心理学史上他被称为反射动作学说的第一人。他将人的情绪分为6种，即惊奇、爱悦、憎恶、欲望、欢乐和悲哀。

马勒伯朗士（Malebranche，1638—1715）认为感觉的真正原因不是外物与人体，而是上帝。当物与人体发生作用时，是上帝使其灵魂产生感觉，外物与人体的作用只是适逢其会，是偶然的原因。马勒伯朗士也持相同的观点。人的经验不是孤立的感觉，而是复合的感觉，是过去的经验与当前的感觉的结合。如对于物体的远近、大小，不是由于直接看见，而是由于过去的经验与当前的感觉相结合。这种结合是立刻的，意识不到的，所以称其为"复合感觉"，又叫作"自然判断"。

贝内迪特·斯宾诺莎（Baruch de Spinoza，1632—1677）认为世界只有一个，他称为上帝的实体。所谓上帝实则指无限永恒的世界，即是说，它没有什么超人的意志，只是按自然的规律在运动。这个自然界的实体，既不能被创造，也不会被消灭。它们存在和变化的原因都在自然界本身之中，故也称自因说。人只能认识自然界无数属性中的两个，即心与物。

弗朗西斯·培根（Francis Bacon，1561—1626）于1620年出版了《新工具》一书。在这本书中，他提出要认识自然、研究自然及控制自然，认为人类应将着眼点放在自然上，认识的任务是研究自然，认识的目的是控制自然。他曾提出"知识就是力量"的科学名言。他相信两种灵魂说，认为两种灵魂一种是感性灵魂，一种是理性灵魂。

托马斯·霍布斯（Thomas Hobbes，1588—1679）认为人生来就是自私的，都是要压迫他人，提高自己。他反对笛卡尔的"天赋观念"，认为一切知识都由感觉开始。他以为每一感觉过程发生以后，都留有残余的运动，这残余的运动就是想象。平时想象的这种残余运动比较微弱，被当前感觉过程更加强烈的运动淹没，因此平时显现不出来。只有人在睡眠时，感觉运动不存在了，残余运动才显现出来而成为梦境。他认为联想是两种感觉的运动在发生时间上的接近。联想分两种，一种是无指导的、无计划的、非恒久的，另一种是有欲望或计划节制的。后人把前者称为自由联想。联想是由人的情感和冲动决定的。

约翰·洛克（John Locke，1632—1704）1690年出版《人类悟性论》，书中反驳了笛卡尔的天赋观念论，宣传了唯物主义的经验论。他反对当时传统的"固有观念"。认为人不存在未有经验之先就意识到固有观念或固有原理。一切知识来源于经验，经验是指个人出生后的阅历。他以为人心在出生时就像一张白纸，最初没有字，一切字都是由经验印上去的。经验的另一个材料的来源是反省。一切观念分为简单的与复杂的两类。又称反省为内感官。他的经验论是心理学史上第一个最彻底的唯物主义理论。他在认识论中的地位是不言而喻的，但他将反省看作是认识的一个来源，无疑与当时的机械论观念有关。他把外物的性质区分为原始性和次起性，如广延、形状、体积、动静、不可入性、数目等是原始性；外物由于其原始性的种类与程度不同而产生色、声、香等感觉的能力是次起性。

戈特弗里德·威廉·莱布尼茨（Gottfried Wilhelm Leibniz，1646—1716）认为天赋观念并不是生来就是明白与清楚的，它需要经过一段发展的过程，即需将人们心目中潜在的普遍知识逐渐地展开，才能成为一种清晰的观念。人心是一块有纹路的大理石，经过加工，才能渐次成为一座雕像。他认为存在两种真理，一种是理性真理，一种是事实真理[1]。

三、欧洲近现代时期

乔治·贝克莱（George Berkeley，1685—1753）说："存在就是被知觉。"他认为世界上根本就没有不被感知之物，而感知是人的精神活动，是人的主观的方面。特别是关于第一性的质和第二性的质的区别。他说不仅"第一性的质"，如色、声、味等是主观的，就连第二性的质如体积、广延、形状、运动、静止等也是主观的[2]。

大卫·休谟（David Hume，1711—1776）认为，外界是否存在是不可知的。他把世界的一切归结为主观现象或经验，否认心理现象的客观来源和生理基础[3]。

大卫·哈特利（David Hartley，1705—1757）认为，神经不是空管而是实体组织，神经能传导是因为它能振动。振动式上下波动，本身垂直运动而做向前推进的纵波运动。这种振动传到脑，人就产生感觉。振动由脑再传到肌肉，人就发生动作。微振是指神经的振动式由外物引起的神经振动，引起之后会继续一段时

---

[1] [美]罗兰·斯特龙伯格. 西方现代思想史[M]. 刘北成，赵国新，译. 北京：中央编译出版社，2005.
[2] [英]乔治·贝克莱. 人类知识原理[M]. 北京：人民出版社，2016.
[3] [英]休谟. 人类理解研究[M]. 北京：商务印书馆，2011.

间,这时的振动越来越细微,称作微振。他反对洛克的反省说,承认感觉是认识的唯一源泉。

苏格兰常识学派的创始人托马斯里德(Thomas Reid,1710—1796)主张常识是上帝赋予一切人的本能,比一切哲学都可靠。他的《论人的理智才能》和《论人的活动才能》列举了许多活动才能和理智才能,所以他的心理学是才能心理学[1]。

拉美特利·朱利安·奥夫鲁瓦·德(La Mettrie Julien Offroy De,1709—1751)于1747年出版了《人是机器》[2]一书,在书中,他认为人是机器,根本不需要什么灵魂。

克洛德·阿德里安·爱尔维修(Claude Adrien Helvétius,1715—1771)认为心理活动来源于外部客观世界,感觉能力是最高级组织的物质的反映。强调环境和教育对人的性格形成的决定作用。他既是教育万能论者也是感觉主义者。教育万能论是一种对教育的见解、主张和看法。

埃蒂耶纳·博诺·德·孔狄亚克(Étienne Bonnot de Condillac,1715—1780)认为感觉是一切知识的来源,他认为心理过程是感觉的变相。

克里斯蒂安·沃尔夫(Christian Wolff,1679—1754)是第一个用"心理学"这个名词写书的人。曾于1721年演讲过"中国人的实践哲学",很推崇孔子。孔子看重人的实际生活和行为规范,而不看重鬼神。他认为孔子看重提倡的道德是没有启示的宗教。他有两本心理学方面的著作——《经验心理学》和《理论心理学》。他主张二元论的身心平行。他反对洛克的经验论,不认为人心最初是一块白板,而相信人有固有观念,固有的理智和固有的道德。他系统化了才能心理学,把人的才能分为认识才能和动求才能两大类。认识才能又包括感觉、想象、记忆、注意、悟性、理性等才能。悟性才能是指确立、区别、判断一个概念的能力,这些都是属于悟性才能从事的活动,而理性是指运用概念推断而得到结论。

约翰·尼柯拉·提顿斯(Johann Nocolas Tetens,1736—1807)是二元论者,相信有物质(包括身体),也有灵魂。他认为物质与灵魂的真正性质是不可知

---

[1] 张晓梅. 托马斯·里德的常识哲学研究 [M]. 上海:上海人民出版社,2007.
[2] 拉·梅特里. 人是机器 [M]. 北京:商务印书馆,2009.

的。他把人的心理过程分为理解、感情和意志。

伊曼努尔·康德（Immanuel Kant，1724—1804）认为研究人的意识很困难，在我们对自己的经验进行观察时，经验已经起了变化。这样我们就不能观察我们的意识，而将新的内容引进了意识。所观察的对象因被观察而改变。因此，检验的心理学应该根据对别人的观察而不是对自己的观察。他还认为心理学不能用数学，而心理学要成为科学就必须用数学。

詹姆斯·穆勒（James Mill，1773—1836）认为，联想只是观念机械的结合。无论多么复杂的观念，都是由几个简单观念生成的分层观念，再由集中多层次观念机械地拼凑起来的。

弗里德里希·威廉姆·约瑟夫·谢林（Friedrich Wilhelm Joseph Schelling，1775—1854）认为现象是宇宙精神的存在和自我意识的某些特定的形式。自然界从一个阶段到另一个更高阶段的发展则意味着以无意识的东西向着有意识的东西的逐步转化。

约翰·弗里德里希·赫尔巴特（Johann Friedrich Herbart，1776—1841）是最早宣称心理学是一门科学的人。他认为教育的目的是伦理学研究的问题，心理学的任务则在于研究如何实现这个目标的心理机制。他最先将心理学、哲学和生理学分开。他认为观念具有相合相斥的力量。时时刻刻占据意识中心的观念，只允许与它自己可以调和的观念出现在意识之中，而将与其不调和的观念抑制下去，排斥出去。这样，意识就产生了重心、边缘与界限，被排斥的观念就在意识之外了，提出了"意识阈限"的概念：一个概念由完全抑制状态过渡到真正观念的状态似乎跳过一些界限，这些界限即是"意识阈限"。他还认为心理活动都是观念，即都是理智的认识过程。

鲁道夫·赫尔曼·洛采（Rudolf Hermann Lotze，1817—1881）所著的《医学心理学》是第一部研究生理心理学的书。书中提出"部位标记说"，外部刺激虽然具有空间的关系，但人直接得到的却只是特殊感觉而不是空间形式。全身的所有部位都有这样的标记。由于肢体屡屡移动，最终这些标记就结合成了有一个空间的体系[1]。

---

[1] 车文博. 西方哲学心理学史 [M]. 北京：首都师范大学出版社，2010.

约翰内斯·缪勒（Johanes P Muller，1801—1858）在他 1826 年所著的《视感官的比较生理》中提出神经特殊能力说。他认为人的各种感官是有所分工的，它们之间不能相互替代。各种感官只有一种适宜的刺激物。在特殊条件下，其他刺激有时也会引起某个感官的活动，但只能使此感官发生惯有的特殊感觉。

恩斯特·海因里希·韦伯（Ernst Heinrich Weber，1795—1878）是心理学史上第一个将实验方法与数学测定法结合起来，对感觉进行研究的学者。他给出的韦伯定律是，感觉的阈限随原来的刺激量的变化而变化，而且表现为一定的规律。

赫尔曼·冯·赫尔姆霍兹（Herman von Helmholtz，1821—1894）认为对眼做出不同反应的眼内受体只有三种，由于三种受体的作用，人眼能感受到红、绿、蓝三种基本色。他还认为耳内存在着一种在一定范围内能够分辨单音音高的机制。他对神经传导速度的测量结果是，神经传导率约为每秒 27.432 米。他提出，思维与运动是在可测量的间隔时间内彼此相继产生的。

卡尔·埃瓦尔·德康斯坦丁·赫林（Karl Ewald Konstantin Hering，1834—1918）认为空间知觉是生来就有的，视网膜上生来就存在两个部位标记，一个是关于上下的，一个是关于远近的。

威廉·汉密尔顿（WilliamHamilton，1788—1856）把心理活动分为认识、感情（愉快和痛苦）和动求作用（愿望与意志）三类。

约翰·斯图尔特·密尔（John Stuart Mill，1806—1873）认为人的能力是完全一样的，只要有机会受教育，都会很快发展，就像他自己一样。人的素质本身没有差别，个人间的差别都是由于受教育及社会生活的不同形成的。他认为心理状态可以直接观察而发现他们之间的规律，无须借助于生理学，心理学是与生理学不同的独立科学。

亚历山大·培因（Alexander Bain，1818—1903）于 1876 年创办的《心》杂志，是世界上最早的心理学杂志。1872 年出版《心与身》一书，主张心身平行论，认为身体是一个自我封闭的物质系统，身心互相平行且互为因果。

赫伯特·斯宾塞（Herbert Spencer，1820—1903）认为生命是"内部关系不断对外部关系的适应"，心理是有意识的机体对环境的不断适应。强调心理学是一门独立的科学，处在生物科学与社会科学中间，即心理学是自然科学的一部分，同时又是社会科学的基础。

19世纪英国进化论的主要奠基人查尔斯·罗伯特·达尔文（Charles Robert Darwin, 1809—1882）于1877年在杂志《心》上发表了《一个婴儿的传略》一文，他认为动物与人类在身体上和心理上只有程度的差别。

实验心理学的先驱，个体差异心理学的创始人法兰西斯·高尔顿（Francis Galton, 1822—1911）于1883年创立"优生学"，试图证明天才是遗传的。

第二节　现代心理学的学派及著作

一、内容心理学派

内容心理学派产生于19世纪中叶的德国，其代表人物是古斯塔夫·西奥多·费希纳（Gustav Theodor Fechner, 1801—1887）和威廉·冯特（Wilhelm Wundt, 1832—1920）。费希纳于1860年出版了《心理物理学纲要》一书。他通过实验发现，感觉强度的增长同袭击量的增长并不是一对一的关系。两者之间存在着对数关系（费希纳定律）。费希纳在心理物理学的研究中曾创造了三种心理测量的方法：最小可觉差法、正误法和均差法。费希纳把物理学的数量化测量方法带到心理学中，提供了后来心理学实验研究的工具。从现代心理学发展的历史上看，费希纳应被认为是现代西方心理学的主要缔造者之一，他的心理物理学为冯特心理学的建立起到了奠基作用。

冯特于1865年出版的《人体生理学教本》一书，曾得到与他同时代的弗里德里希·恩格斯（Friedrich Engels, 1820—1895）的肯定，而《生理心理学原理》一书，被心理学界认为是心理学的独立宣言。冯特的内容心理理论观点，后来被他的学生带到美国，并于19世纪末在美国发展形成了一个在主要的心理思想上与冯特观点相似但又有区别的较大的构造主义心理学派。

内容心理学派主张对人的直接经验进行研究。所谓直接经验就是人在具体的心理过程中可以直接体验到的，如感觉、知觉、情感等。不过，冯特这里研究的并不是感觉、知觉等心理活动的本身，而是感觉或知觉到的心理内容，即感觉到了什么，知觉到了什么。冯特认为，人的这种直接经验（心理或意识）是可以进行分析的。他将心理被分析到不能再分析的成分称为心理元素。他认为心理元素是心理构成的最小单位，而人的心理，是通过联想或知觉才把在些心理元素综合为人的直接经验的。因此，冯特认为，心理学的任务就是要分析心理的结构和内容，发现心理元素复合成复杂观念的内在原理与规律。由此，冯特的心理学体系被称为内容心理学。

二、意动心理学派

意动心理学派的创始人是弗朗兹·布伦塔诺（Franz Clemens Brentano，1838—1917），布伦塔诺是天主教徒，他的思想深受经院哲学的影响，以为灵魂就是心理现象，研究灵魂也就是研究心理现象。他认为心理学的对象不是感觉、判断的内容，而是感觉、判断等的活动。他称这种活动为心理的活动或意动。布伦塔诺认为心理学的研究方法是内省，即自我观察。内省是把经验回忆起来加以观察。他认为这种观察不需要实验室，虽然他不反对在实验条件下进行内省。另外，他还主张利用对别人的言语、动作和其他表现进行观察，并对动物、儿童、变态的人以及不同阶段的文化进行研究。

意动心理学派认为心理学研究的对象不是感觉、判断等思维内容，而是感觉、判断等思维活动，即"意动"，并将"意动"概念作为中心的心理学概念进行阐述。布伦塔诺把意动基本上分为三类：

（1）表象的意动（感觉、想象），如我见、我听、我想象；

（2）判断的意动（知觉、认识、回忆），如我承认、我否认、我知觉、我回忆；

（3）爱憎的意动（感情、希望、决心、意向、欲望），如我感到、我的愿望、我决定、我意欲、我请求。三类之中以表象的意动为最根本的，其他的两类是在这一类的基础上形成的。布伦塔诺的研究方法和冯特不同，布伦塔诺不反对采用实验的方法，但是他的主要方法是观察而不是实验，即自我观察。

布伦塔诺的心理学代表作有《从经验的观点看心理学》（1874）、《感觉心理学》（1907）、《心理现象分类》（1911）等❶。

---

❶ 俞吾金，吴晓明. 二十世纪哲学经典文本. 序卷：二十世纪西方哲学的先驱者 [M]. 上海：复旦大学出版社，1999.

三、机能心理学派

机能主义心理学派出现在 19 世纪末 20 世纪初。其代表人物是威廉·詹姆斯（William James，1842—1910）和约翰·杜威（John Dewey，1859—1952）等。

机能心理学派强调心理现象对客观环境的适应和功用，不以研究意识经验为限，关注心理学在各个领域内的功效和应用及改进心理学的研究方法。

詹姆士认为心理学是研究心理生活的科学，研究心理生活的现象及其条件。把生理条件和心理现象都包括在心理学的研究对象之中。他反对冯特式心理学把心理现象分解为各种元素，提出意识流的概念。认为内省是心理学的一种基本方法，但他不把内省看作是受过专门训练的心理学者的内省，而把它看作是一个敏锐的观察者迅速且确定无误地抓住实际印象的一种能力。他主张心理学可以采用实验法，他还主张把比较法作为内省法和实验法的一种补充方法。认为心理学是一门自然学科。而关于身心关系的终极问题，他认为乃是哲学的问题，不应作为一门经验科学的研究对象。詹姆士的心理学代表作有《心理学原理》（1890）、《心理学简编》（1892）等[1]。

杜威的心理学为美国狭义的机能主义提供了基本概念和理论基础，其心理学思想主要有以下几点：

（1）认为心理活动是一个连续的整体，整个反向弧是一个连续的整合的活动。

（2）明确主张心理学的研究对象是整个有机体对环境的适应活动。

（3）还认为人的活动与社会是一个整体，心理学不能把人脱离社会进行研究。

（4）在心物关系上，反对构造主义所主张的心物平行论，认为意识不是副现象，它对人的生活有作用，是整个有机体适应环境的工具[2]。

四、构造心理学派

构造主义心理学派是由爱德华·布雷福德·铁钦纳（Edward Bradford Titch-

---

[1] 万俊人，陈亚军. 詹姆斯文选 [M]. 北京：社会科学文献出版社，2007.
[2] 杜威文选 [M]. 涂纪亮，译. 北京：社会科学文献出版社，2006.

ener，1867—1927）于内容心理学派形成近20年后在美国建立的，是内容心理学思想的继承和进一步发展。

构造主义心理学派主张心理学应以意识或意识经验为研究对象，心理学家的任务是分析意识的内容，查明意识的组成元素和构造原理。铁钦纳认为心理学的研究对象是意识经验，主张心理学应该采用实验内省法分析意识的内容或构造，并找出意识的组成部分以及它们如何连接成各种复杂心理过程的规律。它强调心理学的基本任务是理解正常成人的一般心理规律，不重视心理学的应用，不关心个别差异、教育心理、儿童心理等心理学领域，以及其他不可能通过内省法研究的行为问题。

铁钦纳的主要著作有《心理学大纲》（1896）、《心理学入门》（1898）、《实验心理学》（4卷，1901—1905）、《感情和注意的实验心理学基础讲稿》（1908）、《思维过程的实验心理学基础讲稿》（1909）、《心理学教科书》（1909—1910）、《初学者心理学》（1915）等。

五、行为主义心理学派

行为主义心理学派由约翰·华生（John Broadus Watson，1878—1958）于20世纪初建立。

行为主义的主要观点是认为心理学不应该研究意识，只应该研究行为，把行为与意识完全对立起来。在研究方法上，行为主义主张采用客观的实验方法，而不使用内省法。行为主义学派认为，对行为的研究包括刺激和反应两个方面。刺激是指外界环境和身体内部的变化，如光、声音、饥渴等。反应是指有机体所做的任何外部动作（外部反应）和腺体分泌（内部反应）。反应有先天反应和习得反应两种。复杂反应和动作技能是通过建立条件反射学会的。

华生主张心理学应该屏弃意识、意象等太多主观的东西，只研究所观察到的并能客观地加以测量的刺激和反应。无须理会其中的中间环节，华生称之为"黑箱作业"。他认为人类的行为都是后天习得的，环境决定了一个人的行为模式，无论是正常的行为还是病态的行为都是经过学习而获得的，也可以通过学习更改、增加或消除，认为查明了环境刺激与行为反应之间的规律性关系，就能根据刺激预知反应，或根据反应推断刺激，达到预测并控制动物和人行为的目的。他认为，行为就是有机体用以适应环境刺激的各种躯体反应的组合，有的表现在外表，有的隐藏在内部，在他眼里人和动物没什么差异，都遵循同样的规律❶。

1930年出现了新行为主义理论，以爱德华·托尔曼（Edward Chase Tolman，1886—1959）为代表的新行为主义者修正了华生的极端观点。他们指出，在个体所受刺激与行为反应之间存在着中间变量，这个中间变量是指个体当时的生理和心理状态，它们是行为的实际决定因子，它们包括需求变量和认知变量。需求变量本质上就是动机，它们包括性、饥饿以及面临危险时对安全的要求。认知变量就是能力，它们包括对象知觉、运动技能等。

新行为主义中另有一种激进的行为主义分支，它以伯尔赫斯·弗雷德里克·斯金纳（Burrhus Frederic Skinner，1904—1990）为代表，他自制了一个"斯金纳箱"，箱内装一种特殊装置，压一次杠杆就会出现食物。他将一只饥饿的鼠放入箱内，它会在里面乱跑乱碰，自由探索，偶然一次压到杠杆就会得到食物，此后老鼠压杠杆的频率越来越高，即学会了通过压杠杆得到食物。斯金纳将其命名为操作性条件反射或工具性条件作用，食物即是强化物，运用强化物来增加某种反应（即行为）频率的过程叫作强化。斯金纳认为强化训练是解释机体学习过程的主要机制。

华生的心理学代表作有《一个行为主义者所认为的心理学》（1913）、《行为——比较心理学导论》（1914）、《行为主义观点的心理学》（1919）等。

托尔曼的心理学代表作有《动物与人的目的性行为》（1932）、《战争的内驱力》（1942）等。

斯金纳的心理学代表作有《有机体的行为》（1938）、《科学与人类行为》（1953）等。

六、格式塔心理学派

格式塔心理学发端于20世纪初的德国，格式塔心理学的产生受到德国哲学家伊曼努尔·康德（Immanuel Kant，1724—1804）的先验论和埃德蒙德·胡塞尔（Edmund Husserl，1859—1938）的现象学理论的影响，也受当时自然科学重视

---

❶ 张厚粲. 行为主义心理学［M］. 杭州：浙江教育出版社，2003.

整体研究的趋势的影响。格式塔心理学派强调整体的观点，重视各部分之间的综合。它强调经验和行为的整体性，反对美国构造主义心理学的元素主义，也反对行为主义的"刺激—反应"公式，认为整体不等于部分之和，意识经验不等于感觉和感情等元素的集合，行为也不等于反射弧的集合❶。

1875年，詹姆斯·克拉克·麦克斯韦（James Clerk Maxwell, 1831—1879）提出了电磁场理论，认为场不是个别物质分子引力和斥力的总和，而是一个全新的结构；并且指出，如果不参照整个场力，就无法确定个别物质分子活动的结果。

格式塔心理学派的代表人物有马克斯·魏特曼（Max Wertheimer, 1880—1943）、沃尔夫·柯勒（Wolfgang Kohler, 1887—1968）和库尔特·考夫卡（Kurt Koffka, 1886—1941）。

1912年，魏特曼发表了一篇题为《似动的实验研究》的论文，标志着格式塔心理学的开始。在格式塔学派创始以前，构造主义心理学派主张对意识经验进行分析，将经验分解为单元或元素。经验元素的相加构成复杂的经验。格式塔学派则主张，人的每一种经验都是一个整体，不能简单地用其组成部分来说明。似动现象是一个整体经验，单个刺激的相加并不能解释似动现象的发生。

1920年，苛勒在《静止和固定状态中的物理格式塔》一书中，采取了物理学的场论，认为脑也是具有场的特性的物理系统，从而论证知觉与人脑活动是同型的。

苛勒的直接经验，以"经验"为意识的同义词。苛勒把心理学和物理学相比较，认为物理学家研究物理现象，心理学家研究心理现象，两者都离不开直接经验。研究行为要以客观经验和主观经验互相印证。

1935年，考夫卡出版《格式塔心理学原理》❷。这是一部意欲集格式塔心理学之大成的著作，但是极其难读，学界对此贬褒不一。

七、精神分析心理学派

精神分析心理学派产生于19世纪末20世纪初，是西方颇有影响的心理学主

---

❶ [美]库尔特·考夫卡. 格式塔心理学原理[M]. 北京：北京大学出版社, 2010.
❷ [美]考夫卡. 格式塔心理学原理[M]. 傅统先, 译. 北京：商务印书馆, 1937.

要流派之一。

神经病者和精神病者在古代被认为是由于妖魔附体造成的，随着科学和社会思想的进步，神经病的机体病因观取代了神经病的迷信观，认为精神病学必须从生理的临床的基础出发，并主张精神病理学必须归结为大脑病理学。奥地利医生麦斯麦的通磁术引起了人们的注意，并最终确立了催眠术的概念。关于催眠研究是偏重生理还心理，不同的学者发表了不同的看法。直到把催眠作为一种心理治疗方法，精神病和神经病的概念才从机体的概念转向心理或精神的概念。精神病因学得到了弗洛伊德的倡导❶。

关于该学派的代表人物及主要观点和著作，本书将在下一节作详细介绍。

八、人本主义心理学派

人本主义心理学在20世纪50~60年代兴起于美国，是美国当代心理学主要流派之一。以亚伯拉罕·哈罗德·马斯洛（Abraham Harold Maslow，1908—1970）、卡尔·罗杰斯（Carl Ransom Rogers，1902—1987）等人为代表的人本主义心理学派，与精神分析学派和行为主义学派分道扬镳，猛烈冲击着当代西方心理学体系，冲击着在美国很有影响力的精神分析心理学派和行为主义心理学派，代表了当代心理学发展的新方向❷。

人本主义反对将人的心理低俗化、动物化的倾向，反对仅以病态人作为研究对象，把人看为本能牺牲品的精神分析学派，也反对把人看作是物理的、化学的客体的行为主义学派。主张研究对人类进步富有意义的问题，关心人的价值和尊严。

马斯洛认为人类行为的心理驱力不是性本能，而是人的需要，他将其分为两大类、七个层次，好像一座金字塔，由下而上依次是生理需要、安全需要，归属与爱的需要，尊重的需要，认识需要，审美需要、自我实现需要。人在满足高一层次的需要之前，至少必须先部分满足低一层次的需要。第一类需要属于缺失需要，可引起匮乏性动机，为人与动物所共有，一旦得到满足，紧张消除，兴奋降

---

❶ 沈德灿. 精神分析心理学 [M]. 杭州：浙江教育出版社，2005.
❷ 车文博. 人本主义心理学 [M]. 杭州：浙江教育出版社，2003.

低，便失去动机。第二类需要属于生长需要，可产生成长性动机，为人类所特有，是一种超越了生存满足之后，发自内心的渴求发展和实现自身潜能的需要。满足了这种需要，个体才能进入心理的自由状态，体现人的本质和价值，产生深刻的幸福感，马斯洛称之为"顶峰体验"。马斯洛认为人类共有真、善、美、正义、欢乐等内在本性，具有共同的价值观和道德标准，达到人的自我实现关键在于改善人的"自知"或自我意识，使人认识到自我的内在潜能或价值，人本主义心理学就是促进人的自我实现。

马斯洛的主要著作有《人的动机理论》（1943）、《动机和人格》（1954）、《存在心理学探索》（1962）、《科学心理学》（1967）、《人性能达到的境界》（1970）。

罗杰斯的自我理论认为，刚出生的婴儿并没有自我的意识，随着他（她）与他人、环境的相互作用，他（她）开始慢慢地把自己与非自己区分开来。当最初的自我意识形成之后，人的自我实现趋向开始激活，在自我实现这一股动力的驱动下，儿童在环境中进行各种尝试活动并产生出大量的经验。通过机体自动的估价过程，有些经验会使他感到满足、愉快，有些即相反，满足愉快的经验会使儿童寻求保持、再现，不满足、不愉快的经验会使儿童尽力回避。

罗杰斯以人为中心的治疗目标是将原本不属于自己的，经内化而成的自我部分去除掉，找回属于他自己的思想情感和行为模式。人本主义的实质就是让人领悟自己的本性，不再倚重外来的价值观念，让人重新信赖、依靠机体的估价过程来处理经验，消除外界环境通过内化而强加给他的价值观，让人可以自由表达自己的思想和感情，由自己的意志来决定自己的行为，掌握自己的命运，修复被破坏的自我实现潜力，促进个性的健康发展。

罗杰斯的主要著作有《问题儿童的临床治疗》（1939）、《咨询和心理治疗：新近的概念和实践》（1942）、《当事人中心治疗：实践、运用和理论》（1951）、《在患者中心框架中发展出来的治疗、人格和人际关系》（1954）、《论人的成长》（1961）、《自由学习》（1969）、《罗杰斯论会心团体》（1970）等。

九、日内瓦心理学派

日内瓦学心理学派又称皮亚杰心理学派，诞生于20世纪20年代的瑞士，其代表人物是瑞士日内瓦大学教授、杰出的心理学家、哲学家让·皮亚杰（Jane Piaget，1896—1980）。

该学派主要研究儿童的认知活动、探索智慧的结构和机能及其形成发展的规律。他们认为，人类智慧的本质就是适应。而适应主要是因为有机体内的同化和异化两种机能的协调，从而才使得有机体与环境取得了平衡的结果。皮亚杰心理学理论的核心是"发生认识论"。这一理论主要就是纵向研究人的各种认知的起源以及不同层次的发展形式的规律。皮亚杰学派以前的各个学派，都停留在成人正常的意识或病态的意识以及行为的横断面的研究上，而从未由儿童到老年纵向地全面地发展地去考察、去研究人类的智慧的发生、发展规律❶。

皮亚杰的主要著作有《儿童的语言和思维》（1923）、《儿童的判断与推理》（1928）、《儿童的世界概念》（1929）、《儿童的物理因果关系的概念》（1930）、《儿童的道德判断》（1930）、《智慧心理学》（1950）、《逻辑学与心理学》（1957）、《儿童心理学》（1969）、《心理学与认识论》（1972）、《成功与理解》（1978）等。

十、认知主义心理学派

认知主义心理学派产生于20世纪70年代初，奠基者是美国的乌尔里克·奈瑟尔（Ulric Neisser，1928—2012）和赫伯特·亚历山大·西蒙（Herbert Alexander Simon，1916—2001）。

认知心理学是在行为主义失败，而信息论、控制论、系统论以及计算机科学发展起来的条件下产生的。

该学派反对行为主义，认为应承认人的主观东西——意识，并认定人的行为主要决定于认识活动，包括感性认识和理性认识，人的意识支配人的行为。强调人是进行信息加工的生命机体，人对外界的认知实际就是一种信息的接收、编码、操作、提取和使用的过程。因此认为，认知心理学就是要研究人类认识的信息加工的过程，提供信息加工的模型❷。

---

❶ 郭本禹. 当代心理学的新进展［M］. 济南：山东教育出版社，2003.
❷ 王宝庆，袁月萍. 认知心理学［M］. 牡丹江：黑龙江朝鲜民族出版社，2002.

认知心理学有广义、狭义之分，广义的认知心理学是指凡是研究人的认识过程的，都属于认知心理学，而目前西方心理学界通常所指的认知心理学，是指狭义的认知心理学，也就是所谓的信息加工心理学，它是指用信息加工的观点和术语，通过与计算机类比、模拟、验证等方法来研究人的认知过程，认为人的认知过程是信息的接收、编码、贮存、交换、操作、检索、提取和使用的过程，并将这一过程归纳为四种系统模式：即感知系统、记忆系统、控制系统和反应系统。强调人已有的知识和知识结构对他的行为和当前的认知活动起决定作用。其最重大的成果是在记忆和思维领域的突破性研究。

现代认知心理学的基本观点就是把人看作信息传递器和信息加工系统。提出短时记忆中有三种编码：

（1）听觉编码即声码；

（2）视觉编码即形码；

（3）语义编码即意码。

认知心理学认为人是按事物的各种性状将其分成三种编码分别贮存在三个不同的位置，而后可以用声、形、意三种不同的途径来检索这一记忆。

认知心理学强调了意识（理性）在行为上的重要作用，强调了人的主动性，重视了解心理过程的联系、制约，基本上博采了几大学派的长处，尤其是认知心理学的研究成果对计算机科学的发展有较大贡献。认知心理学已表现出来的缺陷是忽视了人的客观现实生活条件和人的实践活动的意义，仅集中于人的主观经验世界。

奈瑟尔的主要著作有《认知心理学》（1967）、《认知与现实：认知心理学的原理与含义》（1976）、《观察的记忆》（1982）、《记忆的再思考》（1988）、《情感和回忆的准确性》（1992）等。

西蒙的主要著作有《思维模型》（1979）、《有限理性模型》（1982）、《我的生活模型》（1991）、《人工智能科学》（1996）等。

第三节 精神分析类著作

一、弗洛伊德的著作

西格蒙德·弗洛伊德（Sigmund Freud，1856—1939），是奥地利精神病医师、心理学家、精神分析学派创始人。1873年进入维也纳大学医学院学习，1881年获得医学博士学位。1882—1885年在维也纳综合医院担任医师，从事脑解剖和病理学研究。然后私人开业治疗精神病。1895年正式提出精神分析的概念。1899年出版《梦的解析》，被认为是精神分析心理学正式形成的标志。1919年成立国际精神分析学会，标志着精神分析学派最终形成。1930年被授予歌德奖。1936年成为英国皇家学会会员。1938年奥地利被德国侵占，赴英国避难，次年于伦敦逝世。他开创了潜意识研究的新领域，促进了动力心理学、人格心理学和变态心理学的发展，奠定了现代医学模式的新基础，为20世纪西方人文学科提供了重要理论支柱。

西格蒙德·弗洛伊德

在西方心理学发展史上，弗洛伊德是一个毁誉参半、极具争议的人物。一般来说，人们赞赏他执着、勇敢的科学开拓精神，肯定他对心理学研究领域与方法的拓展及对心理学事实材料的积累。但对于其精神分析的基本原理，特别是潜意识论、泛性论以及由此衍生出的人性论、价值论、机械决定论、社会文化观等，人们往往褒贬不一。

弗洛伊德一生著作颇丰，其主要著作按时间顺序排列有：《论失语症》（1891）、《癔症研究》（1895）、《梦的解析》（1900）、《日常生活心理病理学》（1901）、《诙谐及其与潜意识的关系》（1905）、《性学三论》（1905）、《精神分析五讲》（1910）、《图腾与禁忌》（1913）、《精神分析运动史》（1914）、《精神分析引论》（1916）、《超越快乐原则》（1920）、《群体心理学与自我的分析》（1921）、《自我与本我》（1923）、《精神分析引论续编》（1933）、《精神分析纲要》(1940) 等著作。

1.《梦的解析》

弗洛伊德于1900年出版的《梦的解析》(*The Interpretation of Dreams*) 被认为是影响最大的心理学经典,奠定了精神分析学派的理论基础及研究方法。弗洛伊德在梦的解析中解释了他的三大发现:梦是潜意识欲望和儿时欲望伪装的满足;俄狄浦斯情结是人类普遍的心理情结;儿童具有性爱意识和动机。

在此书中,弗洛伊德认为,以理性意识为中心的精神生活图画是自欺欺人,心理的基本部分和基本力量来自于鲜为人知的潜意识领域。心理过程主要是潜意识的,意识的心理过程仅仅是整个心灵分离的部分和动作。潜意识不仅是一个心理过程,而且是一个具有自己的愿望冲动、表现方式运作机制的精神领域,它像一双看不见的手操纵和支配着人的思想和行为,任何意识起作用的地方都暗自受到潜意识的缠绕。

本能是人类的基本心理动力,性本能是诸本能中最重要也是最活跃的因素。性冲动分为广义的和狭义的,是精神病的重要起因,这些性的冲动,对人类心灵最高文化、艺术的和社会的成就做出了巨大的贡献。性本能成为精神分析心理学理解人类活动的一把钥匙。

梦是一种有意义的心理活动。它是一种具有充分价值的精神现象,而且确实是一种欲望的满足,梦的内容在于愿望的达成,其动机在于某种愿望。

梦所表达的愿望是与潜意识欲望相联系的,表现了人们不允许自我意识到的以及在清醒状态下不允许被表达出的潜意识动机。

这些动机大多数是一些非理性的欲望,如各种反理性、憎恨、野心、嫉妒、羡慕以及变态的乱伦和变态欲望。

这些欲望许多来自于受到压抑的童年生活和童年创伤,这些欲望在白天受到意识的控制和压抑,但并没有因此被消除,借助于睡眠时人的自控和监督能力减弱,这些欲望便乘虚而入重新复活。梦是过去的经验,特别是儿童时期被压抑和排斥的潜意识欲望的复活。

睡眠状态中,意识像一个审查者或监督员,虽处在迷糊状态但并没有完全消失,如果遇到比较强烈的刺激仍然会发挥作用,保证睡眠的进行。为了逃避审查，潜意识欲望必须乔装打扮蒙骗过关，才能在梦中出现。梦是本我被压抑的力量与超我的压抑力量之间的一种调和和妥协。

在梦中，潜意识的表达冲动受到意识的沉默压力所克制，所以梦就不得不采用一种秘密的语言。梦中出现的影像就像是一张简短且不含感情的密码电报，尽管它记载了丰富的资讯，但必须借助于一定的编码规则并采用专业的解码方式才能进行解释和理解。

2. 《诙谐及其与无意识的关系》

1898 年，德国心理学家、美学家，德国"移情派"美学主要代表狄奥多尔·李普斯（Theodor Lipps，1851—1914））出版了《滑稽与幽默》，这也促使弗洛伊德决意撰写《诙谐及其与无意识的关系》（Jokes and their relation to the unconscious）。他同时还撰写《性学三论》（Three Essays on the Theory of Sexuality），1905 年，这两本著作同时问世。

这本《诙谐及其与无意识的关系》共分三部分。

第一部分专门讨论诙谐的技巧，也即心理活动为制造滑稽效果而采用的各种方法。弗洛伊德认为诙谐的喜剧效果通过两种不同的技巧得以实现，第一种是建立于词语本身之上，借助口头表达实现；第二种是建立在诙谐所包含的思想之上，这种技巧与口头表达没有关联。

第二部分研究诙谐的动机，并从心理经济学角度探讨了愉悦发挥的作用；该部分借助"愿望实现"的概念来讨论诙谐与梦的关系。弗洛伊德考查了愉悦在诙谐机制中所发挥的作用。在倾向性诙谐中，引发愉悦效果的机制要比在单纯性诙谐中更容易发挥作用，因为在前者中仅一种倾向就可以让人满足，而满足则是愉悦的源泉。然而，这种倾向会与诙谐绕开的障碍相撞，这其中涉及外部障碍（担心暗地侮辱的对象）和与接受教育有关的内部障碍。在这两种使用诙谐的情况中，人们之所以得到了愉悦，是因为愉悦的获得涉及"在心理抑制或遏制消耗方面实现的节省"。

第三部分则对梦与诙谐进行了比较，结篇时则对滑稽、幽默和诙谐进行了归纳和总结。

弗洛伊德首先对梦与诙谐作了比较，并仔细研究了二者之间的共性和差异。

梦主要表达了个体愿望的实现，其目的就是要避开不快，而诙谐则旨在获得快乐。为了获得快乐，诙谐不仅有多种不同的技巧可以采用，而且还可返回到幼儿的无意识中去并从中挖掘素材。

3.《精神分析引论》

《精神分析引论》（Introductory Lectures on Psychoanalysis）是弗洛伊德1915—1917年两个冬季在维也纳大学讲授精神分析理论的讲义稿，因而全书也分为过失心理学、梦和神经病通论三部分。

在第一部分中，弗洛伊德指出，精神分析不同于其他医药方法，它是治疗神经错乱的一种方法，主要依靠谈话。对自我的分析和研究是精神分析的入门。精神分析的两个基本命题：第一，心理过程主要是潜意识的，意识的心理过程是整个心灵的分离部分，他由此否定了传统的观点"心理的即意识的"；第二，性的冲动，无论是广义的，还是狭义的，都是神经病和精神病的重要起因，并且性的冲动对人类最高的文化、艺术和社会成就做出了最大的贡献。

弗洛伊德认为，过失常常被当作微不足道的心理现象，它的起因是由于机体的或心理的原因引起的注意的扰乱。其实，过失如口误、笔误等是有意义的，在它的背后隐藏着某种"意向"或"倾向"。过失是由两种倾向同时引起的结果。一种是干涉的倾向，另一种是被干涉的倾向。如在把"开会"说成"散会"这个口误中，"要开会"是被干涉的倾向，"散会"是干涉的倾向。干涉的倾向是由于某种原因被藏在心底不愿说出的，不易被认出的倾向。对干涉的倾向的压制是造成口误的不可缺少的条件。当然，并非所有过失都有意义，但对过失的意义研究可以使人们深入到对潜意识的心理活动的认识。

在第二部分中，弗洛伊德指出，与过失一样，梦也是健康人所具有的、被忽视的心理现象。梦也是有意义的，梦的研究不但是研究神经病的最好的准备，而且，梦本身也是一种神经病的症候。梦有显义和隐义两种。记得的、可以说出来的梦是梦的显义，被伪装了的、由释梦的工作所揭示出来的是梦的隐义。记得的梦并不是真的，只是一个化了装的代替物，我们顺着这个代替物所引起的观念，就可以知道梦者原来的思想，将隐藏在梦内的潜意识内容带入意识中。梦的隐义常常是被压抑的，他通过种种伪装才能在梦中表现出来。儿童的梦未经化装，其显义和隐义一致。由此看来，梦是欲望的满足。

在第三部分中，弗洛伊德指出，神经病的症候背后都有意向，症候是有意义的，与病人的内心生活有密切的关系。他讨论了神经病症候的意义，症候和潜意识欲望的关系；讨论了心理历程中潜意识、前意识和意识问题；讨论了精神分析学对性的认识，性的冲动与精神病、文化的关系；讨论了性本能和自我本能的关系以及它们各自的特点；讨论了神经病治疗中的一些技术问题等等。

4.《自我与本我》

《自我与本我》（*The ego and the id*）写于1923年，在《自我与本我》这部书中，弗洛伊德综合陈述了他在20世纪20年代转折时期提出的诸多假设，因而这本著作具有极其重要的意义。在书中，弗洛伊德一开始就说明，将心理结构划分为无意识、前意识和意识体系的第一个模型（称为"第一心理地形"）不足以阐释心理活动机制，很有必要对其加以拓展。从个体自我在治疗中对进入意识产生的抵抗出发，弗洛伊德将心理结构重新划分为三个组元，其中包括自我、本我和超我，这种划分模型被称为"第二心理地形"。

随后，弗洛伊德定义了自我、本我和超我，认为它们都同时具有意识和无意识的特性。在弗洛伊德的早期作品中，自我的概念已经出现，但它仅指有意识的个体。自1923年起，他将自我视为心理结构中的"调节组元"，它不断地在来自本我（本能冲动）和超我（之前称为"批判组元"或"良心批判"）的不同要求之间寻求平衡。由于这些要求自相矛盾，故而自我、本我和超我之间无意识冲突造成的张力就会对个体的性格塑造产生持久的影响，而个性由此成为多种力量相互交割以及心理动态平衡的结果。采用第一心理地形的术语来说，精神分析的目的就是要将无意识变成意识，如果用第二心理地形的术语来描述，其目的就是"何处有本我，何处就有自我"。

弗洛伊德继续对他于1921年在《群体心理学与自我的分析》中的构想深入研究，并认为个体的性格及其特征是一系列认同过程的结果。在这部著作中，弗洛伊德描述了完整的俄狄浦斯情结，其中既包括正向形式（男孩认同自己的父亲，女孩认同自己的母亲），也包括反向形式（男孩发生女性认同，女孩发生男性认同），并由此对所有个体存在的双性恋心理倾向进行了思考。此外，在《自我与本我》中，弗洛伊德似乎对生本能与死本能之间冲突所扮演的角色愈加确信不疑。因为在分析患者时，他发现病症好转之后有矛盾出现加重趋势，他将这种现象称为"消极治疗反应"；而且在忧郁（抑郁）症患者中，他还认为超我是"死本能纯粹的培养"。然而，超我并非像病态中那样只虐待自我，因为在正常个体中，通过与父亲和母亲发生认同，后俄狄浦斯超我也被赋予了保护功能。

5.《精神分析纲要》

《精神分析纲要》（An Outline of Psycho-Analysis）是弗洛伊德去世后的第二年，也就是 1940 年出版的。这部书总共有三大部分，共计九个章节。

第一部分着重于精神及其活动作为重点描述，包括五个章节，分别是精神器官、关于本能理论、性功能发展、精神特性、释梦作为例证。

在这部分中，弗洛伊德认为"超我"的作用在于把"本我"的冲动纳入文明和道德的轨道，是对"本我"的限制和压抑。关于"本我、自我、超我"三者间的关系弗洛伊德也作了详细的阐述。生活的本能和死亡的本能构成了人的"本我"，而本我除非以具体的行动表现出来，否则，它深藏在无意识中，不为我们的意识所知。本能具体分为爱恋本能和破坏本能。爱恋本能是一种自我保存本能和种族保存本能，是一种以爱为核心的本能，这种本能追求的目标是建立越来越大的统一，即趋向于大同。死亡本能，它是一种破坏本能，破坏事物的和谐，割裂各种联系，因此就其性质和趋势而言，是要把有机物，活着的东西引向无机状态和引向死亡。

弗洛伊德认为梦是一种心理现象，是有其生理基础和生物动因的，是人自身本能欲望的一种满足。

第二部分着重于实践任务，包括两个章节，分别是精神分析技术与精神分析工作的一个实例。

这一部分中，弗洛伊德首创的"自由联想法"精神分析术开创了精神病研究和治疗的新领域，创造了心理学上的一个重要流派。他在治疗精神病人的具体应用方面做出了巨大的贡献。"自我"因内部冲突而被削弱，我们必须予以援助。精神分析医生和病人的削弱了的"自我"必须以客观现实世界为基础形成同盟，即"本我"的本能要求和"超我"的认真要求。让病人提供更多的信息如思想、看法、回忆等。因而推论出病人被压抑的无意识材料，进而扩大对其无意识的认识，从而对病人进行心理方面的治疗。

第三部包括两个章节，阐述其理论成就，分别是精神器官与外部世界和内心世界。

弗洛伊德分析学说既是一种病理学说，也是一种心理学说，因此具有明显的临床实践和理论分析性双重色彩。作为临床理例科学，从弗洛伊德本人到如今的世界各地，此理论的应用治好了很多病人。作为一种心理学派，西方人本主义心理学的发展已成为最有影响力的派别。

二、荣格的著作

从 1907 年开始，瑞士心理学家卡尔·荣格（Carl Gustav Jung，1875—1961）与弗洛伊德合作，共同发展及推广精神分析学说长达 6 年之久，之后因与弗洛伊德理念不和，分道扬镳，创立了荣格人格分析心理学理论，提出"情结"概念，把人格分为内倾和外倾两种，主张把人格分为意识、个人无意识和集体无意识三层。他曾任国际心理分析学会会长、国际心理治疗协会主席等，创立了荣格心理学学院。1961 年 6 月 6 日于瑞士逝世，他的理论和思想至今仍对心理学研究产生深远影响。

卡尔·荣格

荣格与弗洛伊德的分歧主要有三点。

（1）对里比多概念的解释。弗洛伊德认为里比多是性能量，早年里比多冲动受到伤害会引起终生的后果。荣格认为里比多是一种广泛的生命能量，在生命的不同阶段有不同的表现形式。

（2）荣格反对弗洛伊德关于人格为童年早期经验所决定的看法。荣格认为，人格在后半生能由未来的希望引导而塑造和改变。

（3）在对人性本身看法上，荣格更强调精神的先定倾向，反对弗洛伊德的自然主义立场，认为人的精神有崇高的抱负，不限于弗洛伊德在人的本性中所发现的那些黑暗势力。荣格相信，应该从当下而不是从过去去寻找神经病的原因。

荣格主要著作有《心理分析理论》《无意识心理学研究》（1912）、《心理类型》(1921)、《金华的秘密》(1929)、《寻求灵魂的现代人》(1930)、《分析心理学的理论与实践》(1935)、《集体潜意识的原型》(1936)、《人格的整合》(1940)、《心理学与宗教》(1945)、《论精神的实质》《埃里恩：自身的现象学研究》《答约伯》及《共时性：相互关联的偶然性原理》(1946—1952)、《心理治疗的实践》(1954)、《分析心理学的理论与实践》(1958)、《记忆、梦、反思》(1961)、《人及其象征》(1964)、《心理学和东方》(1978)。

1.《金花的秘密》

《金花的秘密》(*The Secret of the Golden Flower*)是荣格写于1929年的一部关于探索中国道教经典《太乙金华宗旨》中的东方精神的一部重要作品，从这部书中可以看出荣格的分析心理学深受东方思想的启迪和影响，这种影响表现在四个方面——易学、道教、禅宗、藏传佛教。荣格写了很多有关东方思想文化的著述，其中，他为卫礼贤《太乙金华宗旨》德文译本所写的长篇评述最为引人注目，这篇文章是荣格阐释东方思想最具系统、篇幅最长的文字。从中可以看出卫礼贤和《太乙金华宗旨》对荣格的巨大影响力。荣格说："我只能强调这样的事实，即《金花的秘密》首次为我指明了正确的方向。"

该书分为五部分。

第一部分是引论，概述了欧洲人理解东方文化的困难之处以及现代心理学对突破这一困境所能起到的积极作用。荣格认为"西方人的方式是把人的心灵藏到所谓的科学理解的外壳后面"，"西方对东方的模仿是一个双重悲剧，因为它的产生是由于一种非心理学的错误理解"。荣格认为与"意识"层相对的是"无意识"层，这是一片更为广阔的心灵空间，"无意识"决定"意识"。而"集体无意识"则是"人的心灵拥有一个超越所有文化和意识的共同基底"。荣格正是在"无意识"尤其是"集体无意识"层面论说道教内丹的。在这个层面上，荣格找到了联结东方思想的道路，找到了评论《太乙金华宗旨》的途径。

第二部分论述了金丹道的基本概念。首先是"道"。荣格认为，"道"可以看作是"集体无意识"最为完满的一种原始意象，它相当于"曼荼罗"，是自性圆满的象征。然后是"曼荼罗""金华""慧命""回光"，"曼荼罗"是一个环，而且是一个魔环。"金华"就是光，光就是道，"金华"也有一个曼荼罗图案。

"慧命"就是性命，性与命的结合就是道，它的象征物是中心的白光。"回光"就是使光"沿周身运转"，就是"环流"，"环流"不仅仅是指沿圆的运动，而且是对圣境的界定，同时也意味着止观。《太乙金华宗旨》所谓的"光"，不属于感觉世界，更不是物质性的存在，而是一种精神意境和深刻的内心体验。荣格用"光"的意象，展现了集体无意识心理深层状态，特别是自性的圆满境界。道教的"道"印证了曼荼罗象征的圆满性，无意识层在认识论的视域中是一片昏暗的世界，荣格采用了象征的手法来说明，如用情结（complex）来揭示个体无意识，用原型（archetype）来展现集体无意识，用曼荼罗展现无意识层的最高完满和原始意象所共有的依据，用"光"来照亮无意识层的昏暗世界。

第三部分从意识的分裂和"魂魄"关系两方面分析了道的现象。按照荣格的体系，"心灵"（psyche）一词与"精神"（spirit）一词相当，上承接"灵魂"（soul），下涉及"心理"（mind）。"心灵"包括了一切思想、情感和行为，分为三个层次——意识（consciousness）、个体无意识（personal unconscious）、集体无意识（collective unconscious）。荣格分析了精神错乱的原因，不仅仅是弗洛伊德所谓的无意识的性压抑，而且还有"灵魂的迷失"，意识所不能吸收的内容能够自发地从无意识中发展出来，这种内容对意识有一种分裂作用。精神错乱是被某种无意识内容攫取，因而使人着魔的精神状态，这种无意识内容是尚未而且也不可能被意识所吸收的。荣格的集体无意识理论是围绕着对原型的分析而展开的，在众多的原型之中，具有特别重要意义的是阿妮玛（anima）和阿尼姆斯（animus）。这对原型与道家的魂魄、阴阳观念十分相近。《太乙金华宗旨》将人的生命根芽分为"元神"和"识神"，"元神"寄居"魂"，"魂"属阳；"识神"寄居"魄"，"魄"属阴。受丹道的阴阳和合思想的影响，荣格始终在努力寻求一种使集体无意识无限趋近于和谐与平衡的意境。

第四部分论述了意识从客体中分离。荣格引述《慧命经》第八图（粉碎图），语云："一片光辉周法界，双忘寂静最灵虚。虚空朗彻天心耀，海水澄清潭月溶。云散碧空山色净，慧归禅定月轮孤。"认为这种禅道合一的意境就是自我圆满和完整的自我实现的境界。这种境界可称为"意识从世界中分离"，或者说，"意识从现实中隐退以至超越"。这时，意识既是空，又是非空。无意识不再显现出来，也不再能主宰意识了，它与事物原初的"神秘互渗"也便消失了。

无意识和意识是相互起着决定作用的，位于意识和无意识之间的假想点就是"自性"。"自性"是在个体无意识的状态下摆脱了情感、理智、思虑等的束缚之后的一种解放。自性在集体无意识中是另一重要的原型，是人格在无意识层的圆成和最高的和谐状态，通过投射，在日常生活中显露人性的光辉、展示人格的完美。这种完美人格的创造和诞生，就是《太乙金华宗旨》所说的"圣胎""金刚体"以及"不坏之躯"。荣格认为，内丹"不生不灭，无去无来"所隐喻的个体生命的永恒性，既是成道，也是自我实现，天人不二，更加符合原型的特征。荣格探讨了意识分离在心理治疗中的作用，认为意识分离状态极有助于心理分析。

第五部分论述了金丹炼成、功德圆满。荣格反对用玄学方法和"心理至上主义"来研究东方的丹道思想。他认为玄学的断言企图超出人性的界限，把我们心灵状态的根源归结为一个超出我们体验范畴之外的神性。"心理至上主义"与玄学的论点同样幼稚。作为功德圆满象征的"金刚体"原本是一个玄学的论断，它是从金华或寸田中发展起来的不能毁灭的气息之体，实际上"金刚体"是一个心理事实的象征，它是客观的，它首先投射为源于有机生命体验的某种形式，亦即果实、胚胎、婴儿、活体等。在这种神奇的体验中，荣格发现了一个由于意识的超脱而导致的现象——主体的"我存在"变成了客体的"它使我存在"。这种感觉是一种与一切事物和谐一致的感觉，正如《慧命经》所说："功德圆满的人，他的目光将返回自然之美。"荣格反复强调东方的这种宗教体验与基督教的体验是不同的，基督教让人们服从于高高在上的神，祈求受到他的保佑，而却认为救赎之道只有依靠自己，"功德圆满"就是最深层次的自我实现，它是可以体验的，是真实的。

2.《寻求灵魂的现代人》

《寻求灵魂的现代人》(*Modern man in search of a soul*) 是一本文集，收录了荣格在 1930 年前后发表的 11 篇论文。

《寻求灵魂的现代人》是荣格脱离精神分析学会，独创心理分析学派后的著作。书中对弗洛伊德的理论进行了继承性的批判和更新性的发展，对精神分析的基本概念和理论体系赋予了自己的理解和新的涵义，形成了自己独特的理论体系。

在该书中，荣格从精神分析学派依赖建立理论大厦的基本手段——梦的解析出发，精辟论述了分析心理学的各个问题。其中有梦的解析及潜意识，有人生类型论及与弗洛伊德根本分歧的焦点，从集体潜意识论及了宗教、文艺等社会生活的各个领域的问题。

书中荣格所说的现代人并不是通常意义上的现代社会的人，而是那些了解现代的人，他们对自己作为一个人的存在具有充分的意识，要求最广泛最强烈的意识和最低限度的无意识。

荣格认为，"现代人"是孤独的。他注定如此，自古皆然。因为向着对现代更充分的一是迈出的每一步都使他更加远离他原有的有人类群体共同进行的"神秘参与"——远离湮没于共同的无意识之中。"现代人"具有一种更高层次的意识就像负有普罗米修斯式的罪过，从这个角度来说，"现代人"生活在罪孽之中。从心理学的角度讲，"现代人"遭受了几乎致命的震动，其结果是他们陷入了深深的不确定之中。

荣格认为，今天（弗洛伊德时代）的精神问题的核心在于心理生活对现代人所产生的魅力。如果我们是悲观主义者，我们就会把这看作注定成为一种堕落的迹象；而如果我们具有乐观的倾向，我们就会从中看到它预示着西方世界的一场深刻的精神变革。

3.《分析心理学的理论与实践》

《分析心理学的理论与实践》（*Analytical Psychology：Its Theory and Practice*）是1935年荣格在伦敦塔维斯托克诊所用英文所做的系列讲座的结集，内容涉及荣格对心理结构、心理内涵的界定以及他的心理探索方法。

全书共分五讲，主要分为3个主题：

（1）心灵的结构和内容；

（2）探索心灵所采用的方法，即语词联想法、梦的解析方法和主动想象法；

（3）转移的心理学及其处理。

每讲后附荣格教授与听众之间的热烈讨论，对讲演内容作进一步的澄清。在整个讲演中，荣格应用了丰富的临床案例及神话、宗教故事，全书显示了他丰富的学识和非凡的人格魅力。讲演一开始荣格就希望听众能和他一样充分理解弗洛伊德和阿德勒的长处，这表现出他对于其他心理学家及其研究成果的尊重。

在整个讲演中，荣格对于分析心理学的基本理论——意识、意识的内外部功能、个人无意识和集体无意识作了系统地阐述；对于情结、原型和转移等概念也作了深刻的诠释；他还提供给听众丰富的个案和自己宝贵的研究资料，尤其在谈及语词联想测试方法、梦的分析和主动想象三种探求心灵的方法时，详细举例展示了测试、分析、想象的过程，使人能从生动的材料中窥见他精辟、独到的理论和方法。此外，他还提及了其他一些重要理论，如共时性和非自我中心等，遗憾的是，因为时间限制没有展开。在讨论中他更是不厌其烦地应听众要求，对情绪和情感、情绪和侵犯、个人无意识和集体无意识等难理解的概念作了理论阐释和举例说明；同时也将自己的理论，如无意识、梦和梦的分析方法等，与弗洛伊德的理论进行了比较分析。

在这部书中，荣格认为心理学是一门关于意识，即被人们称为无意识心理的产物的科学。意识指的是"精神事实对于自我的一种关系"，意识的核心是自我，它由个体对自身存在的意识、记忆材料和对已有的记忆的观念组成。自我也是一种情结，它总是处于人们注意和欲望的中心，并且是意识绝对撇不开的中心。自我一旦分裂，心理的各个部分就分散于自我和其他碎片之中，在精神分裂症中通常表现为人格急速的转变。意识从无意识和外部世界中吸取内容，当这些内容与自我发生联系时即成为意识。由此，意识源于无意识领域。无意识分为个人无意识和集体无意识；它的内容是广泛而未知的，并且处于持续的运动中，要通过意识并且运用意识的术语才能表达出来。

那些来源于个人的、可被认识的材料；被遗忘或被压抑的内容；创造性内容，我们称之为个人无意识（the personal unconscious）或下意识（subconscious）。个人无意识具有相对性，它的范围可被限制。由于民族、经验等的不同，一些人能意识到的内容，另一些人却未必能意识到。情结是个人无意识的重要内容，将在语词联想测试方法中提及。

集体无意识属于一般人类的模式，具有一种集体的性质，突出的特点就是神话特征。对于他们是否属于遗传，可否用种族遗传来解释，荣格在美国研究了血统纯正的黑人的梦，发现这些梦的意象与血缘或种族遗传无关，也不是个体通过经验获得的，它们属于一般人类。荣格借用古希腊基督教神学家圣·伊里奈乌斯

（SaintIrenaeus）的话把集体无意识称为"原型"。它们不从属于任何专断性意图并且不受意志的控制，从形式和内容上都包含有神话主题，比如英雄、救世主和龙等。

荣格认为，要接近、了解人的无意识通常有3种方法：

（1）语词的联想测试法（word—associationtests）；

（2）梦的解析方法；

（3）转移的心理学及其处理。

三、弗洛姆的著作

人本主义哲学家和精神分析心理学家艾瑞克·弗洛姆（Erich Fromm，1900—1980）是美籍德国犹太人。他毕生致力修改弗洛伊德的精神分析学说，以切合西方人在两次世界大战后的精神处境。弗洛姆也因此被尊为"精神分析社会学"的奠基人之一。弗洛姆的作品以纪录社会政治以及作为基础哲学和心理学而著名。

弗洛姆的主要著作有《逃避自由》（1941）、《为自己的人》（1947）、《心理分析和宗教》（1950）、《人心——他的善恶天性》（1964）、《被遗忘的语言》（1951）、《健全的社会》（1955）、《爱的艺术》（1956）、《基督教义分析》（1963）、《人的本性》（1968）、《人的破坏性剖析》（1973）、《占有还是生存》（1976）、《弗洛伊德思想的伟大和局限》（1979）、《关于不服从》（1984）、《生存的艺术》（1993）等。

艾瑞克·弗洛姆

1.《逃避自由》

弗洛姆一直致力于研究现代人的性格结构及有关心理因素和社会因素相互作用的问题。《逃避自由》（*Escape from Freedom*）一书就是这项研究的一部分。

在这本书中，弗洛姆集中精力专门研究对现代文和社会危机最要紧的一个方面，即自由对现代人的含义。

弗洛姆区分了"自由自"（消极自由）和"自由往"（积极自由）。前者指从诸如由其他人或机构加在个人身上的社会习俗的束缚中解放出来，这就是在萨特的存在主义中被典型体现的一种自由，而且在历史上是常常被捍卫的，但是在弗洛姆看来，这个自由本身带有毁灭力量，除非有一个创造性因素与之相伴。"自由往"是自由自发地将完整的个性运用到创造性活动当中。他指出，这必然指向一种真正与他人的联结，超乎常规社会互动中的表面联结。"……在自发的自我实现中，人重新把自己和世界联结……"在从令人窒息的权威/价值体系获得解放的过程中，弗洛姆说，我们常常会感到空虚和焦虑，这些感受不会消失，除非我们使用我们的"自由往"，并发展出新的形式取代旧的秩序。但是，常见的实践"自由往"或者真实性的替代方式，是对一个取代旧的秩序的独裁系统臣服，这个系统有着别样的外在表现，但对个人有着相同的功效。他将此归为历史的辨证过程，原有的境况是命题，从中解放是反命题。达到合题只能是用什么取代了原来的秩序并提供人们新的安全感。

弗洛姆提出，很多人不是去成功地利用"自由自"，而宁愿通过发展某些想法和做法来提供某些形式的安全，企图把它的消极作用最小化。这些包括独裁、破坏和服从。

弗洛姆分析了纳粹意识形态的特点并且指出在第一次世界大战之后，德国的心理体系已经转变为对依靠新秩序来重树国家自豪感的渴望，并且表现为纳粹主义。当一个国家正在经历消极自由时，很可能就会屈服于独裁主义政权，但他却明确提出了，迄今为止，文化演变的结果是不能被抹杀的。弗洛姆提倡现代民主与工业化国家，但他仍然强调了如果仅有这些社会提供的外部自由，而没有同等的心理自由是不完善的。弗洛姆表明，虽然我们已经不再受显而易见的独裁主义的影响，但我们的思想、我们的行为仍然受着所谓的"常识、专家意见、广告"这些因素的制约。一个人真正的自由就是完全不受约束地自我表达和自主地开展行动，并且要对个人真实的情感进行真实的反应。他的存在论明确地表达了这样的观点——"生命的意义就在于活的过程"。

弗洛姆认为，人类在错综复杂的社会关系体系中实现个性化，社会历史条件及其环境决定了人的性格结构和特点。一方面，由于人的个性化日益加强，获得越来越多的自由；另一方面，则由于人们之间的关系日益残酷和敌对，在心理上感到更多的孤独和不安，人们由于忍受不了这种随自由而来的孤独和寂寞，乃至患上精神病，由此试图通过各种方式来逃避这种社会的自由。他指出，对孤独的克制，对世界的憎恨和个性丧失都是消极的逃避方式，结果是失去个人的自我。他认为最好的逃避方式是自发的爱和工作，从而使个性得以完善的发展。他分析了自文艺复兴以降，资产阶级文明是怎样通过新教、道德、政治、市场竞争等各方面手段将人置于彼此孤立的境地，逐步培养人们的权威主义性格，并以此确立服从外在权威的资本家性格对社会无意识的长久统治；而当代的法西斯纳粹主义正是资本主义制度下人类意识和人类关系异化的顶点。

2.《为自己的人》

《为自己的人》（*Man for Himself: An Enquiry into the Psychology of Ethics*）是埃里希·弗洛姆于1947年完成的著作。全书共五章。

在这本书中，弗洛姆认为，一种与性格相分离的美德也许实现不了任何价值，而如果把一种罪恶与整个性格联系在一起理解，那么，就能够从一种不同的角度加以认识。这种考虑与伦理学极其相应；把孤立的美德和罪恶作为单独的品质来处理，这是不够的，并且是错误的。伦理学的主题是性格，而且只有参照作为一个整体的性格结构，才能对单个的品质或行动给予价值上的说明。伦理学研究的真正主题，是美德或罪恶的性格，而非单独的美德或罪恶。

虽然所有人都共同具有取向和信仰之体系的需要，但满足这些需要之体系的特定内容则有所不同。这些不同是价值上的区别；成熟的、生产性的、有理性的人选择一种允许他成熟、具有生产性和理性的体系。而那些在发展上受到阻碍的人，必然回复到原始的、非理性的体系，进而延长并增加他的依赖性和非理性，他将停留在人类数千年前就已克服的、最典型的水平上。

人在有或没有"理想"之间，并没有选择的自由，但他在不同类型之理想的选择上，是自由的，他可以自由地选择尽力于崇拜权力和毁灭，还是献身于理性和爱。所有的人都是"理想主义者"，都追求某些超越于获得物质满足以外的东西。

性格可以被定义为把人之能量引向同化和社会化过程的（相对固定的）形式。

现代文化的失败，并不在于它的个人主义原则，也不在于它的道德观念与追求自身利益一致，而是在于自身利益之含义的退化；它的失败不在于这样一个事实，即人们过分地关心他们的自身利益，而是在于他们并没有充分地关心他们真正的自身利益；并不在于他们太自私，而在于他们不爱自己。

自由与"进步"的教育制度对此状况的改变，并没有达到人们所预想的程度。公开的权威由匿名的权威取而代之；公开的命令由"科学"所建构的方法取而代之；"不要做这件事"由"你不会愿意做这件事"取而代之。事实上，匿名的权威所使用的许多方法比公开的权威更难以忍受。孩子不再感到被差来遣去（父母也不再发号施令），孩子无法进行反抗，且也发展不了一种独立意识……一旦孩子的意志遭到破坏，他的有罪意识也就从另一渠道得到了加强。他朦胧地意识到他的屈从与失败，而且他必然想知道其中的原因。他无法不加辩解地接受一种令人困惑和痛苦的体验。原则上说，这种情况与印度最底层的社会阶层或受苦的基督徒一样，他的失败和软弱被合理化地"解释"为对他们之罪过的公正惩罚。

惧怕得不到他人的赞赏，虽不如无理地惧怕死亡和衰老那么明显，但这也是无意识有罪感的一种重要表现。在这种有罪感中，我们同样能看到对正常情况的无理歪曲。

肉体与精神的痛苦是人类存在的一部分，对这些痛苦的体验是必不可免的。人如果不惜一切代价要逃避痛苦，就只能靠完全超脱加以实现，包括不体验幸福。因此，幸福的对立面并不是悲伤或痛苦，而是意志消沉，这种意志消沉是内在贫乏和非生产性的结果。

洞察现代人的性格结构和现代社会，就会看到，现代缺乏信仰已不再具有历史上缺乏信仰所曾有过的进步性了。过去反对信仰，是为了摆脱精神枷锁，是反对非理性的信仰；它表现了人对理性的信仰，表现了人根据自由、平等、博爱原则，建立一种新社会秩序的能力。非理性憎恨植根于人的性格，憎恨的对象则是第二位的。

我们的道德问题是人对自己的不关心。它产生于这样一个事实，即我们丧失了对个人重要性和独特性的意识，我们使自己成为外在于我们的目标的工具，我们把自己当作商品来体验，并把自己当作商品来对待，我们自己的权力和我们相异化。

给予是潜能的最高表达。正是在给予的行为中，我体验到我的力量、我的财富、我的能力。这种提高生命力和潜能的体验使我充满了欢乐。因为我作为流溢、消耗、活着的我而体验着我自身，因此是快乐的。给予比接受更快乐，并不是因为它是一种被剥夺，而是因为给予的行为表达了我生命的存在。

3.《爱之艺术》

弗洛姆于1956年出版的《爱之艺术》(*The Art of Loving*)是一部以精神分析的方法研究和阐述爱的艺术的理论专著，是一部从科学和精神分析学角度谈爱的伦理著作。作者在本书中对马克思的爱的理论持赞成态度，在继承精神分析方法的基础上，分析和批评了弗洛伊德主义。全书分为三章。

弗洛姆认为，任何关于爱的理论，必须以人的理论、人类生存的理论为起点。

爱是一种主动的能力，因而它像其他艺术一样，是可以而且应该学习的。只有学会爱的艺术，才能够爱，并且才能获得别人的爱。没有获得爱的人正是由于爱的能力发挥的失败，克服这种失败的唯一途径是研究爱的方法，从理论和实践两个方面来学会这门艺术，找出爱的失败原因，并且正确处理好理论与实践两者之间的关系。

爱是一种主动能力。爱是在保持自己尊严和个性的前提条件下的感情交流的行为。倘若失掉了个性和尊严，也必然失掉爱。

各种形式的爱——母爱、性爱、兄弟的爱等——基本要素有四个方面，即关心、责任、尊重和了解。爱是对所爱对象的生命和成长的积极关心。哪里缺少这种积极关心，哪里就根本没有爱。你关心你爱的对象，就要为他而努力。你爱你为之努力的东西，同样你为你所爱的东西而努力。责任感既是关心的一个方面，也是爱的表现。责任是一种自愿的行为，是对另一个人表达或没有表达的需求的积极反应。

母爱是无条件的，即孩子不需为母爱做任何事。

父爱是有条件的。父爱的原则是："我爱你，因为你实现了我的愿望，因为你尽了职责，因为你像我。"就这一点说，父爱的本质在于服从成为主要的美德，不服从乃是主要的不孝——以收回父爱为惩罚。弗罗姆的这种看法是有一定道理的。父爱除了和母爱一样具有其他形式的爱所无法比拟的无私性外，也和母爱一样，具有有条件性的一面。

仅有爱的理论，还不会爱，必须把爱的理论和爱的实践结合起来。爱的实践和其他艺术的实践一样，有四个共同的要求——规范、专心、耐心、关心。你欲成为一门艺术的主人，你就必须把全部身心献给它。同样，你要精通爱的艺术，你就必须全心全意地学习和实践它。爱的成功的主要条件是克服自恋。爱要求谦恭、客观和理智。获得客观和理智的能力是通向爱的艺术道路的一个重要条件。信任和诚意是爱的关系中不可缺少的品质。在爱当中，理想、自信和勇气是重要的，谁若没有理想，谁就会失去目标；谁若没有自信和勇气，谁就会无力承担爱的责任，就会失去生活的信念，最终失去爱。爱意味着在没有保证的条件下承诺自己，在自我的爱将创造被爱人的爱的希望中完全奉献自己。爱是信心和勇气的行为，谁没有信心和勇气，谁就没有爱。

4.《被遗忘的语言》

《被遗忘的语言》(*The Forgotten Language*)是弗洛姆在1951年出版的一部关于"梦、童话和神话分析"的著作。全书共七章，在这部书中，弗洛姆阐述了如下观点。

"被遗忘的语言"指的便是象征性语言，这是一种"人类曾产生的唯———种普遍语言"。无论是远古时代的神话，流传民间的童话，还是我们每个人所做的梦，均是运用这种象征性语言写成。其区别只在于梦多是个人的偶发性象征，而神话则是基于共同文化的普遍性象征。理解了这种语言，我们不仅能解读神话蕴含的真正意义，也能更好地倾听自己的内心。只是问题在于象征语言的逻辑与我们日常所用的语言不尽相同，其方式已被现代人所遗忘。为了能够对此进行深入剖析，对这种语言最常见的运用形式，也就是梦进行解析是必要的。

象征语言是我们表达内在经验的语言，它似乎就是那种感官体验，是我们正在做的某物或物理世界对我们产生影响的某物，象征语言的外部世界是内在世界的象征，是我们灵魂和心灵的象征。这种象征可分为习惯性象征、偶发性象征和普遍性象征。

习惯性象征和偶发性象征有一个共同点——在象征和象征物之间没有内在联系。与习惯性象征相反，偶发性象征除了参与与象征相关联的事件的人之外，无人能领会它。

普遍性象征是这样一种象征——在象征和它所代表的东西之间有一种内在的关联。它深深地根植于情感或思想与感官经验的亲密体验中。它能被所有的人领悟，它与偶发性象征相反，后者由于其特定品质，只是被个人领会。它同习惯性象征不同，后者只限于被一个共享同一习惯的有限人群所理解。普遍性象征的语言是人类发展的共通语言，是它继续发展成一种普遍性习惯语言之前被遗忘的语言。

梦是在睡眠状态下任何一种心理活动的有意义和重要的表达。

在梦中，我们不仅不太理性也不太庄重，但是，我们在熟睡时较清醒时而言，更为理智、聪明、更富于判断力。

睡眠状况有一种暧昧的功能。在睡眠中，失去与文化的联系，使我们最好的和最坏的东西突现出来。

理解梦的语言是一种艺术，和其他艺术一样需要知识、天分、实践和耐心。

四、霍妮的著作

社会心理学最早的倡导者之一，卡伦·霍妮（Karen Danielsen Horney，1885—1952）是一位德裔美国心理学家和精神病学家，精神分析学说中新弗洛伊德主义的主要代表人物。霍妮相信用社会心理学说明人格的发展比弗洛伊德"性"的概念更适当。

霍妮所创造的一个最基本的概念是"基本的焦虑"。她同意弗洛伊德关于无意识冲动决定人的行为的论点，但坚决反对把人的无意识冲动理解成性本能的冲动。霍妮比

卡伦·霍妮

阿德勒、荣格更尖锐地批评了弗洛伊德学说的局限，她更强调文化和社会因素在人格形成中的作用，并且更明确地把治疗精神病的关键归于改变社会环境，这说明她的理论与阿德勒、荣格的理论相比又有了新的进步。

她的主要著作有《我们时代的神经质人格》（1937）、《精神分析新法》（1939）、《自我分析》（1942）、《我们内心的冲突》（1945）、《神经症与人的成长》（1950）、《女性心理学》（1967）等。

1. 《我们时代的神经质人格》

《我们时代的神经质人格》（*The Neurotic Personality of Our Time*）是作者在加盟纽约精神分析研究所期间，受到美国新的知识与社会思潮的影响出版的两本著作——《我们时代的神经质人格》和《精神分析新法》之一。该书出版于1937年，在这部书中，作者阐述了如下观点。

神经症是一种心理紊乱，这种紊乱是因为恐惧和为了对抗这些恐惧而建立的防御机制导致的，以及为了解决冲突倾向而努力寻找妥协方案所引起的。

我们时代的神经症的主要倾向之一，就是对他人的赞同或情感的过分依赖。我们都渴望受到别人的喜欢和赏识，但是神经症患者对于这种情感或赞同的依赖，却与这些情感在正常人日常生活中所拥有的实际意义极不相称。虽然我们都渴望得到我们所爱的人的喜欢，但是神经症患者不管自己是否在意对方的关注，或是对方对自己是否具有意义，总是不分青红皂白地希望得到赏识或感情。

恐惧是与个体要面对的危险相称的一种反应；而焦虑是对危险、甚至是想象中的危险做出的不相称的反应。

恐惧和焦虑两者都是对危险的成一定比例的反应，但是在恐惧的情况下，危险是显而易见和客观的，而在焦虑的情况下，危险是隐藏和主观的。也即，焦虑的强度与情境对个体的意义成比例，而他如此焦虑的原因，是他自己一无所知。

敌意和焦虑二者之间的关系，并不仅仅在于敌意能够产生焦虑。这一过程也以另一种方式进行——当焦虑基于一种受到威胁的感觉时，焦虑反过来也很容易以防御的方式唤醒一种反应性敌意。在这种情况下，它与恐惧没有什么两样，因为恐惧也同样会唤醒攻击。而这种反应性的敌意，如果受到压抑，也会产生焦虑，并因此恶性循环。敌意和焦虑之间的相互作用，其结果是一方能够产生和强化另外一方，这就使我们能够更好地理解为什么在神经症中会发现大量的残酷无情的敌意。

儿童形成越多的无助感，就越不敢表现自己的敌对，这种敌对状态持续的时间也越长。在这种情况下，儿童潜在的感受是"我不得不压抑内心对你的敌意，因为我需要你"。

爱可能是压抑敌意的另一个原因。当父母缺乏真正的感情，他们就会在口头上强调自己是多么爱自己的孩子，自己甚至可以为了孩子做出任何的牺牲，即使是榨干自己的最后一滴血也在所不惜……孩子就会屈服于这种爱的替代品，而且不敢有所反抗，唯恐自己会失去做乖巧听话的孩子所得到的奖赏。这时候，孩子心里信奉的格言是"为了不失去你的爱，我必须要压抑对你的敌意"。

神经质欲求形成的先决条件是焦虑、不被人爱的感觉、不能相信任何情感，以及对所有的人都充满敌意。

赢得他人的爱，意味着通过增加与他人接触来获得安全感；而努力追求努力、声望和财富，意味着不通过增加与他人的接触，而通过巩固自己的地位从而获得安全感。

敌意是每一次激烈竞争所固有的，因为竞争中一方的成功意味着另一方的失败，实际上，在个人主义的文化中，有许多具有破坏性的竞争，作为一个单一的特征我们很难说它就是神经症的特征。因为它几乎是一种文化模式。然而，在神经症患者身上，竞争中破坏的一面远远超过建设性的一面；对神经症患者来说，看到别人被打败比看到自己成功要重要得多。

在神经症患者宣称自己一文不值的同时，他又强烈地要求他人的体贴和崇拜，并且表现出明显不愿意接受任何一点轻微的批评。

神经症患者可能会把自我谴责的态度，误当作是一种对自己的合理的批评态度。他对批评的敏感也可以被这样一种信念所遮蔽，这种信念就是"只要这种批评是善意的或有建设性的行为，他都非常愿意接受"。但是这种信念只是一种遮掩，是与事实相悖的。事实上，即使是非常明显的善意的建议，他也会报之以愤怒的反应，因为任何形式的建议，都隐含着批评他还不够完美的意思。

全世界的习俗和崇拜都遵循同一条原则——集体体现为节日的放纵和宗教的狂欢，个人则体现为沉溺在毒品中而达到心醉神迷的境界。痛苦在产生酒神倾向中也发挥着重要的作用。在一些平原印第安人的部落里，幻觉的产生是通过禁食、从身上割肉、以一种痛苦的姿态把人捆绑起来等方式来获得的。其中最重要的一种仪式——太阳舞，就是以肉体上的折磨作为刺激心醉神迷体验的非常普遍的方式之一。中世纪的苦修者用鞭打来产生心醉神迷的体验。新墨西哥州的忏悔者则用荆棘、鞭打和背负重物来激起心醉神迷的体验。

在受虐幻想中，一般的共同特性就是一种任人摆布的感觉，是一种被剥夺了切意志、一切权力的感觉，是一种完全受到他人支配的感觉。

受虐驱力既不是一种本质的性欲现象，也不是由生物性所决定的过程导致的，而是源于人格中的冲突。它们的目的不是受苦；神经症患者与任何其他人一样都不希望受苦。神经症患者受苦，就其所具有的某些功能而言，并非患者希望获得的东西，而是他所付出的代价；而且他所追求的满足并不是痛苦本身，而是一种自我放弃。

2.《精神分析新法》

《精神分析新法》是作者在加盟纽约精神分析研究所期间继《当代的神经质人格》后出版的一部影响深远的著作。在这部书中，作者摈弃了一些弗洛伊德理论的基本前提，不再强调其理论的生物学取向，强调以文化、人际关系取而代之。全书共十六章，作者所阐述的主要观点如下。

从第一到第五章，霍妮基本上是在论证和阐释弗洛伊德的理论和观点，其中有自己的不同看法。她与弗氏所持有的不同观点主要反映在第六章"女性心理学"，在这一章中作者认为，弗氏认为男女两性身上的精神怪癖和障碍是由其雌雄同体引起的。他的观点主要是男性的许多精神障碍起因于他们对体内"女性"倾向的拒绝；而女性的许多精神怪癖起因于她们内心想成为男人的欲望。霍妮首先将弗洛伊德的这种观点归结为理论偏见。她认为倾向不仅女人有、孩子有，男人也有，这都是当今神经症不可或缺的组成部分。

女性希望拥有那些被我们的文化认为属于男性的品质或特权，比如力量、勇气、独立、成功、性自由及选择伴侣的权利。女性倾向于以这样或那样的方式把自卑感建立于自己是女人的基础。最常见、最有效的根源之一是患者达不到关于自我夸大的认识。然而自视过高又是必要的，因为各种未被承认的自我吹嘘须得掩盖起来。

作者认为受虐狂从本质上不是一种性现象，而是人际关系冲突的结果。受虐倾向一旦建立，就可能表现在性方面，并可能在这里成为满足感的条件。

女人最基本的恐惧是害怕失去爱，爱与忠诚逐渐被认为是女人特有的美德和理想。

就女人的自卑感而言，她认为社会和生理构造压抑着女性的主动性，这种压抑有助于发展强烈的受虐冲动，而这些冲动的作用，是在性爱上约束了已然内倾的破坏性倾向。

在第七章"死亡本能"中，作者不完全认可弗洛伊德的观点，她认为，死亡本能同性冲动的结合本身并不足以防止自我毁灭。如果一定要防止，自我毁灭倾向的相当部分就须指向外部世界。为了不毁灭自己，就必须毁灭他人。这样推论下来，破坏本能就成了死亡本能的派生物。破坏冲动就可以再次内倾，表现为自残的冲动，这些是受虐狂的临床表现。如果破坏冲动禁止外泄，自我毁灭的危险就会增加。

在第八章"童年之强调"中，作者认为"机械进化论"是弗氏的无意识强迫性重复假设。弗氏主张真实的神经症反应是过时的，没有现实依据，弗氏没有考虑病人真实人格中是否存在一些因素使她需要按自己的方式做出反应。

在第九章"移情概念"中，作者认为弗氏把病人的情绪反应看作有用的工具，而不只是把病人的依恋或易受暗示当作影响病人的方式。

她认为弗洛伊德不管分析者的性别、年龄或行为，也不管分析时发生了什么事，将诸如爱、蔑视、怀疑、妒忌等情绪，通通依附到分析者身上是缺乏理性的。依据幼儿模式来看待病人依恋的分析存在三大危险：

（1）助长了对分析者的依赖，它们没有触及基本焦虑，因此病人对分析者的依赖就增加了。

（2）分析大体没有收效。病人可能暗自觉得整个过程是对他尊严的无法忍受的羞辱。假如认识到这一反应主要与过去的羞辱感有关，假如没有尽力去发现他的现存结构有哪些因素可以解释这些情感，那么分析就算是出了偏差，时间也算是白白花在病人身上，因为他此时正明里暗里贬低和挫败分析者。

（3）对病人当前人格结构及其所有后果缺乏详尽地阐述。当前实际存在的个人倾向，可认为就是当前的倾向，哪怕它们与过去有初始联系。因为一个特定的敏感、蔑视或尊严，首先必须认识它，然后才能将它与过去联系起来。但是，这个过程妨碍人们理解各种倾向内在联系的方式，即一种倾向决定另一些倾向，增强另一些倾向，或者与另一些倾向相冲突的方式。而且这一过程可能导致建立倾向间的错误内在联系。

她认为，神经质说到底是人际关系出现障碍的表现；分析关系是人类关系的一种特殊形式,现存障碍既在其他地方出现,也一定在此出现;进行分析的特定条件使我们有可能在此研究这些障碍,且准确性较其他地方更高,也使我们有可能说服病人看到它们的存在和它们所起的作用。

在第十章"文化与神经症"中,作者认为,面对"人类本性"中的"充满极大的潜在敌意"的倾向,弗氏不但没有认识到这些倾向最终都是由特定社会结构的环境带来的,而是把自私自利最终归结为一个自恋力比多,把敌意归结为破坏本能,没有认识到它们背后的整个文化的影响力量。弗氏对文化因素之于神经症的影响的考虑是片面性的,他的兴趣只在文化环境如何影响现在的"本能"内驱力这个问题上。

作者认为,个人出现神经症,最终起因是感到疏远、敌意、恐惧和自信心的丧失。这些态度本身不构成神经症,但却是神经症滋生的土壤,因为正是这些态度的结合才会使人在面对这个充满潜在危险的世界时感到孤苦无援。正是基本焦虑或者说基本不安全感使得人必须刻意追求安全和满足,这种刻意追求的矛盾本质构成了神经症的核心。

在第十一章"'自我'与'本我'"中,作者对神经症观察得出以下结论——人并不像弗洛伊德假设的那样要不可避免地与环境发生冲突;若有这种冲突,那也不是因为他的本能,而是因为环境引发了恐惧和敌意。人因此而生出神经症倾向,尽管从某些方面来说,提供了应对环境的一种手段,但从其他方面来说,却加剧了他与环境的冲突。因此,与外部世界的冲突不仅是神经症的起因,而且也是神经症难以治疗的一个基本部分。

在第十二章"焦虑"中,作者不认同弗洛伊德的危险之源在于"本我"和"超我"的观点。也认为危险之源是不确定的;它可能由内部因素或外部因素构成;激起焦虑的内部因素不一定是弗所说的内驱力或冲动,它可能是一种压抑。神经症倾向并不真是危险之源,而是那个受到威胁的事物,因为安全感寄托在这些倾向的顺利操作上,操作一旦失灵,焦虑马上出现。另一个不同的看法是,受到威胁的事物不是像弗洛伊德所说的"自我",而是个人的安全感,因为他的安全感寄托在他的神经症倾向的作用上。

在第十三章"超我"中,作者肯定弗洛伊德认为"超我"准则的确然存在,称其不容置疑,也不可阻挡,并且还必须遵守。

与弗氏相悖之处在于，弗氏认为"正是本能内驱力，由于其反社会的特性才屈服于'超我'的压抑"。而作者认为"受压抑的东西取决于个人感到不得不展现的外表；凡不符合这一外表的都会受到压抑"。

弗氏认为，维持某种门面的需要导致压抑"坏的"、反社会的、自私自利的、"本能"的内驱力，而且也导致压抑人类中最有价值、最具活力的因素。比如，自发的意愿、自发的情感，个人的判断力等。而作者认为，弗洛伊德看到了事实，但没有看到这个事实的重要性。比如说，人们可能不仅压抑贪婪，而且还可能压抑其合理意愿。但是，他解释这一现象时却指出，立意要压抑的只是贪婪，而合理的意愿也随它而去。确实，这是可能发生的，但也存在着压抑好的品质的现象。它们必须被压抑，因为它们会危及门面。

在第十四章"神经质内疚感"中，作者不赞同弗洛伊德的"无意识内疚感是治疗严重神经病的一大障碍"的观点。她指出，指出弗洛伊德对自己的要求是不切实际的，使他认识到他的目标和他的成就只具其形不具其质。他完美的外表与他实际倾向之间有悬殊。他必须感到他的完美主义需求苛刻得有问题。所有这些需求带来的后果必须认真研究。他对分析者询问，想从他身上发现一些东西，并根据其所做出的反应，必须加以分析。他必须理解造成这一需求以及维持这一需求的因素。他必须理解需求所起的作用。最后，他必须看到有关的真正的道德问题。

在第十五章"受虐狂现象"中，作者认为，受虐狂通常被定义为通过受苦来追求性欲满足。这一定义包含三个先决条件：

（1）受虐狂本质上是一种性欲现象；

（2）它本质上追求满足；

（3）它本质上是一种受罪愿望。

作者假设，所有的受虐狂欲求最终是为了满足，即为了赦免的目标，为了用它所有的冲突和局限来摆脱自我，那么，我们在神经症中发现的受虐现象，则代表了一种对狂欢倾向的病理学修饰。

受虐狂者觉得自己没有独立做事的能力，并期望从伙伴那里得到一切——爱情、成功、声望、关怀、保护等。他感到一切都是命中注定，且根本看不到自己把握命运的可能。

在神经症中，这个世界或多或少被认为不可靠、冷酷、吝啬、充满复仇；而对这样一个充满潜在敌意的世界，一方面感到要依赖它；另一方面又感到孤苦无援。受虐狂者对付这种情境的办法，就是扑进某人怜悯的怀抱。在神经症患者的头脑中，常常表现出忠诚、献身或巨大的爱。但实际上，受虐狂无力去爱，也不相信伙伴或其他人会爱他。这种安全本质上靠不住，被遗弃的恐惧也从未消失。

受虐狂倾向是一种减轻焦虑、对付生活中的困难，尤其是对付生活危险或被认为是生活危险的特定方式。以受虐狂依赖为基石的关系充满了对伙伴的敌意。受虐狂的基本倾向决定一个人追求愿望、表达敌意、逃避困难的方式。基本受虐狂结构决定了个人对待其他神经质倾向的方式，这些倾向可能与他的受虐狂倾向结合在一起。

在第十六章"精神分析疗法"中，作者认为神经质症状与神经质性格障碍的唯一区别是后者显然与人格结构有关，而前者与性格的联系不甚明显；主要的神经质障碍是神经质倾向的结果。因此，治疗中的主要目标是先认识病人的神经质倾向，然后一一揭示它们的功能及其对病人人格和生活的影响。

通过梳理神经质倾向的后果，病人的焦虑大大减小，他与自己和他人的关系就能大大改善，这样他便摆脱了神经质倾向。

与弗洛伊德"分析者的角色应相对被动些"的观点相反，作者认为分析者应有意识地引导治疗过程。分析者不仅应该更加有意地影响病人的联想方向，而且应该影响对那些最终可能帮助病人克服神经症的精神因素。

弗洛伊德认为道德问题或价值判断，都在精神分析的兴趣和能力之外。将他的观点应用于治疗，意味着分析都必须施以宽容。由于分析者有价值判断，他自称的宽容也不能说服病人。病人从分析者表达某事的方式，从分析者认为什么是、什么不是理想品质的观点里就可以知道这种态度。实际上，分析者已向病人暗示了他的判断。因此，宽容只是一种可望不可及的理想。

而作者则认为，分析者应让病人认识到，尽管分析者认为他的某些品质是令人不快的，但分析者并不谴责他的一切。这时需要的不是虚假的宽容，而是有益的友谊，在友谊的气氛中承认某些缺陷并不损毁崇尚优秀品质和潜能的能力。在治疗中，这不意味着表扬一下病人，而是心甘情愿地相信倾向中一切好的、真实的成分。分析的目的不在于使生活没有危险和冲突，而在使个人最终能自己解决自己的问题。解除病人的焦虑仅仅是迈向目标的手段，真正的目的是帮助病人重新获得自发性，帮助他找到自己的价值衡量尺度，给他成为他自己的勇气。

3.《我们内心的冲突》

《我们内心的冲突》（*Our Inner Conflicts*）出版于 1945 年。较之于《我们时代的神经人格》，《我们内心的冲突》不仅在理论上有重大的发展，而且达到了早期著作中鲜有的哲学的高度。在这本书中，作者讨论了人内心的主要的冲突类型和它们的各种表现形式，分析并归纳了各种相互矛盾的态度和倾向，指出了被这些冲突所扰之人在解决冲突的过程中是怎样导致失败并陷入恶性循环的，并提出了解决这些冲突的切实可行的建议和设想。

霍妮认为，神经症是由不适当的人际关系造成的，儿童最基本的需要是获得安全感，而这种安全感恰是由父母提供的。若父母能给予子女以真正的关心和爱抚，他们的安全需要得到满足，其身心便可得到正常的发展；相反，若父母不能提供甚至损害儿童的安全感，就会导致神经症的产生。

父母与儿童不当的关系引起儿童的敌意，敌意又被投射到身边的一切人和一切事上，从而引起基本焦虑，正是这种焦虑为神经症的产生打下了基础。

基本焦虑是一种孤立无助的痛苦体验，所以，个体必然要发展出若干的行为策略尽可能地将其降低到最低程度。霍妮把这些行为策略叫作神经症性的需求或神经症人格的表现。

对正常人来说，他们也有譬如获得爱和赞许、求助伙伴、追求个人成功等需求，但正常的人能根据实际情况来加以调整和选择，不会不顾一切地纠结于某一种而舍弃其他。但神经症患者却强烈地偏好某一种需求，把它当成一种生活方式，并以忽略和丢弃其他需求为代价。对神经症患者而言，执着于某种需求是为了降低或去除"基本焦虑"，可是，由于其他对人也十分重要的需求得不到满足，致使他们更为焦虑。为对付这种焦虑，他们就更为刻板地抓住那种特定的需求不放。如此反复，陷入恶性循环不能自拔。

每个人都有现实自我和理想自我。就正常人而言，二者是有机联系在一起的。现实自我决定了个体如何选择理想自我，而理想自我又给现实自我的发展提供指导和动力。但在神经症患者那里，二者的关系却与此迥然不同。

霍妮指出，由于父母不适当的对待方式，如前面提到的冷漠、拒斥、敌意和羞辱等造成了个人对现实自我产生歪曲的印象和负面的估价，现实自我是低下的、被人瞧不起的；相反，理想自我是完美的、能够被接受认可的。理想自我绝不会是那个可鄙的现实自我的延伸，而毋宁说是对现实自我的摆脱。这样，一端是不值一钱、猥琐龌龊的现实自我；另一端则是尽管美好但却不着实际、幻想味十足的理想自我。既然现实自我和理想自我有天壤之别，神经症患者势必倾全力把自己的活动方式指向理想自我。于是，虚无缥缈的理想自我支配一切，成了发号施令的"暴君"，霍妮称之为"专横的必须"。

第三章
图书馆学中的读者心理研究

图书馆的产生是同文字的创造和书写材料的使用分不开的。随着文献的增多，便出现了如何收集、保存和使用这些文献的问题，图书馆由此应运而生。最古老的图书馆出现于美索不达米亚、中国、古埃及、古希腊等人类文明的最早发源地。

图书馆始于何时，无法确知。粗略言之，大概人类有保存记录的必要时，就有了图书馆。人类有了记录，就是信史的开始，所以图书馆是与人类信史俱来的。

第一节　中国图书馆史

据说我国远在夏代就有图书馆，但目前缺乏证据。《易·系辞上》❶中写到："河出图，洛出书"。可见在周代以前已有藏书之举了。安阳殷墟出土，证明殷商确已有图书馆。及至周朝，图书馆已甚普遍，不但名目增多，而且立官分守。

《史记》❷上说，老子（约前571—前471）曾任周朝的"守藏室之史"，"守藏室"可谓中国最早的图书馆。随着中国封建社会中央集权制的巩固，官府藏书体系也逐渐形成、发展和兴盛。写本的盛行和印刷术的推广，学术文化的繁荣，促使私家藏书趋于流行。宗教的传播，为佛寺、道观藏书提供了有利条件。书院的创立和发展，促成了书院藏书系统的建立。

汉初，宫廷中建造专门楼阁贮藏图籍，如天禄阁、麒麟阁、石渠阁。东汉之兰台、东观为朝廷中重要藏书和校书的机构。恒帝延熹二年（159年）朝廷设置秘书监，官府藏书开始有专门机构进行管理。

三国两晋间，于秘书省下设秘书监，主管艺文图籍的著述和编纂，官府藏书迅速发展。晋之东观、仁寿阁，南朝宋之聪明馆、齐之学士馆、梁之文德殿，以及北朝北齐之仁寿阁、文林阁，后周之麟趾殿，都富有藏书。南朝刘宋的崇虚馆通仙台、齐的兴世馆、梁的华阳上下馆、北朝北周的玄都观和通道观等都富有藏书。

---

❶ [商] 姬昌. 靳极苍撰. 周易 [M]. 太原：山西古籍出版社，2003.
❷ [西汉] 司马迁. 史记 [M]. 长春：北方妇女儿童出版社，2014.

隋代秘阁藏书各写若干副本，以书轴装潢不同颜色区分等级。两京各有藏书多处，西京长安的嘉则殿、东都洛阳的观文殿，在藏书数量、书库装饰、管理秩序上都颇有盛名。唐代官府藏书设置更多，如弘文馆、史馆、集贤书院，都是规模很大的藏书机构。隋唐时，宗教藏书更趋兴盛。唐时长安有大兴善寺，洛阳有上林园设立译场，翻译佛教经典。玄奘（602—664）回国带回佛典，于长安大慈恩寺译经，长安大慈恩寺、弘福寺等都有大量佛典收藏❶。

唐代官府藏书之盛，莫盛于开元。当时除秘书监统管全面工作外，参与国家藏书管理的还有弘文馆、崇贤馆、司经局、史馆、翰林学士院、集贤院等机构。这些机构除进行大规模的图书搜集外，还组织了较大规模的校书活动，建立了图书典藏和利用制度。

宋代的官府藏书可分为皇室藏书，中央政府藏书和各地方政府藏书三部分，与之相应，宋代官府藏书还建有一套体制健全的藏书机构。皇室藏书有太清楼、龙图阁、天章阁、宝文阁、显谟阁、徽猷阁、翰林御书院和玉宸殿等；中央政府机构藏书除昭文馆，集贤馆，史馆三馆和秘阁藏书外，还有国子监、舍人院、御史台和司天监等的藏书。

地方官府藏书则包括两个方面的藏书：一是路州（府军监），县行政管理机构；二是州府、县府官办的学校。统治者为了充实这些官府机构的藏书，曾制定了多项求书措施，千方百计搜集图书典籍，并组织官员对这些图书进行整理和校勘。

其时官府藏书的保管措施也已非常完备，以馆阁藏书的防火措施为例，一是新省围墙外留空地，充作巡道；二是省内专设有"潜火司"，备有灭火器材及设施；三是严格实行火禁。在图书防潮方面，每年五月一日至七月一日要举行曝书会。此外，还设有图书专职保管和宿值制度。

明代由于太祖，成祖及宣宗等重视藏书，广事搜求，故皇家藏书极一时之盛。皇家的文渊阁、皇史宬的藏书琳琅满目。除了皇家内府藏书外，其时中央机构各部院，国子监及各府、州、县学等也都收藏有书籍，数量或多或少。

清代虽未设有专门的官藏机构，但在内府皇帝休憩办公之处如文渊阁，武英

---

❶ 李日刚．中国目录学［M］．照文书局，1983．

殿、怠勤殿、昭德殿、南薰殿、养心殿、昭仁殿、紫光阁、南书房、皇史宬、内阁等处都收藏有数量不等的藏书。

而乾隆皇帝为分藏《四库全书》❶ 所建的南北七阁，其规模和布点堪称官藏之最。此外，翰林院、国子监等中央政府机构及各省、府、县地方政府机构也往往附设有藏书处。

除官府与私人藏书楼外，寺院藏书楼与书院藏书楼也是中国古代图书馆的重要组成。它始于唐代，如清光绪年间《江西通志》卷八二云："乐林书院在德安县，唐义门陈衮建，聚书千卷，以资学者"。至宋元时期为中国古代书院的兴盛期，书院藏书得到了飞速的发展。

宋代白鹿、岳麓、应天、嵩阳四大书院的藏书之富自不必说，即使是普通之书院，其藏书也很丰富，有的甚至超过国家藏书。

中国古代的藏书在世界文化史上独树一帜，且在相当长的时间里独占鳌头。因此，英国著名历史学家汤因比（Arnold Joseph Toynbee，1889—1975）在他的《历史研究》中指出，"在搜集、编辑、注疏和刊行'已死的'古籍文学的残存作品的这项工作中，复兴的古代中国的统一国家的远东帝王们远远超过了他们的所有竞争者"。

中国现代意义的图书馆肇始于晚清末年的变法维新。受西风东渐的影响，戊戌变法前，一些有识之士倡言仿效外国，建立公共图书机构。光绪三十一年（1905年），清政府兴学校、废科举，湖南建立了全国第一个图书馆。

光绪三十三年（1907年），张之洞（1837—1909）调任军机大臣，以体仁阁大学士兼掌学部，次年为筹建京师图书馆购湖州姚觐元（？—约1902）"咫进斋"和扬州徐乃昌（1868—1943）"积学斋"私人藏书入京，常熟瞿氏铁琴铜剑楼雇人把若干种书抄成副本，原本供于京师。宣统元年（1909年），学部上《筹建京师图书馆折》，9月9日被奏准兴建京师图书馆，任命缪荃孙（1844—1919）为监督，设馆于什刹海广化寺，次年京师图书馆成立，是为北京图书馆之前身。

1998年1月12日，经国务院批准，北京图书馆更名为国家图书馆。中国国

---

❶《四库全书》全称《钦定四库全书》，是在乾隆皇帝的主持下，由纪昀等360多位高官、学者编撰，3800多人抄写，耗时13年编成的丛书，分经、史、子、集四部，故名四库。共有3500多册书，7.9万卷，3.6万册，约8亿字。

家图书馆馆藏极为宏富,古今中外,册府恢宏,品类齐全,截至2004年,馆藏总计达24556469册(件),居世界第五,藏书及馆舍面积为亚洲第一。

第二节 世界图书馆史

西方图书馆事业的发展历史已有4000多年,大致可划分为古代、中世纪初期和中期、文艺复兴时期、16~18世纪、1789—1870年和1870—1945年等6个历史时期。

考古学家在伊拉克巴格达南部尼普尔的一个寺庙废墟的附近发现了许多刻有楔形文字的泥板文献,上面刻有祈祷文、神话等,这是迄今人们所知道的最早的图书馆遗迹之一,该图书馆约存在于前30世纪上半叶。在美索不达米亚及其邻近各国也发现了多批泥板文献。公元前7世纪,亚述王国的国王亚述巴尼拔在首都尼尼微(位于底格里斯河上游)建立了一所很大的皇家图书馆,所藏泥板文献约有2.5万块之多,它们按不同的主题排列,在收藏室的入口处和附近的墙壁上还有这些泥板文献的目录。

图书馆最原始的功能是保存人类的纪录与文化,所以世界上的文明古国,都是早期图书馆的重要发祥地。史载,公元3000年前的埃及与2000年前的巴比伦都已有了图书馆。埃及图书馆所收藏的资料,多为写在纸草(Papyrus)上的文件,而巴比伦图书馆的资料则刻在泥片(Clay Tablet)上。

在西方,古希腊的柏拉图(Plato,约前427年—前347年)认为一个人要在学问上思想透彻,必须掌握人类的所有知识。他的学生亚里士多德(Aristotle,前384年—前322年)受到这种启示,把当时的各种学术资料搜集起来,保存在他讲学的地方赖修慕(Lyceum),成为古代希腊著名的图书馆。在古希腊,文艺和科学十分繁荣,僭主和学者都拥有藏书。

古代图书馆史中,闪耀希腊文化光辉的著名列吉撒特利亚图书馆,是公元前305年由布特莱曼斯王朝建立的。该图书馆对推进200年来希腊文化的发展,曾发挥了极大的作用,其极盛时期藏有抄本70万卷之多。因而当时希腊的有名学者云集于此,其中最重要的人物是诗人和哲学家卡林马吐斯(Callimaehus)。卡林马吐斯编辑了120卷《在学术上闪光的人及其著作目录》。

公元前4世纪，希腊北部的马其顿国王亚历山大征服埃及之后，在尼罗河三角洲的地中海沿岸建立了亚历山大城。托勒密时期（前323—前30）该城成为整个地中海地区最大的城市以及地中海地区与东方各国的经济和文化交流中心。古代最大的图书馆即是公元前4世纪至公元前3世纪由托勒密一世祖孙三代建造的亚历山大图书馆。当时正值托勒密王朝鼎盛时期，各国学者云集亚历山大城。历代国王又十分热心于搜集图书，致使亚历山大图书馆的馆藏一度达到70万卷。该馆历任馆长都是著名学者。馆藏不仅几乎包括希腊全部的重要文献，还包括地中海、中近东和古代印度等地区中的异教徒的文献，反映了亚历山大时期崇尚自由的学风。公元前3世纪，由该馆馆长卡利马科斯（Callimachus，约前305—前240）主编的《皮纳克斯》是一部多达120卷的名著提要目录（现存残片）。200多年间，该馆一直是希腊化文化的文献中心。亚历山大大帝在埃及尼罗河三角洲西岸所设置的亚历山大图书馆，就是仿照亚里士多德的图书馆而建立。此图书馆收藏的资料达70万卷，号称拥有世人所知的全部图籍，是当时西方世界最大的图书馆。

在希腊化时期，小亚细亚（今土耳其）帕加马王国的帕加马图书馆可与亚历山大图书馆相媲美。帕加马的历代国王试图使它超过亚历山大图书馆。国王欧墨涅斯二世（Eumenes Ⅱ，公元前197年即位，死于公元前160年或公元前159年）广泛网罗学者到帕加马，并一度试图劫持亚历山大图书馆馆长。埃及国王为阻碍帕加马图书馆的发展，严禁向帕加马输出埃及的纸草。帕加马只好改用羊皮来代替纸草，制成羊皮书。据记载，该馆馆藏曾达20万卷。前41年罗马政治家安东尼（Marcus Antonius，约前82—前30），把这些藏书赠给了埃及女王克娄巴特拉七世（Cleopatra Ⅶ，约前70年—约前30年），由亚历山大图书馆收藏。考古学家发掘了帕加马图书馆遗址，使后人了解到希腊化时代典型的图书馆建筑格局。其馆舍与神庙毗连，入口处立有雅典娜女神像和著名学者碑文，馆内辟有阅览室和书库。图书馆与神庙大殿之间由柱廊连接，读者可在这里讨论问题。

古罗马从公元前2世纪起开始注重搜集图书。罗马统治者征服东方各国后，把图书作为战利品带回本国，在私人府第陈列。有关史料证明，古罗马的私人图书馆相当普遍。当时被称为最博学的 M.T. 瓦洛（M.T. Varro，前116—前27）也有一所颇具规模的私人图书馆。他还写过一部3卷本的《论图书馆》（已佚）。

当时还出现了书商，他们利用有文化的奴隶抄写图书出售❶。

恺撒（Gaius Julius Caesar，前100—前44）曾委托瓦洛筹建一所类似于亚历山大图书馆的大图书馆，后由于恺撒被刺，计划落空。几年之后，其部下波利奥（Gaius Asinius Pollio，前75—4）在罗马城的自由神庙建立了罗马第一所公共图书馆。罗马历代皇帝尤其是奥古斯都（Gaius Julius Caesar Augustus，前63—14）、图拉贞（Trajan，53—117）等，都致力于公共图书馆的建设。其中最大的公共图书馆是图拉贞于公元113年建立的乌尔皮亚图书馆。古罗马的图书馆一般分为两部分——希腊文图书部和拉丁文图书部。据古代旅行指南《罗马奇迹》❷记载，公元4世纪初，仅罗马一城就有28所公共图书馆。古代罗马受到埃及与希腊的影响，更为重视图书馆。伟大演说家西塞罗（Marcus Tullius Cicero，前106—前43年）就有一个著名的私人图书馆。古罗马大将与政治家恺撒统治罗马时，曾请当时著名学者瓦诺在罗马建造一座富丽堂皇的公共图书馆。恺撒虽未亲身见到这座图书馆，但该馆终于在五年以内完成。浦利尼（Caius Plinius Secundus，23—79）在其所著的《自然史》一书中，对该馆倍加赞扬，"他使人类才艺为公众所有"，可见其对人类贡献之巨。

古罗马的图书馆建筑近似帕加马图书馆。前1世纪的著名建筑家M.维特鲁维厄斯在其10卷本《论建筑》一书中提到了图书馆的建筑设计，要求图书馆采光充足，便于读者阅览；防止潮湿，利于纸草文献的保存。西罗马帝国于公元476年灭亡，作为古代文化一翼的图书馆，从此也不免受到中世纪宗教势力的践踏。

在罗马帝国初期，基督教徒们不顾种种迫害建立了自己的图书馆，以保存和传播基督教经典文献。公元325年基督教被罗马君士坦丁大帝承认之后，基督教图书馆便迅速发展起来。延续1000多年之久的东罗马帝国即拜占庭帝国（395—1453）则把基督教、古代希腊文化和罗马帝国的政治传统融为一体。拜占庭的很多图书馆和修道院把基督教文献和希腊、罗马的古典文献保存下来。西欧在中世纪散失的很多古代典籍，到14、15世纪又从拜占庭流回意大利等地，对文艺复兴运动起了促进作用。

在古埃及的许多地方考古学家也发现了图书馆的遗迹，这些图书馆主要收藏

---

❶ M. H. 哈里斯. 西方图书馆史［M］. 吴晞，靳萍，译. 北京：书目文献出版社，1989.
❷ 罗马奇迹（Mirabilia Urbis Rome），大约写于12世纪，作者不详.

泥板文献和纸草文献。新王国第 18 王朝末的阿门霍特普四世埃赫那顿（Amenhotep IV, Akhenaten, 前 1379—前 1362 在位）在首都阿玛尔那（位于开罗南部）建造了一所皇家图书馆。据古希腊历史学家西西里的狄奥多洛斯（Diodorus, 前 1 世纪古希腊历史学家）编纂的《历史丛书》记载，第 19 王朝的拉美西斯二世（Ramesses II, 前 1314—前 1237）在首都底比斯建立了一所图书馆，该馆的入口处有一块刻有"拯救灵魂之处"等字样的石碑。

公元 7 世纪，阿拉伯人在拜占庭东部建立了庞大的国家。8 世纪中国的造纸术传到阿拉伯，纸很快便取代了纸草和羊皮，致使图书量不断增长，推进了伊斯兰国家图书馆事业的发展。一些大型图书馆在大马士革、巴格达、开罗、阿尔及利亚和西班牙先后建立起来。中世纪时欧洲修道院图书馆的藏书通常以百卷计，而伊斯兰国家的图书馆则以万卷计。这些图书馆不仅收藏《古兰经》和伊斯兰教的其他书籍，也注意搜集非伊斯兰的各门学科的图书。一些古希腊和罗马的文献是靠阿拉伯译本流传下来的。可惜的是，伊斯兰教图书馆在内战和外来侵略战争中几乎被全部毁灭。

在黑暗的中世纪，欧洲的图书馆事业遭受基督教的极大束缚。基督教图书馆一般规模很小，藏书主要是基督教经文，个别兼收少量希腊、罗马作品。在修道院图书馆和大教堂图书馆内部都设有抄书室。基督教图书馆把一些图书长期保存下来，具有一定的历史意义。

资本主义因素在意大利的萌芽和学术的振兴推动了图书馆事业的发展。图书馆事业的发展又反过来促进了文艺复兴运动。经济上居领先地位的意大利，图书馆事业在欧洲居首位。私人图书馆大量出现，修道院图书馆逐渐衰落。由于图书的生产仍依靠抄写，大多数图书馆的藏书量都很有限，图书馆的管理方式也没有新的突破。但馆藏结构变化很大，改变了过去宗教书籍占主导地位的结构，古代经典著作和世俗作品开始增多。

随着古代社会的没落，古代的大图书馆永久地消逝了。与此同时，欧洲大陆进入了几乎 1000 年漫长的中世纪黑暗时代❶。然而，在这期间保存了古典希腊的文化传入近世的是拜占庭和伊斯兰文化中心的图书馆。特别是伊斯兰世界，是

---

❶ 黑暗时代是 18 世纪左右开始使用的一个名词，指西欧历史的中世纪早期；具体地说，指西方没有皇帝的时期（476—800）；更通常的说法是指公元 500—1000 年之间。

第三章 图书馆学中的读者心理研究

一个爱书的社会，产生了优秀的图书文化和图书馆，在这些图书馆工作的一般都是学者，也在社会上享有很高的声誉和地位。但是，从图书馆思想史的发展来看，该时代未曾出现至今仍富声誉的代表人物。

在被称为黑暗时代的欧洲社会，勉强把古代文化保存并传承到中世纪的是僧院图书馆。

约翰·波士顿（John Boston）僧院图书馆是最早开始做藏书目录的。作为僧院图书馆的目录编辑之一的波士顿于15世纪初编纂了《教会写本室目录》。波士顿把这些目录按ABC的顺序排列起来。这个目录记载了673名著者，其中很多附有传记式的注释。

1450年前后，德国人古登堡（Johannes Gensfleisch zur Laden zum Gutenberg，约1390—1468）受到中国活字印刷的启示，用铅、锡、锑合金制成活字版，用油墨印刷，为近代的金属活字印刷业奠定了基础。活字印刷术的使用对图书馆事业产生了深远的影响。图书再也不用靠手工抄写了。图书的管理和图书的生产也开始分开，逐渐形成图书馆和图书出版两个专门行业。印刷型图书的大量出版使图书馆藏书以空前的速度增加，一些大型图书馆开始出现。藏书激增促使图书馆的管理方式（如分类、著录、目录编制等）开始发生深刻的变化。图书馆的建筑结构也出现了较大的变化，铁链加锁的图书和读经台式的书籍放置方式逐渐消失。1567年，西班牙的艾斯库略尔宫图书馆首次采用了墙壁式大厅的建筑格局，即图书馆内部为又宽又高的大厅，周围的墙壁排列书架，大厅中间的宽敞空间既可供读者活动，也可陈列地球仪和其他珍贵文物。馆藏结构也起了变化，本国语言的出版物逐渐增多，拉丁文、希腊文书籍的比重显著减少。从活字印刷起到1500年出版的图书被称为摇篮本❶。据估计，这一时期摇篮本总共刊印了4万种。由于印刷的书籍增多，许多国家开始要求出版商呈缴出版物，以便检查书籍内容。1537年，法国国王弗朗索瓦一世颁布了第一部呈缴本法，各国政府纷纷仿效。

---

❶ "摇篮本"（incunabula）在目录学中泛指于1450—1500年间在欧洲用活字印刷的任何西文书籍。随着机械装置的应用，印刷业也开始发生了变化，大批量印刷的商业性书籍逐渐失去了作为手工艺术品的价值。科内利乌斯·伯克汉姆于1688年在阿姆斯特丹出版的一部15世纪活字印刷书目中首先采用了"摇篮本"这个术语来描述早期的西文印刷书。而著名意大利印刷商阿尔德斯·马努蒂乌斯1501年为廉价书专门设计的斜体活铅字正好标志着西方印刷史上一个摇篮本时代的结束。

在中世纪的黑暗时代临近近世时，除了僧院图书馆外，还有一些由个人收集而成的私人文库。这些文库收集者都是些主教、学者、医师和贵族，其中最有名的是达腊姆州的天主教主教、英国国王爱德华三世的官房长 B·理查德（Rich-arddeBury，1287—1345），他于 1345 年留下《爱书》。他收集图书，不仅出于个人对书的爱好，而且也想把收集的图书存放于牛津大学图书馆，以供广泛利用。所以有人把他称作"大学图书馆的先驱者"。

15 世纪中期发明了铅字印刷技术。印刷术的发展，强有力地推动了用图书进行的情报交流，因此也需要对大量出版物进行控制。16 世纪刮起了宗教改革的风暴，很多中世纪图书和图书馆因遭到破坏而被葬送，但是随着新改革势力的兴起，许多新图书馆又建立起来。16 世纪的德国，是国际图书贸易的中心，也是图书出版量最大的地方。因此，这里出现了被称为"图书之父"的克尔德·盖斯纳也是理所当然的了。

卓越的哲学家、医学家、博物学学者以及集书家克尔德·盖斯纳（Konrad Gesner 1516—1565），于 1545 年出版了《世界书志》，三年后又发行了《分类体系》，由此被称为"图书之父"。

《世界书志》收集了当时流行的拉丁、希腊、希伯来的资料，第一部中，选出书名、主题，加上注释，编成了按 ABC 顺序排列的著者名一览表；第二部把这些资料分类编成 21 个门类；第三部把第二部里收集的资料按 ABC 顺序编成了 12000 个主题。

《分类体系》在当时以精细的 21 大类给全欧洲带来了极大的影响。法国的国立图书馆直到 1810 年还一直使用这一分类法，可以说这就是最初的图书分类法。

随着新型图书馆的建立，17 世纪的法国诞生了图书馆学思想的鼻祖哥本尔·纳德（Gabriel Naud，1600—1653）。纳德概括地掌握了图书馆所有问题的关键，如图书馆的设立、图书的选择和收集以及图书馆的建筑及场所，并对图书的分配和装订、图书馆内的装饰、图书馆的目的和图书馆员的责任等，都表达了独特的见解，这些都反映在他的不朽名著《关于图书馆建设的意见书》中。这本书可以说是图书馆史上最早的图书馆学概论，确立了图书馆思想的一般原理。诺德的思想在欧洲、英国和美国都有很大影响，成为今天图书馆学的源泉。

16世纪的宗教改革运动和农民起义的战火曾使一批图书馆遭到破坏。但各国的情形有所不同。

在德意志,以马丁·路德(Martin Luther,1483—1546)为首的宗教改革家强调教育的重要性。他在1524年发出的《致德意志所有城市参议员的信》中强调:"为了建立好的图书馆或图书室,不应当吝惜汗水和金钱,在那些有能力做到这一点的大城市,更不应当吝惜。"这一号召适应了宗教改革在文化上的客观要求,也适应了新兴资产阶级的需要,从此德意志的城市图书馆有了长足的发展。

17世纪的法国皇家图书馆已经发展成为当时欧洲首屈一指的图书馆,法国政府不惜耗费巨资,派人去各地各国搜集珍贵图书。外交人员和传教士不断寄回各种文字的书籍,其中包括1697年中国清代康熙帝(爱新觉罗·玄烨,1654—1722)赠予路易十四(Louis-Dieudonné,1638—1715)的45套,共312册中文书。17世纪中叶,巴黎还出现了一所私人图书馆——马萨林图书馆,馆长诺德(Gabriel Naudé,1600—1653)是近代图书馆学理论的先驱。他认为,图书馆不应仅收藏古代善本,更重要的是要大力搜集近代文献。他把马萨林图书馆办成一所科学研究图书馆,使皇家图书馆相形见绌。

在英国,16世纪中叶至17世纪初是人文主义教育的鼎盛时期。博德利(Thomas Bodley,1545—1613)为其母校牛津大学建成了博德利图书馆,它是当时欧洲最大的图书馆之一。18世纪初,馆藏达3万册,在不列颠博物院成立之前,它实际上起着英国国家图书馆的作用。经博德利的努力,该馆从伦敦图书出版公司得到呈缴本,至今仍拥有这一权利。

17~18世纪,欧洲的专业图书馆逐渐增多。其中有专门收集和提供法律、医学、商业和文学等书籍的图书馆。

18世纪末,僧侣对图书馆的垄断权大大削弱,教会财产包括图书在内,改由新兴的资产阶级所有。一些图书馆的馆藏大为增加,图书馆管理较之从前有了很大进步,并出现了专职图书馆员和图书馆学刊物。免费开放的公共图书馆开始建立并发展起来。

在法国,皇家图书馆于1789年的大革命中被宣布为"国有",革命者还没收了修道院和逃亡贵族的图书将其充公为"国家财产"。这次革命中共没收了800多万册图书,分配给巴黎的国家图书馆和各地图书馆。法国资产阶级政府对图书馆事业相当关心，1789—1795年间颁布了20项有关图书馆的法律和法令。法国国家图书馆的藏书从革命前的15万余册猛增到1818年的100万册；过去每周开放2天，1796年起每天都开放4小时❶。

在英国，1753年，几家私人图书馆合并为不列颠博物院的图书馆，19世纪，英国高速扩张时，该馆成为名副其实的世界文献宝库。

18世纪在英美两国出现了会员图书馆。它由每个会员交纳一定数额的钱入股，共同购买和利用图书，会员大半是收入微薄的市民阶层。其中著名的有1731年，由美国政治家、科学家富兰克林（Benjamin Franklin，1706—1790）在费城开办的会员图书馆、英国历史学家卡莱尔（Thomas Carlyle，1795—1881）于1841年发起建立的伦敦图书馆。19世纪是会员图书馆兴盛时期，作为向近代公共图书馆过渡的会员图书馆在图书馆史上占有独特的地位。

公共图书馆是资本主义社会发展的产物。随着资本主义的发展，资产阶级需要大批有文化的工人和市民。免费的、开放的公共图书馆的建立，在图书馆事业史上具有划时代的意义。1850年，英国国会通过了英国第一部公共图书馆法，1852年建立的曼彻斯特公共图书馆由著名图书馆学家爱德华兹（Edward Edwards，1812—1886）担任首任馆长，他在任的7年间，将曼彻斯特市立图书馆发展成英国最大的市立图书馆之一。至1900年，英国已有360所公共图书馆。美国的公共图书馆是由各州根据立法而设立的，第一所规模较大的公共图书馆是1854年建成的波士顿公共图书馆，馆长是著名的图书馆专家朱厄特（Charles Coffin Jewett，1816—1868）。斯堪的纳维亚各国的公共图书馆借鉴英美的经验也一直办得较好。但在欧洲大陆，公共图书馆运动却起步较晚。

这一时期出现的工人图书馆与工人运动的兴起密切相关，大部分工人图书馆是由工人政党和工会经办的，少部分由资产阶级经营；后者主要收藏技术书籍。工人图书馆把重点放在提高阶级意识和文化修养方面。19世纪上半叶宪章主义者和社会主义者经办的工人图书馆在英国出现。流亡在瑞士、法国等国的德国工人和手工业者也开办了工人图书馆。正义者同盟、共产主义者同盟在各国建立的工人教育协会都有自己的图书馆。德国社会民主党致力于工人的文化教育工作。

---

❶ 杨威理. 西方图书馆史 [M]. 北京：商务印书馆，1988.

该党创始人之一倍倍尔（August Bebel，1840—1913）于1861年在莱比锡的职工教育协会领导过图书馆和俱乐部。第一次世界大战前，德国各大城市的社会民主党和工会的图书馆联合成立"工人中央图书馆"。1933年希特勒（Adolf Hitler，1889—1945）上台，把德国工人图书馆收藏的约150万册书没收。同年5月，在柏林等城市大肆焚烧马列主义和其他书刊。沙皇俄国的工人图书馆绝大部分是地下的。1895年，列宁在彼得堡建立的"工人阶级解放斗争协会"设有一所收藏马克思主义和进步书刊的工人图书馆。随着工人运动的兴起，在捷克、南斯拉夫、罗马尼亚、保加利亚都建立了公开的和地下的工人图书馆。俄国社会民主党的国外组织在日内瓦设立了党的图书馆和档案馆。这些工人图书馆藏书不多，管理方式也很简便，有的甚至没有正式的馆名，时存时亡，但对启发和提高工人的觉悟起了不可估量的作用。

19世纪末20世纪初，美国资本主义经济有了巨大的发展，图书馆事业也很快发展起来。这一时期，美国建立了许多图书馆，并出现了温泽（Justin Winsor，1831—1897）、普特南（Pumam，1861—1955）、卡特（Charles Ammi Cutter，1837—1903）等一大批杰出的图书馆学家和事业家。在他们的倡导下，美国于1876年成立了世界上第一个图书馆协会——美国图书馆协会[1]。翌年，英国图书馆协会[2]也宣告成立。许多国家相继建立图书馆协会或学会，并在1927年成立了国际图书馆协会和机构联合会[3]。

这一时期，西方图书馆事业迅速发展，图书馆类型增多，服务范围不再限于学者和显贵，还扩大到工人、职员、学生和儿童等，向社会各阶层开放的程度大

---

[1] 美国图书馆协会（American Library Association，ALA），是美国图书馆界的专业组织，世界上最大的图书馆协会之一。成立于1876年，总部设在芝加哥。1853年9月15日，美国80多位图书馆员和有关专家在纽约集会，决定在第二次会议成立图书馆协会。由于南北战争爆发和其他原因，直到1876年美国独立100周年时才在费城召开了第二次会议，正式成立美国图书馆协会。主要创始人为J. 温泽、W. F. 普尔和M. 杜威。

[2] 英国图书馆协会（library association of the united kingdom）由英国的图书馆工作者组织，成立于1877年，总部设在伦敦。

[3] 国际图书馆协会联合会（International Federation of Library Associations and Institutions——IFLA，简称"国际图联"）成立于1927年，是联合各国图书馆协会、学会共同组成的一个机构，是世界图书馆界最具权威、最有影响的、非政府的专业性国际组织，也是联合国教科文组织"A级"顾问机构，国际科学联合会理事会准会员，世界知识产权组织观察员，协会总部设在荷兰海牙。

大提高；图书馆对文献的加工和整理更加深入，服务方式更为多样；图书馆学教育开始出现并产生了图书馆协会（学会）；图书馆间的国际合作也日益增多。

20世纪初，西方国家大都建立和发展了国家图书馆。美国的国家图书馆是美国国会图书馆。它从规模很小的专为国会议员服务的法律参考性质的图书馆发展成为世界最大的图书馆之一。在馆长普特南的任期内（1899—1939），藏书从80万册增至600万册。德国普鲁士皇家图书馆于1919年改称为普鲁士国家图书馆，1939年，仅印刷图书就藏有300万册以上。奥地利王室图书馆也于1920年改称奥地利国家图书馆，所藏纸草文献约10万件，居世界首位；摇篮本约8000册，居世界第三；地图约20万幅，居中欧第一。1861年意大利统一后，成立了两个国家图书馆，即佛罗伦萨的国立中央图书馆和罗马的国立中央图书馆。前者收藏了意大利的全部书籍，后者则重点收集外国的图书资料。俄国的国家图书馆——帝国公共图书馆建立于1795年，其俄文藏书极为丰富。有的国家大学图书馆同时起着国家图书馆的作用。如奥斯陆大学图书馆又是挪威的国家图书馆；赫尔辛基大学图书馆也是芬兰的国家图书馆。东欧各国由于受到外来侵略和控制，国家图书馆建立较晚，规模不大，但也在19世纪末20世纪初有了长足的发展。国家图书馆的普遍建立和发展，是图书馆事业的重要里程碑。

这一时期版本图书馆也在西方各国相继建立起来，例如，1912年建于莱比锡的德意志图书馆，收藏自1913年在德国出版的全部图书和国外出版的德文书，它一直编制质量较高的各种书目。全国图书的收集同呈缴本制度的推行是分不开的。从19世纪下半叶起，几乎所有的国家都制定了呈缴本法令。

第三节 大学图书馆史

中国最早的大学是创办于中国汉武帝元朔五年（前124年）的长安太学。这所大学以五经博士为教官，入学的弟子称"博士子弟"，年龄一般为18岁以上。太学的学习科目设五经，学生可任选一经学习，以自学为主，教师定期讲经，每年考试一次。

西方最早的大学是公元前387年，由柏拉图在雅典城外西北角一座为纪念希腊英雄阿卡德穆而设的花园和运动场附近创立的学园（或称"阿卡得米"，Academy）。学园的名字与学园的地址有关，学园校址所在地与希腊的传奇英雄阿卡得摩斯（Academus）有关，以此命名。这是西方最早的高等学府，后世的高等学术机构（Academy）也因此而得名，它是中世纪时在西方发展起来的大学的前身。学园存在了 900 多年，直到公元 529 年被查士丁尼大帝（Flavius Petrus Sabbatius Justinianus，约 483—565）关闭。学园受到毕达哥拉斯（Pythagoras，前 572—前 497）的影响较大，课程设置类似于毕达哥拉斯学派的传统课题，包括了算术、几何学、天文学以及声学。

  现代意义上的大学则是在公元 1160 年由巴黎圣母院教会办的巴黎大学。1167 年，在巴黎大学学习的一群学生回到英国，创办了牛津大学。又过了几十年，牛津大学的一部分学生和教师，因不满意牛津大学的主张，分离出来，创办了剑桥大学，这就是世界上最早的四所大学。当时的大学主要修四门课程：神学、文学、法律和医学，一般修三到四年就可以本科毕业了。如果还要继续深造，还有四门课可以修，就是数学、几何、天文学和音乐，修完这四门课以后就可以获得硕士学位了。大学的出现在人类历史上具有划时代的意义，它为探究人类智慧的学者提供了一个思考、研究的场所。日后，人类许多重要的思想，新的科学发展和重要的技术都在大学里出现。

  从 12 世纪起，欧洲各大城市陆续出现了大学，如意大利博洛尼亚大学、英国牛津大学等。随着大学的建立，大学图书馆也开始崭露头角。初期的大学图书馆规模都不大，藏书主要依靠抄写或赠送。

  由于大学图书馆渊源于修道院图书馆，因此它们的内部结构很相近。大部分图书都用铁锁链牵在书桌上，书桌很像修道院的读经台。尽管如此，二者仍有根本的区别，即修道院图书馆注重保存图书，而大学图书馆则侧重于利用图书。大学图书馆推广了知识，为文艺复兴时期的文化繁荣创造了条件。

  丹麦哥本哈根大学图书馆成立于 1482 年，1861 年前一直是丹麦的国家图书馆，现为全国自然科学和医学文献收藏中心，1943 年起皇家图书馆馆长同时兼任该校图书馆馆长；丹麦另一所重要的大学图书馆是 1902 年建立的奥尔胡斯大学图书馆，该馆也是奥尔胡斯州立图书馆，为该校和奥尔胡斯地区其他高校服务。瑞典除隆德大学图书馆外，最大的图书馆是 1620 年建立的乌普萨拉大学图书馆，书架总长达 9 万米。芬兰共有 23 所高校图书馆，除赫尔辛基大学图书馆外，还有著名的于图尔库大学图书馆（1983年藏书136万册）、赫尔辛基技术大学图书馆等。挪威除皇家大学图书馆外，著名的还有1825年建立的卑尔根大学图书馆。冰岛高校图书馆主要是1940年建立的冰岛大学图书馆，1983年藏书23万册，侧重冰岛学和火山学。

1638年美洲大陆出现了最早的大学图书馆——牧师哈佛（John Harvard, 1607—1638）捐赠的哈佛学院图书馆，以后又陆续建立了一些大学图书馆。到今天，美国已经有大学图书馆3000多所。著名的除哈佛大学图书馆外，还有耶鲁大学图书馆、哥伦比亚大学图书馆、芝加哥大学图书馆等。

哈佛大学图书馆是当今世界上藏书最多、规模最大的大学图书馆。经过300多年的发展，哈佛大学图书馆的藏书达1000多万件，设有100多个分馆[1]。

仅次于哈佛大学图书馆的是英国的剑桥大学图书馆，该馆至今600余年，藏书600余万册，其中中文藏书约10万种。本馆中文部所藏包括商代甲骨、宋元明及清代各类版刻书籍、各种抄本、绘画、拓本以及其他文物，其中颇多珍品。

德国海德堡大学图书馆是德国最古老的大学图书馆，藏书260万册，其中包括6000多册珍贵的手稿、古代印刷本和极为珍贵的14世纪手本。

悉尼大学图书馆是澳大利亚最大的大学图书馆，无疑是南半球最大的图书馆。藏书超过450万册。

19世纪，一项意义重大的发展是按莱布尼茨（Gottfried Wilhelm Leibniz, 1646—1716）的原则管理的德国哥廷根大学图书馆，它推动了图书馆管理和服务的改革；图书馆努力收集各门学科的文献，编制良好的目录，尽可能为人们所利用。

1984年，波兰有90所高校图书馆，藏书3300万册。最重要的是克拉科夫大学图书馆，1364年建立，藏书236万册（1984年），其收藏的1800年前波兰出版物最为齐全；其次是华沙大学图书馆，1817年建立，藏书200万册（1984）。捷克斯洛伐克共有73个高校图书馆，藏书1365万册，布拉格查理大学图书馆的历史可追溯到1348年，于1370年编制了书目。罗马尼亚20世纪80年代初有43所高校图书馆，其中由教育部拨款建立的3所中央大学即布加勒斯特大学（1891

---

[1] 刘蔷. 世界著名图书馆[M]. 长春：吉林教育出版社, 1999.

年建立)、克鲁日—纳波卡大学(1872年建立)和雅西大学(1640年建立)的图书馆为中心图书馆,在全国大学的书刊采购、国际交换和书目编制的协调协作方面起主导作用。德国最古老的7所大学图书馆藏书都较为丰富,如柏林洪堡大学图书馆于1831年建立,20世纪80年代初藏书达410万册,莱比锡大学❶图书馆于1543年建立,20世纪80年代初藏书达330万册。

1984年,法国有61所大学图书馆,其中14所为大学校际图书馆,为一个城市内两所或两所以上的大学服务;1962年以来,大学图书馆一般分为开架和闭架两部分,还分为大学生学习和研究利用两个等级。荷兰有13个大学图书馆,著名的有于1575年建立的莱顿大学图书馆、1614年建立的格罗宁根大学图书馆、1636年建立的乌得勒支大学图书馆、1877年建立的阿姆斯特丹市立大学图书馆等,大学图书馆占全国馆际互借的40%。奥地利20个大学,868个院系都有图书馆,最大的是于1365年建立的维也纳大学图书馆,1983年藏书近415万册。比利时的6所大学学术图书馆藏书都较为丰富,1816年建立的列日大学中心图书馆,20世纪80年代初收藏有图书170万册,现刊4700种;1817年建立的根特大学图书馆收藏图书200万册,现刊5900种;1425年建立的卢万天主教大学于1968年分为德、法两个独立大学,分别藏书100万册和130万册。爱尔兰都柏林的三一学院图书馆是世界上著名的大学图书馆之一,建于1601年,收藏了大量珍贵文献。

在德国,高校图书馆的作用仅次于大城市的公共图书馆。20世纪60年代,联邦德国大学的发展(1960年后建立了20多所大学)对大学图书馆的数量和结构产生了重大影响。到1984年,联邦德国高校图书馆(综合性大学图书馆和学院图书馆)的数量达到500余所。在这些大学图书馆中,有不少是历史悠久、藏书丰富的图书馆。海德堡大学图书馆(创建于1386年)、弗赖堡大学图书馆(创建于1457年)、蒂宾根大学图书馆(创建于1477年)和哥廷根大学图书馆(创建于1737年)都有丰富的古籍收藏。哥廷根大学图书馆和法兰克福大学图书

---

❶ 莱比锡大学(Universität Leipzig)位于德国萨克森州的莱比锡,创立于1409年,是欧洲最古老的大学之一,也是现今德国管辖地区内历史第二悠久的大学,仅次于海德堡大学(1386年),另两所曾早于莱比锡大学的大学是科隆大学(1388—1798,1919年重建)和埃尔福特大学(1392—1816,1994年重建)都曾关闭后又重开。1953—1991年间,莱比锡大学曾名为"卡尔·马克思大学"。

馆藏书最丰富（300万册以上）。馆藏100万~200万册的有康斯坦茨大学图书馆、奥格斯堡大学图书馆、维尔茨堡大学图书馆、美因大学图书馆、波鸿大学图书馆。藏书在50万~100万册的有17所大学图书馆。其余大学藏书都在10万~50万册之间。大学图书馆收藏的期刊大都在5000~10000种。一些哲学和神学院的图书馆也有丰富的古籍和手稿收藏（如帕德伯恩大主教学院图书馆）。

意大利最大的大学中心图书馆是佛罗伦萨大学中心图书馆，该校还有40多个图书馆。其他大学如巴勒莫大学有100多个图书馆，罗马大学有120个，多为院系、研究所图书馆，很少有中心馆。从总体来说，意大利大学图书馆服务质量不高，主要因为馆员不足和资金缺乏。希腊有13所高校图书馆，这些图书馆构成希腊图书馆事业的主体。1926年建立的萨洛尼卡大学中心图书馆藏书100多万册，其他大学藏书大都分散在数十个甚至上百个院系、研究所，中心馆很少。希腊的大学图书馆藏书分散，书目工作组织不力，缺乏受过正规培训的工作人员。马耳他主要的大学图书馆是马耳他大学图书馆，第二次世界大战后创建，设备较为现代化，20世纪80年代中期藏书达25万册。

亚洲早期的大学图书馆一般都是在殖民地、半殖民地时期建立起来的，因而藏书量往往比国家图书馆多，珍贵书刊也不少。除中国、日本、印度3国以外，藏书在20万册以上的大学图书馆有巴基斯坦的旁遮普大学图书馆（1882）、孟加拉国的达卡大学图书馆（1921）、缅甸的仰光大学图书馆（1929）、菲律宾的桑托·托马斯大学图书馆、伊朗的德黑兰大学图书馆（1932）、韩国的汉城大学图书馆（1946）、新加坡的新加坡大学图书馆（1949）、朝鲜的金日成大学图书馆（1956）、伊拉克的巴格达大学图书馆（1958）、约旦的约旦大学图书馆（1962）和科威特的科威特大学图书馆（1966）。

北京大学图书馆是我国也是亚洲最大的大学图书馆。其前身是1902年建立的京师大学堂藏书楼。其拥有藏书530余万册，藏金石拓片约24000种，56000份，绝大部分是石刻文字拓片。

此外，始建于1912年的清华大学图书馆，始建于1922年且前身为戊午阅览室的复旦大学图书馆，源于20世纪末湖广总督张之洞创办的湖北自强学堂图书室的武汉大学图书馆，前身为建于1897年的求是书院藏书楼的浙江大学图书馆和始建于1896年四川大学图书馆，是我国藏书规模在500万册以的大学图书馆。

第四节　图书馆学研究兴起

古巴比伦王国的寺庙废墟附近发现的大批公元前3000多年前的泥板文献是按照主题排列的，公元前7世纪的亚述巴尼拔皇宫图书馆的泥板文献上也刻有主题的标记，其目录被刻在收藏室的门旁和墙壁上。这可视为是在一种明确思想指导下的文献编目的起源。

公元前3世纪，亚历山大图书馆第一任正式馆长芝诺德图斯（Zenodotus of Ephesus，前325—前260）编纂了荷马❶的语汇，整理、校对了《伊利亚特》和《奥德赛》；他身后的第五任馆长阿里斯托芬（Aristophanes of Byzantium，前257—前约180）继续校订荷马等人的著作，还编纂了希腊辞典。芝诺德图斯和阿里斯托芬的校订工作，为荷马史诗权威版本的形成奠定了基础，为其今后的流传起到了积极的影响。

亚历山大图书馆第三任馆长卡利马科斯（Καλλίμαχος，约前305—前240），编成了该馆的名为《皮纳克斯》的解题目录，这说明当时已形成了比较完整的著录方法。

公元529年，圣·本尼狄克特（ST. BENEDICT of NURSIA，480—543）在罗马附近建立修道院并为其制定法规时，把读书当成使人信教修行的一种手段。此后的卡西奥多鲁斯（Flavius Magnus Aurelius Cassiodorus，约485—约580）在自撰的《宗教文献和世俗文献指南》中编了一份解题书目，这份目录在后来的若干世纪一直被作为修道院图书馆的藏书标准，他是第一个强调世俗文献对基督教的重要性的人。

1344年，英国外交官、藏书家伯里（Richard de Bury，1287—1345）写有一部带有中世纪色彩的图书馆理论书《爱书》❷。

这一时期，意大利著名文学家彼特拉克（Francesco Petrarca，1304—1374）、

---

❶ 荷马（Homēros，约前9—前8世纪），古希腊盲诗人。生平和生卒年月不可考。相传记述的公元前12—前11世纪的特洛伊战争及有关海上冒险故事的古希腊长篇叙事史诗《伊利亚特》和《奥德赛》，即是他根据民间流传的短歌综合编写而成。

❷ 在书中作者企图扭转当时僧院学术衰退的局面，从多方面提出建设图书馆的建议。

薄伽丘（Giovanni Boccaccio，1313—1375）等人遍访欧洲各国修道院图书馆，搜集湮没已久的古代作家手稿。他们力图从古代作家的作品中得到启发，摆脱中世纪经院哲学和教会的枷锁，重新认识世界。他们都建立了藏书丰富的私人图书馆。人文主义者还从近东抢救了许多古希腊典籍。当时的威尼斯和佛罗伦萨成为东方书籍的贸易中心。

与此同时，意大利等国具有人文主义思想的贵族、君侯、国王也纷纷建立图书馆，并不惜重金购买古籍和修建纪念馆。例如，意大利中部乌尔比诺城的费德里戈·达·蒙蒂菲尔特罗（Federico del da Montefeltro，1422—1482））公爵、那不勒斯国王阿尔丰素一世（Alfonso I，1396—1458）等都建造了规模可观的图书馆。

15世纪后半叶，匈牙利国王马提亚·科尔温（Matthias Corvinus，1440—1490）受意大利文艺复兴的影响，建立了驰名欧洲的皇家图书馆。1526年该馆惨遭土耳其军队抢掠，仅存图书百余卷。

16世纪的植物学和动物学的奠基人、瑞士文献学家格斯纳（Conrad Gesner，1516—1565）于1545—1555年编成《世界书目》，其中收录了1555年以前出版的拉丁文、希腊文和希伯来文的1.5万册书籍。德意志的法兰克福和莱比锡两地分别于1564年和1595年编撰图书市场目录。

17世纪后半叶到18世纪是欧洲的"启蒙时代"❶，资本主义生产力继续向前发展。崭新的哲学和新兴的科学有力地冲击了教会烦琐的哲学世界观。印刷术也有了进步。仅仅收集和保存图书的图书馆已不能适应时代的要求了，它必须对图书进行系统的、科学的组织和管理。科学家们希望把图书馆变成他们的研究室和实验室。在这一时代要求下，图书管理工作更加职业化，产生了掌握图书知识的专业人员，同时也出现了近代意义的图书馆学。

17、18世纪，也是西方书目工作快速进展的时期。帕尼齐（Anthony Panizzi，1797—1879）对英国和国际的图书馆事业做出了很多贡献，在他任第6任馆长时

---

❶ 启蒙时代或启蒙运动，又称理性时代，是指在17世纪及18世纪欧洲地区发生的一场知识及文化运动，该运动相信理性发展知识可以解决人类实存的基本问题。人类历史从此展开了在思潮、知识及媒体上的"启蒙"，开启现代化和现代性的发展历程。德意志哲学家康德以"敢于求知"的启蒙精神来阐述人类的理性担当。他认为启蒙运动是人类的最终解放时代，将人类意识从不成熟的无知和错误状态中解放。

(1856—1866），馆藏从52万册增至100万册。他制定了91条著录条例，为后来的编目规则奠定了基础；他还改变了大厅图书馆的建筑格局，建立了铁制结构的书库和圆顶阅览室，使图书馆建筑向前迈进了一步。

近代图书馆学的先驱除诺德外，还有德国的莱布尼茨（Gottfried Wilhelm Leibniz，1646—1716）、英国的利普修斯（Justus Lipsius，1547—1606）和杜里（John Dury，1596—1680）等。莱布尼茨认为，图书馆是人类的百科全书，科学研究工作的进展在很大程度上以图书馆能提供多少资料而定。在其理论指导下的德国哥廷根大学图书馆成为当时欧洲大学图书馆的楷模。利普修斯著有《论图书馆的结构》。而杜里所撰的《新式图书馆的管理者》一书则成为图书馆管理思想的萌芽。

德国图书馆学家、作家，近代图书馆学的奠基者施雷廷格（Martin Schrettinger，1772—1851）原是本尼狄克特派的修道士，1800年在修道院图书馆工作，1802年转至慕尼黑的皇家图书馆工作，1806年任该馆技术主管，1826—1844年任副馆长。施雷廷格从事图书馆工作的时间长达45年。

施雷廷格于1807年最早使用"图书馆学"（Bibliot-hekswissenschaft）这一学科名称，以表示图书馆学是一门独立的学科。1808年，施雷廷格将图书馆学的研究对象概括为藏书的整理，其内容是图书的配备和目录的编制。当时，图书馆的主要业务工作是整理图书，他的学术观点自然离不开对自身工作经验的理论概括。

1808—1829年间施雷廷格出版了2卷本的《图书馆学综合性试用教科书》，1835年又出版了该书的缩写本《图书馆学手册》。施雷廷格认为，图书馆的作用是将所收集到的相当数量的图书加以整理，并根据求知者的各种要求将图书提供给他们利用。图书馆工作的核心是目录的编制。因而图书馆管理必须成为一门专门而又独特的学科。图书馆学的内容就是符合图书馆目的的图书整理方面所必要的一切命题的总和。该书还在西方图书馆学史上第一次全面地阐述了图书馆目录的编制原理。

施雷廷格在实践中积累了丰富的图书整理工作经验。在图书分类方面，他反对过分严格地按科学体系分类的原则。他在慕尼黑的皇家图书馆❶采取简易的方法，将近10万册图书分成12个大类，200个小类，从而加快了图书整理的速度，该馆在1936年以前一直采用此法。在图书编目方面，施雷廷格提出了严格的要求。在分类工作结束后，他又全力投入关键词目录的编制，1819年独自完成了该馆的关键词目录。此后他又致力于主题目录的编制，至1851年逝世时，他为8万册图书编制了主题目录。施雷廷格是编制主题目录的先驱者之一。

施雷廷格还提倡图书馆职业的独立性，最早提出了建立专门学校培训图书馆员的设想。

丹麦的莫尔贝希（Christian Moltbech，1783—1857）、英国的帕尼齐（Anthony Panizzi，1797—1879）、德国的艾伯特（Friedrich Ebert，1871—1925）等人对藏书建设、分类编目、典藏保护和读者服务等在理论与方法上都进行了比较完整的经验总结，并用图书馆管理的概念加以涵盖。

以图书馆管理为研究对象的集大成者是杜威（Melvil Dewey，1851—1931）。他于1887年创办的哥伦比亚大学图书馆管理学院，其教学体系的核心是探求图书馆管理的"实际的效用和经营"。他的这一观点受到普遍重视，并具有广泛的影响。

进入20世纪30年代，美国的巴特勒（Pierce Butler，1886—1953）和后来的谢拉（Jesse H. Shera，1903—1982）等人，认为图书馆的管理和技术方法问题，不应成为图书馆学的主要研究对象，图书馆学应研究其理论基础和科学原理以建立图书馆哲学，从而揭示图书馆的本质特征和发展规律。

以巴特勒、谢拉为代表的观点，扩大了图书馆学研究对象的范围，有助于人们在更广大的实践范围内，在更深层的意义上进一步去科学地总结图书馆事业建设和图书馆工作的规律。

在中国，春秋时期，孔子和他的弟子们给《易经》一书和《尚书》《诗经》中的各篇做了必要的说明，这就是后世所称的大序和小序，它们为编目工作中提要的发展奠定了基础。

汉朝刘向（约前77—前6）、刘歆（约前53—公元23）父子的校书编目工

---

❶ 始建于1558年，1803年接受150多所教会和修道院图书馆的大批珍贵藏书，1829年易名为宫廷图书馆，1918年归巴伐利亚自由邦管辖，易名为巴伐利亚州立图书馆。第二次世界大战期间，该馆馆舍和约50万册藏书（大都是具有历史价值的珍本）毁于战火，1970年完成重建和扩建。

作，建立了中国封建时代图书馆工作的一个基本模式。刘歆在其父刘向《别录》的基础上编制《七略》，推出了中国最早的图书分类体系，《七略》作为一部系统目录，开创了一个典籍以六经为首，诸子以儒家为尊的"七略"分类体系[1]。自汉"六分"，晋"四部"，几经变化，到了唐代确定为"经史子集"四类，成为后世图书的主流分类体系。

宋代是中国古代图书馆学思想发展的重要时期，一大批学者开展了这方面的学术活动。南宋的程俱（1078—1144）和郑樵（1104—1162）是其中的代表人物。程俱在南宋首任秘书少临时，将北宋时期国家图书馆的沿革、职能、人员，藏书的征集、整理、典藏和利用等基本工作，总结成《麟台故事》一书，进呈朝廷。这是现存最早的有关国家图书馆事业的资料。郑樵在其《通志》的《艺文略》《校雠略》和《图谱略》等几部分中系统地提出了以藏书整理为核心、以流通利用为目的的思想。他根据前人和自己的经验，提出搜集图书的八种方法。他还提出了系统的图书分类理论，提出图书分类应以内容学科为主的原则。《校雠略》可以说是我国第一部图书分类著作。

在私人藏书极盛的明代和清代，一些藏书家开始总结自己的经验，一批论述藏书工作的著作相继出现，在一定程度上概括了封建社会图书馆工作的内容，其中科学价值较大的有明朝邱睿（约1420—1495）的《论图籍之储》和《访求遗书疏》、明末清初祁承爜（1562—1628）的《澹生堂藏书约》和《庚申整书小记》、曹溶（1613—1685年）的《流通古书约》、清朝孙从添（1692—1767）的《藏书纪要》、周永年（1730—1791）的《儒藏说》等。明清两代藏书工作理论和方法研究的丰硕成果大大超越了前朝，是中国古代图书馆学思想发展史上的一个高潮和总结，又为中国近代图书馆学的产生和发展奠定了基础。

---

[1] 据阮孝绪《七录序》载，刘歆的《七略》，是在其父《别录》的基础上，"撮其指要"而成。《别录》是刘向校书时所撰叙录全文的汇编，篇幅比较多。《七略》是摘取《别录》内容成书，比较简略，所以叫作"略"。《七录序》谓："其一篇即六篇之总最，故以辑略为名，次六艺略，次诸子略，次诗赋略，次兵书略，次数术略，次方技略"，故称《七略》。辑略为说明其他六略的意义与学术源流，阐述六略的相互关系和六略书籍的用途，是六略之总最，诸书之总要，相当于全书的概要。六艺略分易、书、诗、礼、乐、春秋、论语、孝经、小学九种。诸子略分儒、道、阴阳、法、名、墨、纵横、杂、农、小说十种。诗赋略分屈原赋之属、陆贾赋之属、孙卿赋之属、杂赋、歌诗五种。兵书略分兵权谋、兵形势、兵阴阳、兵技巧四种。数术略分天文、历谱、五行、蓍龟、杂占、刑法六种。方技略分医经、经方、房中、神仙四种。

20世纪30年代，图书馆学家刘国钧先生（字衡如，1898—1980）在其《图书馆学要旨》一书中提出，图书、人员、设备和方法四要素应成为分别研究的各种专门学问。1957年，刘国钧又发表了题为《什么是图书馆学》的文章，进一步发展了"要素"说，认为图书馆事业有图书、读者、领导和干部、建筑设备、工作方法等五项要素，并认为图书馆学所研究的对象就是图书馆事业及其各个组成要素，分别对这五项要素进行研究，就构成了图书馆学的整体。

1895年在布鲁塞尔成立的国际目录学会是图书馆界的第一个国际组织。以后几次改组易名，现名为国际文献联合会。这个组织在国际文献工作协作方面做了不少工作。1927年成立的国际图书馆协会联合会是图书馆界的国际合作组织。开始时参加的大都是欧美一些国家，以后范围又逐渐扩大。该组织在世界图书馆事业的协调合作中所起的作用已越来越显著。

联合国教科文组织《公共图书馆宣言》所言："人类基本价值的实现取决于信息灵通的公民在社会中行使民主权利和发挥积极作用的能力。人们的建设性参与和民主社会的发展有赖于令人满意的教育与无限制地利用知识、思想、文化和信息。"图书馆发展的历史，使人们形成了这样一个共识：为公民提供图书馆服务，是保证公民信息灵通的重要途径；公民利用图书馆进行自我教育从而提高"建设性参与"能力，是民主政治建设的需要。对此，巴特勒曾指出："图书馆这个社会机构是必需的启蒙大众的机构，图书馆也应当像学校一样，由政府方面给予资助，向选民发表可靠的消息是现代民主派的基本论点。"❶ 联合国教科文组织提出"公共图书馆是现代民主政治的产物"。

现代图书馆精神在于提供平等服务，避免社会排斥，关爱弱势群体，体现人文关怀。这种精神自然给人以安全、舒适、温馨、亲切的感受。正因为如此，曾任阿根廷国家图书馆馆长、享誉世界的著名作家和诗人的博尔赫斯（Jorge Luis Borges，1899—1986）曾慨叹道："天堂应该是图书馆的模样。"❷ 英国文化新闻

---

❶ P·巴特勒. 图书馆学导论（节选）[J]. 孔青，况能富，译. 图书与情报，1986（4）：96 – 100.
❷ 博尔赫斯的这句话出自他的一首诗《关于天赐的诗》。"天堂"一句的前后文如下：我心里一直都在暗暗设想，天堂应该是图书馆的模样；我昏昏然缓缓将空幽勘察，凭借着那迟疑无定的手杖。见 [阿根廷] 豪·路·博尔赫斯. 博尔赫斯全集·诗歌卷（上）[M]. 林之木，王永年，译. 宁波：浙江文艺出版社，2003.

体育部发表的报告《未来框架：新十年的公共图书馆、学习和信息》（2003）要求图书馆应该：免费吸收所有社区居民成为其用户，为社区提供安全、温馨、面向所有人的空间；充当社区的公共港湾；主动为非用户提供服务；为弱势群体提供信息保障；帮助建立社区身份意识，减少社会排斥。图书馆的这种社会包容精神，成为维护社会和谐的重要力量。

19世纪中叶以前，图书馆馆长往往由教授、学者兼任。他们多半不是为读者服务，而是要图书馆为他们服务。而作家、诗人歌德（Johann Wolfgang Von Goethe, 1749—1832）在管理魏玛公国图书馆和耶拿大学图书馆时从馆藏补充、目录编制到馆际互借都亲自过问，并曾计划编制联合目录。19世纪初以后，图书馆事业更加专业化，一批精明强干的专业图书馆员在德意志出现了，例如施梅勒（Johann Andreas Schmeller, 1785—1852），摇篮本专家海因（Konrad Haebler，1857—1946），图书馆学、目录学家弗里德里希·艾伯特（Friedrich Ebert, 1894—1979），马丁·施雷廷格（Martin Schrettinger, 1772—1851）等。他们多从事大型图书馆或学术图书馆的组织管理工作，同时也把图书馆的实践上升为理论。如艾伯特曾任德累斯顿的王室图书馆馆长，著有《论公共图书馆》（1811）和《图书馆员的教育》（约1821）；佩茨赫尔特编有《目录大全》（1866）、《德意志、奥地利和瑞士图书馆总览》（1844）、《图书馆学问答》（1856）等。德意志图书馆学杂志《萨拉匹斯神殿》以及报道图书馆学研究成果的《图书馆学文献通报》也于1840年创刊。专业图书馆员的出现和图书馆学的学术研究推动了图书馆事业的发展。

历史上第一次自觉地想到并使用图书馆学（Bibliotheksiwssenschart）的是马丁·施雷廷格（Martin wilibald Schrettinger, 1772—1851），他于1808年发表了历史性著作《图书馆学全教程试论》。

关于图书馆学的产生时间，人们的见解各异。不过，历史上最早使用"图书馆学"一词的是19世纪的法国。其创始人是青年宫廷图书馆员马丁·施雷廷格。然而从多方面来考察图书馆的并非是从马丁·施雷廷格开始的，沿着图书馆的历史发展进程可追溯到很远。诺德是近代图书馆学的创始人之一。但是，在诺德之前，已经有很多先驱者，不仅对图书馆而且对图书馆的一些具体活动，尤其是分类、目录等进行了研究。这些研究活动，可以称之为图书馆学史的史前史，同时也是图书馆学各个流派渊源。

　　随着图书馆学的形成，图书馆学教育也开始了。最早在大学开设图书馆学课程的是德国哥廷根大学，1886年由图书馆学教授齐亚茨科（QiyacikeKarl Franz Otto Dziatzko，1842—1903）开课。1887年，杜威在美国哥伦比亚大学设立了图书馆管理学院。杜威编制的《杜威十进分类法》和他倡导的目录卡片标准化等对全世界的图书馆产生了深远的影响。

　　美国的图书馆学教育起步较早，1887年建立的哥伦比亚大学图书馆管理学院是世界上第一所图书馆学校，它标志着图书馆学教育的正式开始。20世纪前后，美国图书馆学教育发展很快。1987年得到美国图书馆协会认可的美国和加拿大的图书馆学院有53所，其中20所还培养博士研究生。大多数院校是为公共图书馆、大学图书馆和专门图书馆培养专门人才。此外还有两年制的大学（又称初级学院）专门为中小学图书馆培养图书馆员。

　　法国的专业图书馆员分为两类：以保存图书为主要任务的图书馆员（但也越来越多地利用现代技术）；以利用现代情报工具为工作核心的"文献工作者"（也保存图书）。图书馆学教育主要针对培养这两类人员而进行。

　　苏联20世纪80年代中期有17所文化学院、43所教育学院和7所大学以及130所中等专业学校招收图书馆学专业的本科生和中专生，莫斯科和圣彼得堡的文化学院还培养研究生。每年毕业生约2万人，其中本科生五、六千人。1976年9月起，对原有的课程设置进行了调整，增加了文献学、情报学、数学和科技知识等内容，将按图书馆类型的专门化教育改为按学科文献工作专门化教育。在职培训主要通过夜大学、函授和讲习班等方式进行。1987年，苏联各系统图书馆的44万工作人员中受过高等和中等图书馆专业教育的约占60%，每年参加在职培训的达40万人左右。

　　中国、日本、印度、巴基斯坦、泰国、土耳其、以色列、韩国等国在一些大学设有图书馆学院、系或图书馆学专科。菲律宾大学的图书馆学院建于1914年，是该地区较早的一所，中国图书馆学家杜定友曾在该校学习。上述这些学院（系）主要是培养学士和硕士，能授予博士学位的有中国的北京大学和武汉大学，印度的新德里大学，巴基斯坦的卡拉奇大学，土耳其的安卡拉大学和伊斯坦布尔大学。大多数亚洲国家都经常举办各种形式的学习班培训图书馆员。联合国教科文组织曾在叙利亚的大马士革（1955）和黎巴嫩的贝鲁特（1959）举办过地区性的图书馆讲习班，以促进阿拉伯各国图书馆事业的发展。

第五节　现代世界图书馆学代表人物

一、德国

莱布尼茨（Gottfried WilhelmLeibniz，1646—1716）的图书馆学理论较为全面，不仅具体提出了"世界图书馆"（Universal Library）的观念，而且其明确指出了具有学术价值的藏书的重要性，他认为图书馆应该全力为科学研究服务。

施雷廷格（Martin Schrettinger，1772—1851）是现代图书馆学的奠基人，他在1807年最早使用"图书馆学"这一名称，这表明了图书馆学自此成为一个独立的知识系统。他于1808年出版《图书馆学综合性试用教科书》，第一次自觉设想了图书馆学的理论体系，并强调了图书馆职业的独立性，因此他建议设置专门训练机构传授有关图书馆学的知识与技能。

齐亚茨科（Karl Franz Otto Dziatzko，1842—1903）于1886年创办世界上第一个图书馆专业培训机构——格丁根大学图书馆讲座，开设目录学、书写及印刷史、古文书学、图书馆经营法等科目。

卡尔施泰特（PeterKarstedt，1909—1988）在其著作《图书馆社会学之研究》（1954）中提出"图书馆社会学"理论，即图书馆发生和发展的社会性原因在于"社会形象"（图书馆创建者）是否永久，社会形象越抽象，图书馆的生命力就越强，其公开性也越大（历史社会学）。社会形象内部及背后隐藏着某种社会精神，图书馆是维持和传播社会精神所必不可少的社会机构（体系社会学）。图书是客观精神的容器，图书馆是主观精神与客观精神发生联系的场所（知识社会学）。

二、法国

诺德（Cabriel Naude，1600—1653）被誉为欧洲"图书馆学思想的开山鼻祖"，他在1627年发表的图书馆学理论著作——《关于图书馆建设的意见》一书，被称为确立了图书馆学一般原理的"最早的图书馆学概论"。诺德从 1622 年开始从事图书馆工作，他于 1627 年出版《关于图书馆建设的意见》（*Adris pour dresserune bibliothèque*）一书，这是欧洲第一本关于图书馆学理论的书籍，共 13 章。诺德在书中设想了一所标准的、完美的"世界图书馆"的雏形，并探讨了建立图书馆的目的以及图书馆的藏书、管理、馆舍结构和图书馆管理人员的职责等问题，其中的诸多观点至今仍具有较大的启示和借鉴意义。

德利尔（Léopold Victor Delisle，1826—1910），1871—1874 年任法国国家图书馆写本部主任，1874—1905 年任馆长，为该馆的扩建和改进倾注了大量心血。他淘汰了 19 世纪末在该馆使用的 50 多种不同规格的目录和辅助索引，用 20 年时间（1874—1893）主持编制了一套统一的馆藏字顺卡片目录。编制了书本式馆藏著者目录——《国家图书馆馆藏印刷图书总目》，1900 年出版第 1 卷。他为第一卷所撰写的序言是图书馆目录学史上重要文献之一。该总目由后人续编，至 1981 年编到第 231 卷，与《不列颠博物院字顺馆藏目录》并称为是世界书目中的双璧。1868—1881 年他编制了一部 3 卷本的写本目录——《国家图书馆馆藏写本集》，是中世纪法国图书馆史和文化史的重要资料目录之一。1886 年，他发表了《写本和摇篮本著录条例》，1889 年发表了法文普通书籍的著录条例。

三、英国

杜里（John Dury，1596—1680）于 1650 年发表《新式图书馆的管理者》（*The Reformed Librarie-keeper*）一书，认为图书馆员的职责应该是学问的向导与读者和图书馆之间的媒介。主张应该对图书馆员进行系统的训练，使其具有崇高的信念，掌握精深的学问，并给予其充分的荣誉和优厚的待遇；依靠优秀的图书馆员，图书馆将成为推动人类进步的巨大动力。

帕尼齐（Antonio Ponizzl，1797—1879）出版《91 条著录规则》，确定了以著者为著录核心的编目原则。提出图书馆应向所有人开放、实现呈缴本制度等，被誉为"图书馆界的拿破仑"。

爱德华兹（Edward Edwards，1812—1886）在《图书馆纪要》一书中，阐述了公共图书馆理论的两个原则（图书馆不应受政党影响，图书馆是公益事业）以及图书馆的采购、藏书、寄赠、分类、索引、管理制度等专题知识，被誉为英国图书馆学和公共图书馆运动的先驱。

四、美国

杜威（MELVIL Dewey，1851—1931）是"实用学派图书馆学"的代表，不追求理论上的完整体系，而只是从实用的观点出发来设法解决一个实际问题。发明《杜威十进分类法》，与卡特的《展开式分类法》《美国国会图书馆分类法》并称为美国图书馆三大分类法，也是世界上影响最大、使用年限最久的一部分类法。1887年，杜威创办世界上第一所图书馆学校"哥伦比亚学院图书馆经营学校"，所开课程以实用技术为主，把图书馆学变成一种职业教育。

巴特勒（Butler Pierce，1744—1822）试图将科学方法系统引入图书馆学研究的第一人，他把读书现象与图书馆的本质属性联系起来加以研究，认为图书馆学的研究对象是图书与读书现象。

谢拉（Jesse Hauk Shera，1903—1982）在其著作《图书馆学引论》（1976）中，努力宣传"社会认识论"思想，关注知识的交流和消耗、知识与社会的互动、知识中介（图书馆）作用的发挥。

兰开斯特（Frederick Wilfrid Lancaster，1933—2013）在其《电子时代的图书馆和图书馆员》（1982）一书中预言，未来20年人类经进入无纸社会，图书馆将完全消失，蜕变为保存印刷资料的档案机构。

五、俄罗斯

鲁巴金（Николай лександрович Рубакин，1862—1946）在俄国首创图书心理学，力求详细研究读者心理、作家与读者关系、图书对人的影响等，他还强调研究方法的重要性。在其1895年出版的《俄国读者初探》著作中论述了俄国的读者情况，并对俄国图书馆的作用进行了探讨。他认为图书馆应当"民主化"，应该给予全体人民真正利用图书馆的机会，图书馆必须深入到读者中去吸引他们；图书馆员要有民主意识和良好的素质，必须对读者需求的社会心理、图书的利用和阅读指导方法等有深刻的了解；图书馆是由藏书与读者这两个基本要素构成，图书馆的目标、任务、作用、地位都离不开读者；图书馆学基础理论既要研究图书馆性质、目标、任务、作用、地位，又要研究读者。

丘巴良（Оган Степанович Чубарьян，1908—1976）在 1976 年出版的《普通图书馆学》中提出，苏联的图书馆学是研究作为大众社会传播形式之一的图书馆工作过程的发展规律、属性、性质和结构的社会科学。

六、日本

加藤宗厚（1895—1976）1935 年曾来中国访问，参观了当时北平等地的图书馆，回国后于 1936 年撰写《中国华北图书馆见闻》，对当时北平图书馆的某些工作予以肯定，为此遭受日本当局责难。20 世纪 30 年代后期，积极推动日本的图书馆运动，曾参与《日本件名标目表》编制工作。1948 年参加《日本新图书馆法》和《国会图书馆法》的制定工作。主要著作有《比较分类法概说》（1939）、《主题目录》（1953）、《图书的分类》（1954）、《图书分类法要说》（1957）和《最后的国立图书馆》（1976）等。

弥吉光长（1900—1983）曾任上野图书馆整理科科长，东京帝国大学、东京女子大学讲师，奉天图书馆馆长。1947 年 9 月回日本。1948 年起先后任日本国立国会图书馆收集部、整理部和参考部主任，日本图书馆协会常务理事，图书选定委员会主任。主要著作有《参考图书的解题》《图书的选择》《图书馆通论》和《弥吉光长著作集》等。

长泽规矩也（1902—1980）被称为书志学家、图书学家，曾先后为静嘉堂文库等 30 多家藏书单位整理和搜集中国古籍。由于长泽精于识书、购书。北京图书馆就专门委派人员，在长泽购书旅程的杭州、南京、苏州等沿线，一路抢先，严防好书落入长泽之手。但颇让长泽得意的是，即使在这样的情形下，他仍然不无收获：在苏州他意外地以低廉的价格买到了在日本极为罕见的金陵小字本《本草纲目》，以及日本复刻宋刊本《千金方》。

他的主要著作有《书目学论考》（1937）、《中国版本目录学书籍解题》（1940）、《汉籍整理法》（1974）、《古书目录法解说》（1976）等。

七、印度

阮冈纳赞（Ranganathan, Shiyali Ramamrita, 1892—1972）在图书馆理论研究领域提出"图书馆学五定律"：

（1）书是为了用的；

（2）每个读者有其书；

（3）每本书有其读者；

（4）节省读者的时间；

（5）图书馆是一个生长着的有机体。

"图书馆学五定律"深刻揭示了图书馆工作与图书馆学的最终目标，体现出阮冈纳赞"读者第一"的人文思想。

此外，阮冈纳赞发明了独具特色的"冒号分类法"，采用分面组配方式构造完整的分类号。

八、中国

沈祖荣（1883—1977）在20世纪三四十年代，为中国培养出一批图书专业人才。1941年，他在文华图书馆专科学校创办档案管理科，此举开中国档案学教育之先。

沈祖荣先生与胡庆生先生合编了《仿杜威书目十类法》。这一分类法在学习新技术编制图书分类法方面具有划时代的贡献。在此之前，图书馆界的普遍做法是新旧书籍分别采用不同的分类法，这给管理和利用都带来了诸多不便。而《仿杜威书目十类法》将中西类目结合起来，是中国第一个仿"杜威法"而为中文书所编的且用标记符号代表类目的新型分类法。

1917年，沈祖荣先生发起了席卷全国的"新图书馆运动"。"新图书馆运动"是一个推广、普及近代图书馆的运动，前后持续了10年左右的时间，对于在国内初步建立近代图书馆体系，实现图书馆读者对象普遍化，图书馆藏书逐渐合理化，图书馆管理科学化等都产生了重大和深远的影响。

杜定友（1898—1967）在图书馆学基础理论、图书分类学、图书馆目录学、图书馆管理、图书馆建筑等领域皆有突出贡献。其图书馆学研究的最大特点是理论与实践融为一体，创新意识非常强。他提出：

（1）图书馆"三位一体"（书、人、法），不同时代重心不同；

（2）图书馆学应由原理与应用两个层面组成；

（3）中外书籍要统一分类；

（4）字根学说的发明与创立；

（5）给地方文献下定义和划定范围。

刘国钧（1899—1980）在图书馆学基础理论、图书分类、图书编目、中国图书史、图书馆工作自动化等领域有着突出贡献。其图书馆学研究的最大特点是逻辑性极强，善于说明事理并提升层次，给人以条分缕析的深刻印象。他提出：

（1）图书馆学研究要细化成五个要素（图书、读者、领导和干部、建筑与设备、工作方法）；

（2）好的分类法应具备四个部分（系统表、理论的基础、索引、分类条例），分类目录应是宣传图书、指导阅读的工具；

（3）率先介绍西方机读目录。

第六节　图书馆学中的读者心理研究

一、用户信息行为研究

胡昌平在其著作《信息服务与用户》[1]和《信息服务与用户研究》[2]用专门的章节对用户（读者）信息心理进行了研究。提出用户信息行为与信息心理的具体联系。相似的研究还有柯平[3]、顾立平[4]等人。

1. 信息查寻行为

用户为满足其对医药信息的需求，必然会在某种信息动机的支配下采取相应的信息行动。用户首先要采取的行动就是信息查寻。信息查寻行为即用户查找、采集、寻求所需信息的活动。

在不同的环境中，用户的信息查寻行为也表现出不同的形式。英国学者威尔逊（T. W. Wilson）将用户的信息查寻行为作了归纳，将用户的信息查寻行为归

---

[1] 胡昌平. 信息服务与用户 [M]. 武汉：武汉大学出版社，2008.
[2] 胡昌平，乔欢. 信息服务与用户研究 [M]. 武汉：武汉大学出版社，2001.
[3] 柯平. 信息咨询概论 [M]. 北京：科学出版社，2008.
[4] 顾立平. 开放获取与信息服务 [M]. 北京：科学技术文献出版社，2016.

纳为三类。

（1）个人途径，用户不依赖任何信息系统，而是利用个人途径来查寻信息。主要包括通过与同行、同事的交往，查寻和获取非正式文献信息和其他信息；从业务工作往来单位或相关部门人员处查寻和获取非正式文献信息；直接从社会中查寻和获取非正式文献信息和其他信息；通过与同行同事和工作环境的接触查寻和获取正式的文献信息。

（2）服务支持，用户借助于信息人员提供的服务查寻信息。包括借助于信息服务人员，通过"技术"查寻和获取文献信息和其他信息；借助于信息人员提供的服务，查寻和获取正式文献信息（包括通过代查、委托搜集等业务获取正式文献信息）；借助于信息人员提供的服务，获取非正式文献信息和其他信息。

（3）技术支持，用户通过"技术"直接使用信息系统的查寻设备查寻和获取信息。一方面，使用查寻设备得到"线索"，最终获取正式的原始文献信息；另一方面，使用查寻设备得到"线索"，最终获取非正式的原始文献信息和其他信息。

用户往往要寻找合适的信息查寻渠道，以便高效快捷地获取所需信息。一般来说，每个用户经过多次信息查寻实践活动后就会逐渐形成适合于自己的相对稳定的信息查寻路线，表现出一定的查寻行为规律。

2. 信息选择行为

用户信息选择活动贯穿信息活动的始终。自从人们产生了信息需要，就出现了自觉或不自觉的选择活动。前文中指出，当具有信息需要的用户认识到自己的需要（即形成信息需求），就有可能把它表达出来。这时，用户首先面临的选择问题是进行信息需要表达的必要性与可行性分析（是否表达）。一旦用户决定表达出其信息需要，就产生了两个方面的选择问题：一方面是表达对象的选择问题，即选择适当的信息源以发生必要的信息查寻行为（向谁表达）；另一方面是表达方式的选择问题，即在选定信息源之后，用户还要选择恰当的提问方式，以便使提问能充分代表自己的信息需要并且能获得信息源的最大接受与理解（如何表达）。经过用户与信息源的交互作用，用户获取了信息源提供的信息，这时，选择活动就进入了信息选择阶段。

用户的信息需要是复杂多变的,对于不同的用户在不同的时间、地点环境条件下都可能有不同的信息选择标准。按照信息选择活动的发展层次,信息选择的核心标准有两个:一是相关性(Relevance)。美国的萨拉塞维奇(T. Saracevic)以最概括的语言对相关性做出了如下的定义:"相关性是交流过程中来源与终点(接收者)之间接触效率的量度"。我们认为,相关性是指信息内容与用户提问的关联程度。例如,某一篇文献在主题上与用户的提问相吻合,我们就说这篇文献是相关性文献。因此,凡是论述同一主题或属于同一领域的文献信息都可以认为是相关的,而不考虑其水平高低。二是适用性(Applicability)。实际上,相关性并未告诉我们满足用户客观信息需要的程度。例如,某些检出的文献可能匹配了用户的现实需求,却未匹配用户认识到的需要,更未匹配用户客观的信息需要。因此,仅有相关性指标是不足以表明查寻结果的价值的。特别是在信息泛滥的今天,用户真正需要的是精练的适用性信息,而不仅仅是数量庞大的相关性信息。

适用性表示的是最终用户对查寻结果的价值判定,它反映了特定时间内查寻结果,以满足用户客观信息需要的程度。适用选择是在相关选择的基础上深入一个层次的选优活动,通常以信息元(或知识元,如一个事实、一则定义、一种观点、一组数据等)为单位,最终必须由用户自己完成。因为适用选择的最后结果要求与用户水平、当前需要相一致,而只有用户本人才能作出这种适用性判断。

3. 信息利用行为

用户利用信息作为信息活动的最后一个环节,在认识需求、获取信息的基础上进行。

(1)问题解决。用户获取信息的目的是为了有效地利用信息,使他所面临的问题最终得以解决。因此,用户的信息利用行为与问题解决是紧密联系在一起的。一般来说,当人们面临一项任务而又没有直接的手段去完成时就出现了问题。一旦获得了某些信息,找到了完成任务的手段或方法,问题就可以得到解决。

现实生活中的问题是各种各样的,问题解决的过程也不尽相同,但所有的问题解决活动都具有共同的基本特征。安德森(J. R. Anderson)提出了关于问题解决的三个基本特征：目标指向，对问题有明确的目标，并受这个目标的指引；操作系列，要在目标指引下进行一系列的心理操作；认知操作。

认知心理学认为，一项活动必须完全符合这三条标准方可称为问题解决。用户的问题解决活动是用户利用信息来解决工作和生活中所面临问题的过程，也就是在特定的目标指引下，把经过选择的信息与待解决的问题匹配的过程，通过对匹配结果的不断反馈来修正其信息行为，直至使问题得以解决。在工作和生活中，每个人都会经常遇到各种各样或大或小的问题。这些问题从理论上说都可以通过信息行为来促进解决，但是，在信息需要—信息需求—信息提问（查寻）—信息选择—信息利用的过程中存在着许多影响用户信息行为的因素，使并非每个需要信息的人都有同样的机会和能力去利用信息。其中，用户的信息吸收能力是影响信息使用效果的重要因素。

（2）信息吸收。信息一经被用户接受，便会作用于用户。在信息与用户的相互作用过程中，信息发挥着特殊作用，而用户总会做出程度不同的"吸收反应"，甚至进行所谓的再创造活动。

信息对用户的作用和影响结果称为信息效益。信息对用户的作用是复杂的，即使是同一信息，给不同用户所带来的效益也不一样，其效益的大小取决于用户所做出的反应和吸收的程度。

用户接收某一信息后有可能出现几种反应情况：无反应；消极对待；积极对待；迅速产生反应；立即产生反应。第一、二类反应多为工作性质与此信息无关，而又对此无个人兴趣的那些用户做出的；第三、四类多为在与此相关的领域工作的用户；第五类为信息"创造"者的同行，甚至进行同一课题研究的那些人。从综合角度看，用户对信息的反应和吸收取决于以下几个方面：用户对信息的关心程度；用户对信息的理解程度；用户受信息的影响程度；用户对信息效益的期望程度；用户与信息创造者工作性质的相似程度；用户实际工作对信息的需要程度。此外，用户信息需求的满足和信息效益的发挥还与提供信息的内容、方式和时机等因素有关。

用户利用信息的机理可归纳为接收信息、理解信息、吸收信息、扩充知识、指导行为、创造新信息等过程，其中心环节是对信息的吸收。

用户的信息行为就是用户自觉解决问题从而获取和使用信息的活动。对用户信息行为的这种理解，从行为的主体、外界刺激、主体的目标、主体的活动等方面做出了较为明确的界定。

用户信息行为的主体当然是信息用户，而不是信息的生产者和提供者。用户的认知、情感和意向等主体性要素在信息意识和自我意识之间的耦合、协同和整合，导致其信息行为的产生。

用户信息行为的外界刺激主要是信息和信息环境。信息本身的意义（如对用户关系重大或可有可无）对用户信息行为有重要影响，信息环境中信息的可得性和易接近性等，对用户信息行为也有制约和激励的作用。这表明用户信息行为有明显的对象性，既指向具体信息，又有难度特征。用户在信息环境中克服困难，获取具体信息的过程就是信息行为过程。

用户信息行为的目标是解决问题。为了这个目标，用户会确定相对具体的阶段性目的，如查询、吸收所需信息，通过行为过程的各种阶段性目的的实现，求得问题的最终解决。因此，用户信息行为也是用户使用已取得的信息成果解决问题的过程。

用户的活动是用户动机驱使的结果，它以动作为基本组成部分。动作就是由于动机的激励而指向并服从自觉目的的过程，由各种操作构成。操作是运用必要的条件对各种刺激的反应，因而它直接取决于达到目的的条件。这就是说，用户以信息和信息环境为对象的操作构成了服务于某种目的的信息动作，各种动作组成了信息活动，这些信息活动的有机结合就成了用户的信息行为。

4. 用户信息行为的穆尔斯定律

信息和信息服务的可获得性以及信息资源和信息系统的易用性是决定信息用户是否利用某种信息服务的最重要因素。可获得性是由信息源的物质载体、信息源及信息机构的地理位置等因素所决定的。它是信息及信息服务是否方便获取和使用的属性。美国的许多调查表明，用户对信息源的选择或对信息服务的选择几乎都是建立在可获得性的基础上的，最便于获得的信息源或最便于利用的信息服务首先被选用，对质量可靠性的要求则是第二位的。例如，几乎每一个国家用本国文字出版的科学文献总是被用户使用得最多的信息源。索普调查发现，用户使用的信息资料中，57%来源于其个人书库，大约26%来源于用户所在单位的图书馆，大约10%来自较远的图书馆。这些数据有力地说明了信息的可获得性对信息需求行为的巨大影响。

信息系统（主要指信息检索系统）的易用性存在着著名的穆尔斯（Mooers）定律。该定律指出："一个信息检索系统，如果对用户来说，他取得信息要比不取得信息更伤脑筋和麻烦的话，这个系统就不会得到利用。"这个定律实际上是著名的齐夫定律的一个具体应用。信息用户总是希望检索系统越便于使用越好，越是简便易用的检索系统，用户使用的频率也越高。反之，则很少有用户去使用，这正是"省力法则"的体现。

5. 用户查询信息的行为习惯

用户寻求信息的过程是：首先从个人的资料库（个人藏书或个人文档）中查询，然后转向非正式渠道，取得同行的帮助。只有在这些方法不能达到解决问题的目的时，才考虑到利用信息系统的信息服务，如利用图书馆和信息中心。这种行为特点具有两种原因：一是易用性；二是可获得性。例如，当某人手头拥有一项英文专利说明书，而该说明书又恰恰是他无法阅读的文种时，那么，由于易用性的约束，他的信息行为将很快转向正式渠道。又如，某用户经常利用某信息机构的服务，当类似的信息需求出现，而用户以前类似的信息需求又得到满足时，信息用户的信息行为将违背常理，不去寻求同行的帮助，而是直接利用正式渠道的信息服务。用户行为的这种规律实际上也是"省力法则"的表现，是一种自然培养的行为习惯。

6. 用户查询信息渠道的选择规律

任何人都是既通过非正式渠道，也通过正式渠道来查寻所需信息的，只不过是各类用户，甚至每个人的侧重点不一样罢了。对许多用户来说，非正式渠道被认为比正式渠道更为重要。虽然非正式渠道不如正式渠道严谨和可靠，但由于可获得性和易用性以及用户的习惯等原因，非正式渠道至今仍在信息交流系统中占有重要地位。

7. 用户向信息机构咨询的行为倾向

用户在向信息服务人员提出咨询时，有一种强烈的倾向，即他的提问所表达的往往是他认为该信息中心能够提供给他的东西，而不是他真正想要的东西。如果用户所表达出来的需求小于实际需求，结果必然造成所需信息的漏检；反之，如果用户所表达出来的信息需求远远大于他的实际需求，就会造成检索范围扩大，冗余信息增多，针对性差。

综上所述，用户的信息行为是一个涉及多学科的研究论题，深入研究下去，可发现更多的规律性。以这些规律性为指导，准确地、动态地分析和把握特定用户的信息需求，可以更合理地组织信息资源并最大限度地满足用户的信息需求。

二、读者阅读需求

读者是构成图书馆的重要因素，没有读者就根本不会有图书馆，也不需要图书馆。图书馆应当让"每个读者有其书，每本书有其读者"。因为图书馆的社会价值是通过实现文献信息价值而得以实现的，而文献信息的价值是由读者实现的。图书馆收藏文献信息，并对其进行一系列的加工整理，最终目的是要通过广大读者充分地加以有效利用，从而把文献信息的潜在价值变为现实价值。文献利用率越高，图书馆的价值就越大。

读者需求是图书馆立足的重要平台，决定着图书馆的生存与发展。读者需求不是一成不变的，它随着时代变化而变化。

德国图书馆学家施雷廷格早在 1808 年出版的《试用图书馆学教科书大全》一书中指出："我所说的图书馆，是将收集的相当数量的图书，加以整理，根据求知者的各种要求，不费时间地提供他们利用。"美国图书馆学家杜威认为，"读者需求高于一切，图书馆员不仅要为读者提供阅览服务，也要为读者提供情报，回答读者五花八门的问题，乃至于为读者演唱歌曲和讲故事，图书馆的目标是'以最低的成本，最好的图书，为最多的读者服务'"[1]。

印度图书馆学家阮冈纳赞的《图书馆学五法则》更是把读者第一的思想表

---

[1] 周文骏. 图书馆学百科全书 [M]. 北京：中国大百科全书出版社，1993.

达得淋漓尽致。美国图书馆自动化专家克劳福特和戈曼在其代表作《未来的图书馆：梦想、狂热和现实》中提出图书馆学新的五法则，"图书馆是为人类服务的""智慧地利用信息技术以改进服务"为其中二条法则，而且"服务"是第一位的。我国图书馆学家杜定友认为，图书馆有书、人和法三个要素。书，指图与书等一切文化记载；人，即阅读者；法，包括设备、管理方法与管理人才，三要素中杜定友强调"人"（阅读者）的重要性，并要求以"人"为目标来管理图书馆。说明他已经看到读者需求是图书馆事业发展之动力这一关键命题。王子舟❶认为，知识集合是用科学方法把客观知识元素有序组织起来，知识集合的存在意义是保存或传播知识，为人提供知识服务。❷

三、阅读的心理活动

阅读是人类社会的一项基本活动。人们在阅读时，调动了身体多种器官的功能，而且自始至终伴随着各样的思维活动。人的心理活动在很大程度上支配着阅读活动，决定其阅读活动的断续、阅读兴趣的浓淡、阅读理解的深浅和阅读收获。阅读心理活动，贯穿于阅读过程的始终。

人类的一切行为，不管是自觉的还是不自觉的，总会有其动因，即为一定的动机所驱使；而在行为过程中，又总会出现各种各样的情绪。认知心理学家认为，"动机是行为发生与改变的内在动力，情绪则是动机满足与否所带来的行为反应，两者性质虽不尽相同，但有连带关系。"所以人们总是将二者联在一起进行研究，并在心理学上形成了一个独立的分支。

心理学家们对动机作了不同的分类，或分为"原始性动机"与"衍生性动机"，或分为"生物性动机"与"社会性动机"，或分为"原始性动机"与"学得性动机"，或分为"生理性动机"与"心理性动机"等。阅读动机属于心理性动机。至于其他动机，则会因人、因时、因书、因事而异，恐难一言以蔽之，如旅途中，有的人会闭目养神，有的人会相互聊天，有的人会打牌下棋，有的人会读书看报，这都是由不同的动机所驱使。而在这手不释卷的人群中，其阅读动机

---

❶ 王子舟. 知识集合初论对图书馆研究对象的探讨 [J]. 中国图书馆学报, 2000 (4).
❷ 阮冈纳赞. 图书馆学五定律 [M]. 夏云, 等, 译. 北京：书目文献出版社, 1988.

又会各不相同,据调查,虽有很多人是为了消遣解闷,但持其他动机者亦有之。

人们在阅读过程中,由于阅读动机所获满足的程度和文献内容对自己心灵的冲击,常常会产生喜爱与厌烦,快乐与忧愁、浮躁与执着,满足与遗憾,焦虑与顿悟等强弱不同的情绪。从认知心理学观点来审视,前者是阅读心理产生的本因,后者是产生阅读情绪的诱因。

心理学研究表明,动机和情绪对行为会产生一种驱动力量,即不仅能促发行为的发生,而且对行为起着导向和维持作用,推动行为向既定目标前进。阅读动机既能促使人们开启书卷,又能引导人们朝预定目标努力,还能不断地提供动力,保证阅读活动的持续进行。一般说来,这种驱动力量的强弱和久暂,取决于动机的高低和大小,动机越高、越大,其所产生的驱动力量就越强劲、越持久。

阅读的主体是人,其动机与情绪正确与否,唯有读者自己最清楚。所以,端正动机和调适情绪,归根结底,要由读者自己去完成。对于初涉阅读者来说,应志存高远,明确目的,端正态度,掌握方法,养成良好的阅读习惯,在崇高而又切实的起点上起步。而欲让自己坚持阅读,则要注意培养毅力,树立信心。按照心理学的观点,自我有效感是动机模式中的核心成分,激发自己的动机,必须对自己的能力有坚定的信心,因为能力信念会直接影响人的行为。同时,既要树立成功的榜样,借鉴别人的经验;也要从个人阅读效果中体验成功的喜悦,确立自我参照标准;更要进行必要的归因训练,学会正确的归因方式,即多从主观方面找原因,既充分肯定自己的进步和能力,又不规避个人的努力不够乃至方法、策略上的欠缺。

第四章
阅读心理学的研究与应用

阅读心理学与心理学的其他分支如认知心理学、教育心理学一样，有其特定的研究对象。为了讨论阅读心理学的研究对象，我们首先必须弄清楚，什么叫作"阅读"。

第一节 阅 读

一、会么是阅读

阅读是人类社会的一种重要的活动。这种活动是随文字的产生而产生的。由于有了文字，就可以把语言的声音信息转化为视觉信息，并把它长期地保持下来。这样就突破了语言在时间上和空间上的限制，使人类社会所积累起来的经验能够系统地保留和传播，使人类社会能够发展并创造出光辉灿烂的文化。

阅读是从视觉材料中获取信息的过程。视觉材料主要是文字和图片，也包括符号、公式、图表等。首先是把视觉材料变成声音，达到对视觉材料的理解。阅读是一种主动的过程，是由阅读者根据不同的目的加以调节控制的，能陶冶人们的情操，提升自我修养。阅读是一种理解、领悟、吸收、鉴赏、评价和探究文章的思维过程。

关于阅读的定义，中国社会科学院语言研究所编的《现代汉语词典》释为："看（书报）并领会其内容。"

道林和莱昂[1]认为阅读是对于记号的解释。"记号"有两种：一种是自然现象，例如看手相的人阅读手上的线条，打猎的人阅读野兽的足迹和老农阅读天象；另一种则是一种任意的符号，如地图、文字、盲文等，它们都是由于实际的目的而有意地创造出来的。一般所说的阅读应该是后一种较为狭隘的阅读，这一种阅读正是教师、家长和心理学家所关心的。

阅读的定义也可以分为两类。一类强调的是译码的过程；一类强调意义的获得。前者有的强调的是从视觉信号到听觉信号的一种转变，后者则认为阅读中的译码不是把信号转变为声音，而是把它转变成意义。

---

[1] Downing J, Leong C. K. Psychology of reading [M]. New YorK: Macmillam, 1982.

把阅读定义为对于符号的解释，可以比较深入地了解人类在加工各种符号时的共同心理特点以及在加工符号时的心理发展历程。

狭隘地讲，阅读就是从书面材料中提取意义的过程。史密斯[1]认为，阅读乃是向文本提出问题，而阅读理解则是使你的问题得到回答。吉布森和利文[2]认为，阅读乃是从课文中提取意义的过程。为了能够从文本中提取意义，需要做到：把书写符号译码为声音；具有相应的心理词典，因而可以从语文记忆中获得书写词的意义；能够把这些词的意义进行整合。他们的定义包括了阅读过程中加工的各级水平。最后经过不断的修改，我们认为，阅读是从书面材料中获取信息并影响读者的非智力因素的过程。

朗读是一种阅读方式。朗读是指出声诵读，默读则指没有明显发声的诵读。在某些情况下，如诗词欣赏，朗读有特殊功用，可高度集中注意力，但就从书面材料中获取知识而言，默读更为重要，理解文字材料主要靠默读。阅读时的眼动是一系列的跳动，跳动本身历时很短，而且不能产生对文字的清晰视觉。对文字的清晰视觉都是在注视时得到的。

影响阅读理解的外部因素包括文字材料和情境的物理特点，如照明条件、文字的字体、型号等；文字材料的易读度，如字词的常用程度，句子的长短与结构的繁简，命题密度（即在一定长度的材料中出现的概念数）等；材料的概括与抽象程度；由外部确定的阅读目的等。影响阅读理解的内部因素主要是阅读者的知识基础。此外，阅读者的注意力、记忆和思维也都是重要的内部因素[3]。

二、阅读的四种方法

1. 信息式阅读法

这类阅读的目的只是为了了解情况。人们阅读报纸、广告、说明书等属于这种阅读方法。对于大多数这类资料，读者应该使用一目十行的速读法，眼睛像电

---

[1] Frank Smith. Reading [M]. Cambridge University Press, 1998.
[2] Gibson E. J., Levin, H. [M]. The psychology of reading [M]. Cambridge：MIT Press, 1975.
[3] 邓铸. 应用实验心理学 [M]. 上海：上海教育出版社, 2006.

子扫描一样地在文字间快速浏览，及时捕捉自己所需的内容，舍弃无关的部分。任何人想及时了解当前形势或者研究某一段历史，速读法是不可少的，然而，是否需要中断、精读或停顿下来稍加思考，视所读的材料而定。

2. 文学作品阅读法

文学作品除了内容之外，还有修辞和韵律上的意义。因此阅读时应该非常缓慢，自己要能听到其中每一个词的声音，嘴唇没动，是因为偷懒。例如读"压力"这个词时，喉部肌肉应同时运动。阅读诗词更要注意听到声音，即使是一行诗中漏掉了一个音节，照样也能听得出来。阅读散文要注意它的韵律，聆听词句前后的声音，还需要从隐喻或词与词之间的组合中获取自己的感知。文学家的作品，唯有充分运用这种接受语言的能力，才能汲取他们的聪明才智、想象能力和写作技巧。这种依赖耳听——通过眼睛接受文字信号，将它们转译成声音，到达喉咙，然后加以理解的阅读方法，最终同我们的臆想能力相关。

3. 经典著作阅读法

这种方法用来阅读哲学、经济、军事和古典著作。阅读这些著作要像读文学作品一样慢，但读者的眼睛经常离开书本，对书中的一字一句都细加思索，捕捉作者的真正的用意，从而理解其中深奥的哲理。值得注意的是，如果用经典著作阅读法阅读文学作品，往往容易忽略文学作品的特色，使读者自己钻进所谓文学观念史的牛角尖中去。

4. 麻醉性的阅读法

这种阅读只是为了消遣。如同服用麻醉品那样使读者忘却了自己的存在，飘飘然于无限的幻想之中。这类读者一般对自己的经历和感受不感兴趣，把自己完全置身于书本之外。如果使用麻醉性的阅读方法阅读名著，读者只能得到一些已经添加了自己的幻想的肤浅的情节，使不朽的名著下降到鸳鸯蝴蝶派作家的庸俗作品的水平。

三、阅读的不同种类

1. 以阅读时是否发音为标准

以阅读时是否出声音为标准，可以分为朗读、默读和视读三类。朗读多半在少儿识字、读书背诵时使用，或因老师需要了解学生是否真的会读，或做检验学生阅读能力等方面使用；而默读则是表面没有发出声音，而大脑中仍然在默念阅读时的文字或符号读音的阅读，这种阅读是当今最为大多数人所熟悉并使用的阅读方法；视读是指完全由人的视觉器官：眼睛识别后直接由大脑发生知觉的阅读方式，它的特点就是由眼睛识别后直接作用于大脑，产生意义理解的阅读，整个过程极少发生音读现象。

2. 以阅读速度的快慢为标准

以阅读时的速度快慢为标准，可以分为速读和慢读两大类。以比平常阅读速度快三倍以上的速度进行的阅读称为"速读"，具体也可分为"线式阅读、面式阅读、图式阅读"，以整体感知为特点的阅读都可以叫作"速读"。速读的阅读速度一般比慢读快 3~10 倍。"慢读"一般是指阅读速度在 100~300 字/分的阅读，以速度较慢为特点的阅读类型还有"听读、朗读、默读"等。

3. 以阅读效率的高低为标准

阅读的另一个问题是效率。有的人阅读很快，但不得要领，收效甚微。阅读速度与效果之间的合理匹配决定于阅读的目的。如果阅读是为了理解某些概念或获得某些重要知识，那就需要进行慢节奏的精读、研读。对应这一目标，注意力的投入需要较多地偏向理解及相关的思维过程。简单地反复阅读是不能达到目的的。如果阅读是为了获得一般性的信息，则可以提高阅读速度，并将注意力更多地投入到阅读本身的信息加工之上。当阅读的目的变为查阅某一特定的资料或信息时，阅读速度还可以大大加快。此时的阅读的注意力可以只集中于将要出现的特定信息，而对其他信息只需保持一个较低的辨识水平。总之，开始阅读之前，一定要先有一个明确的目标。阅读目标的确定可以通过给自己提出问题来实现。

如阅读前可以明确写出这次阅读的目的。将阅读同已经拟定的结构化知识框架结合到一起，是一个很好的确定阅读目标的方法。如果阅读前对问题有明确的概念，则阅读的目的定向和阅读速度的分配就不再是问题。

以阅读理解效率的高低为标准，阅读可分为"精读、速读、略读和泛读"四类。精读是读者对掌握阅读物要求最高的一种，这类阅读一般是用于工作、学习和考试复习中需要精确理解和记忆方面；速读则是需要从全文的从头到尾的阅读中获取有用信息的一种快速阅读方法，此种阅读的理解记忆精确度稍次于精读；略读则重于选择重点和要点式的概要式阅读；泛读则是目的性不强的泛泛而读。

4. 以阅读的功能与作用为标准

以阅读的目的性和功能作用为标准，阅读大致可分为"理解性阅读、记忆性阅读、评价性阅读、创造性阅读、探测性阅读和消遣性阅读"等多种。由于阅读以个人为主体的多元性、复杂性和特殊性的特征，无论从哪个角度进行分类都具有其合理的原因和存在的依据，这在阅读学的研究中同样发挥出其重要的作用，但由于分类的单一及细化，同时也不可避免地存在误区和盲点。

阅读中，读者常常会产生错觉。这主要由知觉与过去经验相矛盾或者思维推理方面的错误等原因所引起。精读会产生思维的知觉，它比视觉、知觉具有更大的理解性，具有明确的阅读目的、积极的阅读态度、必需的经验（知识）储备。阅读定势，即阅读活动的准备状态，它影响读者的感知，决定其阅读倾向性。

精读需要经过读者的意志努力，具有主动性，是一种有意注意，受第二信号系统支配。而浏览或泛读一般没有明确的阅读目的，也不需要意志努力，是一种定向的探究反射即无意注意。读者在阅读时须根据以往记忆的经验去知解新的内容，记忆是阅读心理发展的必要条件。记忆表象通过形象思维（如阅读文艺作品）和逻辑思维（如阅读学术论文）起着由感知到思维的过渡环节的作用。读者受阅读内容的感染，潜移默化，是一种无意识记忆。对于具有学习研究性质的阅读，必须进行有意识记忆。反复阅读或做读书笔记，有助于强化联系，累积知识量。识记的质量决定于读者对阅读对象的理解的深浅度。联想在阅读中作用很大，它可以帮助读者加深对阅读内容的理解。阅读过程是一种思维过程，掌握阅读内容需要利用概念、断判、推理等基本的思维形式，进行比较、抽象、概括、分类、具体化等的思维操作。想象是一种特殊的思维活动，它可以使读者对阅读内容进行创造性理解。

科学阅读的一个基本原则是，阅读不能简单机械地重复，而必须带着良好的理解来阅读。阅读的效果取决于理解，而不是阅读的次数。

第二节 三类阅读模式

阅读心理学家根据信息加工的认知心理学的观点和方法，提出了三类阅读模式。这些模式大致上可以分为，从下而上的模式、从上而下的模式和相互作用的模式，即高夫模式、古德曼模式和鲁墨哈特模式。❶

一、高夫模式

高夫（Philip B. Gough）模式描述了整个的阅读过程，即从看到书写的文字的那一刻起，直到了解文字的意义为止的整个过程。

高夫认为，阅读开始于眼的注视。这种注视首先是在一行开始的地方，但并非第一个词的第一个字母，而是在比一行开始稍后的某一点。这种注视大约要持续250毫秒。然后将掠过1~4度的视角（大约是10~12个字母的空间）。这样的一次扫描大约需要10~23毫秒，然后，新的注视再次开始。如果我们不涉及阅读中回归的扫描，那么以上所说的过程就将继续重复下去。

当眼的注视完结之后，一个视觉的模型就将反射到视网膜上。在视觉系统中上述过程包含着一系列的复杂的活动，而这种活动的结果则是肖像表征的形成。

肖像表征是视觉刺激的比较直接的表征，并且在刺激消失之后，还要存留一个短暂的时期。高夫设想，这种肖像表征和神经细胞的活动是一致的，并且是一种还没有完成识别过程和分类过程的视觉表象。它们包括线、边、棱、曲线、角等。

高夫认为，如果对眼呈现一道闪光，要在枕叶部位反映出可觉察的电位变化

---

❶ 张必隐. 阅读心理学（第3版）[M]. 北京：北京师范大学出版社，2004.

需要不少于 50 毫秒。高夫还认为，对于视觉模型的信息加工不会快于对于一道闪光的加工，所以我们可以推论，肖像表象不可能在少于毫秒的期间内形成；而这种肖像表象的充分发展可能需要接近 100 毫秒的时间。

读者最初的注视产生了与句子中前面 15 到 20 个字母相一致的肖像表征。这种肖像表征要变成完全"易读的"内容需要 100 毫秒，它将一直持续下去，直到 200 毫秒之后被读者第二次注视所引起的肖像表象所取代时为止。

字母的辨认是非常迅速的。有明显的证据表明，甚至是那些互相之间没有联系的字母，都能以每个 10~20 毫秒的速度，从肖像表征中被辨认出来。

由于肖像表征的持续时间是 10~20 毫秒，所以，纵然阅读完全是系列加工的，在肖像表征的持续时间内仍然可以辨认出个字母。在阅读心理学中，一般的估计是，阅读时每秒钟要注视次，我们可以设想，每个词大约包含几个字母，那么，我们就可以认为，在每分钟内阅读的词大约是几个以上。

高夫认为，我们的确是按照从左到右的顺序一个一个字母地阅读。阅读是一个系列加工的过程，即在每隔毫秒的时间内，字母一个一个地从肖像表征中进入了特征登记器。

对于词的认知，高夫认为有两个从表面上看来有吸引力的可能性。

第一，我们可能设想，心理词典是被直接达到的，就是说，读者直接从书写的词达到心理词典中词的意义。这种可能性对有些心理学家来说是具有吸引力的，至少对于非拼音文字来说是这样。高夫认为，因为使用非拼音文字的读音，必须学习无数的，书写的词和口语中的词的"任意的"联系；所以，他们也就会比较容易地把书写的词和这些词的意义联系起来。

高夫认为，我们可以通过词的书写形式在心理词典中查到这个词的意义；但是，为此我们必须付出很大的代价，并且可以完全不必这样做。高夫设想，每一个人都有一个心理词典，而且它的词条都可以通过语音的信息而被识别，因为他们都能理解口语中的词。既然这样，我们就可以假设，每一个心理词条都包含语音的表征，并且具有提取的机制；也就是说，可以通过语音表征找到这个词条。

高夫认为，特征登记器中的内容不需要与言语相匹配，而是需要和音素的系列相匹配。音素乃是一种抽象的实体，它仅仅依靠音位学的复杂系统来和语言中的声音相联系。因此，可以很容易地设想，一串系统的音素在时间上可能必须产生在言语运动的要求之前。这样，言语运动在词的认知中所占据的时间就消除了。而且，因为在心理词典的条目中，除去包括语义和句法的内容外，还必须包括词汇的音素的表征；这样，我们就可以有根据地设想，读者是通过音素的表征来达到心理词典的条目的。如果在特征登记器中的内容能够转变为心理词典条目中所包括的表征，那么，对于词的意义的搜索就不需要其他机制。

关于词在句子中是如何被认知的，高夫提出了一个最简单的设想：词在句子中是从左到右地、系列性地被认知的。

对于以上假设的明显的反对意见来自流行的、关于词的歧义的研究。关于词的歧义的研究表明，首先，每一个词都有多种意义，句子的语境决定了应采取其中的哪一种解释。因此，如果句子中的词是系列地一个一个地被认知的，那么很多词就常常被读者误解。其次，根据关于词的歧义的研究，先前的语境可能决定了词条搜索的过程，这一点没有被整合到高夫对词的认知的模型中。

高夫认为，只有当这些材料互相之间被联系起来，或者以某种能够被理解的形式被整合起来以后，才会转移到长时记忆中去。

高夫认为，这种存储系统就是长时记忆。高夫还认为，仅仅当这些材料互相之间被联系起来，或者以某种能够被理解的形式被整合起来以后，才会转移到长时记忆中去。不过，在高夫的模式中，他并没有使用长时记忆这个概念。当短时记忆中的内容被整合之后，就会清除短时记忆中的内容，而新的内容就将进入。

在高夫的模式预测中，如果任何句子中最初的一些词在能够被理解之前就超过了短时记忆的能力的话，那么，它们是不能被理解的。这正是在英语中，当自我嵌入句子达到两个或者两个以上时所出现的情况。

根据以上材料，高夫设想有一种奇妙的叫作"默林"的机制在短时记忆中起作用。它试图去揭露材料的深层结构。如果"默林"成功了，那么一种语义的解释就将完成，并被放置于最终的登记器中；如果"默林"失败了，可能要求继续地注视，从而提供进一步的加工时间，或者要求眼的回归扫描。

高夫的模式可以说明阅读过程中的某些现象，但要说明整个的阅读过程还是有困难的，因为它不能说明阅读过程中各种信息之间的相互作用。高夫的模式反映了早期信息加工中的线性模式对阅读研究的影响。

把短时记忆作为心理词典词条的暂时存储所的设想，还存在着一些问题。曾经有一种流行的看法认为，短时记忆的内容主要是语音的或音素的。这主要是由于一些语言条目在短时记忆中很容易混淆。

高夫认为，在短时记忆中心理词典词条的内容，应该包括语音的、句法的和语义的信息。因此，对于句子理解的机制来说，短时记忆应该作为工作记忆起作用。

高夫还认为，短时记忆与理解的机制是有关系的。第一，句子中的词比不在句子中的词，在记忆中保存的更多；句子比词表回忆得好。高夫的模式认为这是由于句子被加工后、被分派给一种更进一步的存储系统，这种存储系统具有更强的存储能力。

二、古德曼模式

古德曼（Kenneth S. Goodman）认为，把阅读看成是一系列的词的知觉，是把阅读过程过分地简单化了，这是一种错误的概念。

他提出阅读是一个选择的过程。所谓选择的过程指的是，在读者预期的基础上运用那些可能得到的、最少的、从知觉中选择而来的语言线索。一旦这些选择而来的信息被加工，暂时的决定就形成了；而这些暂时的决定在持续的阅读中会被证实、拒绝或进一步地加以提炼。所以，古德曼认为，如果用最简单的话来描述他对阅读过程的了解，那就是——阅读乃是一种心理语言学的猜测的游戏。它包括了思想和语言之间的相互作用。有效的阅读并非精确的知觉与辨认所有的文字成分的结果，而是选择那些对于产生有效的猜测来说是必要的、最少的、最有效的线索的技能。

因此，在阅读中去预测没有看到的内容的能力是最重要的，正如在倾听的过程中去预测那些没有听到的内容的能力是最重要的。

古德曼利用错误线索的方法来研究阅读的过程。他研究年幼儿童的阅读过程，并记录他们所发生的错误。他发现，儿童发生的错误不是没有原因的，他们的错误表明了他们正在运用字法的、句法的以及语义的信息去对书写的文字进行猜测。所以，阅读的过程并非一个精确知觉的过程、系列加工的过程，而是一个选择的过程、做出暂时决定的过程、预期的过程。

为了具体地说明阅读的过程，古德曼提出了阅读的以下的步骤。

（1）从左到右地对印刷的文字进行扫描，并且一行一行地读下去；

（2）对印刷材料的某些部分进行注视。可能文字的某些部分处于注视的中心，而某些部分则处于边缘部分；

（3）然后选择过程就开始了。这种选择过程受到先前的选择地限制，并且受到读者对于语言知识、认知方式以及他所掌握的阅读的策略等因素的影响；

（4）运用这些选择得来的线索以及他预测的线索形成一种知觉的表象。这种知觉的表象部分的是他所看到的东西，而部分的则是他所预期看到的东西；

（5）与此同时，读者记忆中寻找有关的句法的、语义的以及语音的线索。这就有可能导致选择更多的文字的线索的同时重新形成知觉的表象；

（6）与此同时，读者会对文字线索是否一致进行猜测或者作出一种暂时的选择。而语义的分析则提供了尽可能多的部分的译码。在后续的阅读中由此获得的文字的意义暂时存储在短时记忆里；

（7）如果到此时为止，所获得的线索还不能用来进行任何猜测，读者就会检查他的知觉输入，并且再次尝试进行猜测。如果猜测仍无结果，那么读者就将进一步地阅读并收集更多文字上的线索；

（8）如果读者能够作出选择，那么读者就要检查在上下文中这种选择在句法和语义方面的可接受性；

（9）如果这种暂时的选择在句法上或语义上是不可接受的，那么读者就会退回去，从右到左地进行扫描，直到在某处发现这种不一致为止。如果发现了不一致的地方，读者就会在这个地方详细阅读；如果没有不一致的地方，读者就会去寻找另外的一些线索去解决这种异常的情况。如果这种选择是可以接受的，那么译码的过程就继续扩展，所获得的意义也就被先前所获得的意义所吸收、同化。同时，对于前面内容的期待再次形成；

（10）这种循环又开始了。

古德曼的模式在美国的阅读教学中有很大影响。由于古德曼强调过去经验和理解的作用，认为在阅读中只需要很少的关于文字方面的线索，所以也出现了一些问题，即在阅读教学中忽视基本知识的作用，导致学生的阅读技能有所下降。从理论方面来说，用绝对的从上到下的模式来解释阅读过程也是有问题的。

三、鲁墨哈特模式

鲁墨哈特（David. E. Rumelhart）认为在系列加工模式中，不存在信息之间相互影响的问题，每一个阶段都是独立的。它们的任务只是把它们加工的结果传递给下一个阶段。所以在这种模式中，信息的传递只有一个方向；高阶段加工的信息是不可能影响低阶段的信息加工的。

鲁墨哈特认为，阅读过程的相互作用模式不能只是说明各种信息之间相互作用是不够的，它还必须说明这些信息是怎样相互作用的。因此，需要进一步来研究模型综合器的作用。鲁墨哈特认为，在一般的模式图中，很难表现平行地相互作用过程，很难表现出在三维空间中，各种信息之间的相互影响。

鲁墨哈特对相互作用模式的解释为，每一个知识来源都包括阅读过程的某些方面的专门化知识。信息中心保持着输入字母串性质的连续假设的目录。每一种知识的来源都不断地浏览信息中心，目的是为了发现与它们自己的知识范围有关的假设。一旦这一类假设进入信息中心，这种知识来源就会按照它们自己专门化了的知识去评价这些假设。在它们的分析之后，这些假设可能被证实，也可能被否定并且被清除，而新的假设又可能被输入到信息中心中。这种过程会继续进行下去，直到能够达成某种决定时为止。在达到这一点的时候，那种最有可能的假设就会被确定为一种正确的解释。为了促进以上过程，信息中心被高度组织起来，所以知识来源能够确切地知道在什么地方去发现有关的假设；并且能够比较容易地确定这些假设之间的从属关系。

鲁墨哈特认为，从以上的例子中我们可以清楚地看出，至少在原则上来说，可以建构一种阅读的模式。这种模式，可以精确地在阅读过程中使用，在各种水平上同时产生的各种假设来建造对于输入的字母串的解释。鲁墨哈特还认为，在以上例子中所要说明的是"信息中心"的性质以及它是怎样结构起来从而促进各种水平上的各种过程之间的交流的。

鲁墨哈特模式能够说明阅读过程中的许多现象，这些现象用高夫模式或古德曼模式来解释是有困难的。鲁墨哈特对他的模式又作了平行加工提出了新的解释。这种平行加工的观点已经在阅读心理学和认知心理学中引发了大量的研究，非常引人注目。

第三节 阅读心理学

"阅读心理学"一阅最早出现于日本,于1919年刊行在由松本亦太郎主编、松尾长造著的《阅读的心理研究》一书中。在该书的序言中,松本博士指出,阅读研究包括行为学和心理学两个方面。行为学研究是指在一定的空间内,对阅读特定材料所涉及的时间、阅读数量和精力这三者之间的统计分析,这是对阅读的外部研究。例如,要想读得快、读得多、读得容易,应该采用什么样的文字,如何组织文字或如何排列语句等问题,均属行为学研究。而心理学方面的研究则是对精神和生理机制的研究,即要搞清楚阅读时眼球运动及其休止状态,发声的机制、知觉的产生及其在时间上的延续、记忆的补充、综合的作用、含义的理解等,都要进行阅读机制的研究。

该书阐述了以上两个方面对阅读现象进行研究所取得的成果,其体系如下。

(1) 阅读时眼球的作用;
(2) 眼球运动和知觉作用;
(3) 停留及凝视;
(4) 眼球停留时知觉的范围;
(5) 视觉与思维;
(6) 独立阅读时视觉作用的本质;
(7) 连续阅读的性质;
(8) 声音的要素;
(9) 意义的确定及其性质;
(10) 读的快慢以及与阅读时间增减有关的各种问题。

1939年,武政太郎的《阅读心理》出版。他写到,所谓"阅读的心理,是对很多人的读书过程,从心理学的立场出发进行考察和实验,并对它的机制给予分析和说明"[1]。

从以上基本领域中派生出阅读心理学三个系统的研究领域。

---

[1] [日]黑田实郎.婴幼儿发展事典[M].李季湄,编译.成都:四川辞书出版社,1991.

第一个研究领域是对作为阅读活动环境要素的阅读材料的研究。在这一领域中,对于文字符号的构成要素,如果从发生学的角度加以研究的话,它就成了武政博士的考察对象,如果从语言发生的轨迹来看,它就是索撒(F. de Saussure)的语言学的内容。文字符号及其所表达的内容、读者阅读时根据文字符号的形状和性质所做出的种种活动,都是阅读心理学研究的内容。这方面的研究往往与文章心理学、文字学、图书学等有关。

阅读心理学还开展了对阅读环境的研究。读者所居住的地区能够为他们生产提供什么样的阅读材料、提供什么样的阅读场所,以及其中应该具备什么样的条件等,都是阅读心理学的研究领域。这就与出版发行学和图书馆学等领域有关。目前,以这个领域为中心的阅读社会学正在形成。

第二个研究领域是对阅读过程中读者阅读性能的研究。毫无疑问,阅读活动是以读者的阅读能力开始的。什么是阅读能力,它是怎样发展起来的,如何测定读者的阅读能力等均需进行研究。这方面的研究与发展心理学、众知心理学和教育测量学等学科有关。同样,阅读心理学还要对阅读兴趣进行研究。兴趣是诱发和引导阅读活动的读者个人需求的体现,这方面的研究是为了弄清阅读兴趣是怎样发展起来的,又是怎样个性化的。进一步说,阅读心理学的这一研究领域与决定着阅读能力和阅读兴趣的阅读教育领域有关。尽管教育,阅读指导等领域有着各自独立的研究体系,但阅读心理学也与之有关,并为它们提供了很多有价值的课题。

第三个研究领域是从人格心理学的角度来研究读者。首先,要研究读者当前开展阅读生活的实际状况,尽管这方面的研究与上述阅读环境有关,但主要是对读者的主体条件,即读者的生态进行考察。其次,还要研究阅读中人格形成的理论和方法。阅读对人格的形成有着不可估量的影响,自古以来,许多有关阅读的论述都强调了这一点,并论述了理想的阅读方法,然而这些论述多是基于个人阅读经验而对人生道路的议论。目前,这方面的研究正以人格心理学的原理作为依据开展。最后,阅读心理学还要对不能进行正常的阅读活动的患者的诊断和治疗进行研究。在日本,尚未成立阅读诊所(reading clinic)这类的机构,而有些国家这方面的研究则成效卓著。近年来,日本已经开始关注到用阅读来矫正青年人的越轨行为的研究。这方面的研究必须要与临床心理学、精神医学等学科进行合作。

以上概述了阅读心理学的体系，这个体系只是一种基本的形式，是为了便于说明而加以区分。事实上，各个领域是相互交叉重叠的。随着研究工作的开展与进步，出现了各个领域向专、深发展的趋势，这一趋势也使上述体系在必要时须做一些调整和补充。

张必隐通过对当代流行的阅读心理学著作（Pearson，1984；Just&Carpenter，1987；Taylor，1983）对西方阅读心理学进行研究得出西方的阅读心理学研究的主要内容有❶以下方面。

（1）阅读研究的历史；

（2）阅读实验的设计与分析；

（3）阅读过程的模式；

（4）词的认知；

（5）句子的阅读；

（6）对于阅读理解过程的图式理论的观点；

（7）文本结构；

（8）阅读中的认知监控技能；

（9）阅读的社会语言学的研究方向；

（10）对于阅读的社会的和动机的影响；

（11）阅读中的个别差异；

（12）阅读无能。

阅读心理学的研究对象是阅读活动中的各种心理现象及规律性。具体地说就是研究从书面材料中获取信息以及在获取信息的过程中影响读者的非智力因素的过程。

视听觉、视听知觉、记忆、思维、注意力等，这些都是读者在阅读活动中产生的一种对外部信息的认识活动，它们是读者阅读心理学的研究内容之一。

读者进行阅读所使用的工具是言语。言语和语言是两个不同的概念。阅读言语属于印入性言语，主要有内部言语和书面言语。内部言语是阅读中的静思活

---

❶ 张必隐．阅读心理学［M］．北京：北京师范大学出版社，1992．

动。书面言语则是凭借文字表达思想的活动。通常以阅读速度为指准。一些研究结果揭示出读者阅读速度同读者的视知觉的广度，知识经验和阅读技能等因素有关。读者对于书面言语的理解，是在感知语言文字的物质外壳（词的音、形）的基础上，凭借过去的经验，通过思维掌握其思想（词的义）的过程。林赛（P. H. Lindsay）和诺尔曼（D. A. Nor-man）曾阐述过言语的感知和理解的关系，提出了材料（dat-driven）、概念—驱动（Coneeptuaely–driven）的概念，阅读中这二者是协同进行的。

阅读兴趣是读者对阅读对象表示的一种喜好情绪。能满足阅读需要的对象，才能引起阅读兴趣。阅读需要是一种精神需要，是读者对他的智力、道德、审美等方面发展条件的需求的反映，随着阅读水平的提高，新的阅读需求不断产生。阅读兴趣是独特的主观体验形式和外部表现形式，因此，它受读者的意向、文化教养、个性修养等因素制约。

阅读意志是读者自觉地确定阅读目的并支配自己达到阅读效果的心理过程。它是内部意识事实向外部动作的转化，可以调节读者的心理状态。当读者排除外界干扰，专心阅读，就表现出意志对注意、思维等认识活动的调节。读者确立这种或那种阅读目的，归根到底取决于自己的阅读需要，而阅读需要是读者对一定社会物质文化生活的反映，因此，阅读意志是以认识过程为基础的。读者在对阅读对象的认识过程中，受意志过程的支配和调节。

读者之所以从事阅读活动，是因为他有阅读愿望。阅读愿望是读者对他的阅读需要的一种体验形式，一种意念。引起读者进行阅读、满足一定的阅读愿望的，叫阅读动机。阅读动机与阅读目的是两个既相区别又相联系的概念。对阅读对象的反映，就其对读者的推动作用来说，是阅读活动的动机；就其作为达到阅读效果而言，则是阅读活动的目的，二者是相一致的。但有时作为阅读活动目的的对象，并不同时作为阅读活动的动机，因为，阅读目的要达到阅读效果。阅读动机，则反映读者为什么要去达到阅读效果的主观原因。阅读动机不同，能够对读者产生不同强度的推动力量，阅读的方式、坚持性和效果在很大程度上受其动机性质的制约，阅读动机反映读者的思想道德和文化修养。

第四节　读者心理现象与分析

一、读者心理现象

读者心理现象是在实践活动中产生的，是受一定的社会条件制约而形成的读者个人的阅读动机、阅读兴趣、阅读情绪等，是推动读者阅读的动力，直接影响着读者的阅读倾向及阅读效果。主要内容包括读者阅读过程中心理的发展和规律；读者个性心理特征、气质、能力以及性格的差异和类型；不同类型的读者对各类图书需求等。

读者心理学最初是在阅读教学中被加以重视和研究的。阅读教学包括课堂阅读与课外阅读。课堂阅读是指有明确预定目标的，在教师设计并组织的特定课堂情境中进行的群体活动。课外阅读是指由学生自主进行的，得法于课内并实践于课外的语文实践活动，但也同样离不开教师的指导。

教学过程是在教师指导下学生获得间接知识的过程。教学要以学生的阅读心理为依据。比如学习兴趣是学习积极性中很现实、很活跃的心理成分，它在学习活动中起着十分重要的作用。思维活动规律是进行启发式教学所必须遵循的心理基础，是激发学生的智力和智能发展的关键。因此语文教学研究学生的阅读心理很有必要，它真正体现了以人为本的教学观念。

教学就其本质来说是一种认知活动，教学的过程乃是学生内部的心理因素与教学的外部条件交互作用的一种特殊的认知过程。要提高学生语文的水平，就必须注重语文教学的规律。研究如何合理地利用教学的外部条件，以促进学生内在心理因素的积极活动。因此，它是发挥学生能动精神，提高语文教学质量的必要基础和科学依据。

阅读是一种由多种心理因素参与的，从书面语言中获得信息的心理过程，阅读心理过程是阅读研究的一个重要课题，认识阅读心理过程的结构以及各种心理要素及其内部联系，对于教学者自觉地掌握和运用阅读规律，提高阅读效果，具有重要的现实意义。

阅读心理过程同样可以分为认识过程和意向过程（二分法），前者包括感知、表象、想象、思维、记忆，后者包括动机、兴趣、注意、情感、意志。个性特征指的是人的智力、能力、气质、性格，具体地讲，它涉及下列问题，学生身心发展的特点；学习动机和兴趣，掌握知识的心理结构；技能的形成和培养；智力的发展；教学过程和学习心理；教学方法和教学思路；个性差异和因材施教；情感教育和审美心理等。

阅读是人类获得知识的一种重要认知活动，根据心理学、认知心理学的有关理论与研究成果，结合阅读活动的实际，阅读心理过程是由阅读的认知过程与阅读的调控过程两个方面所组成的，如图4-1所示。

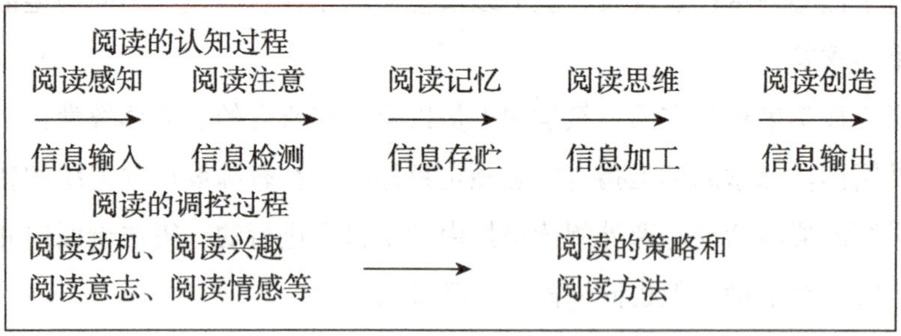

```
     阅读的认知过程
阅读感知   阅读注意   阅读记忆   阅读思维   阅读创造
  →        →         →         →
信息输入   信息检测   信息存贮   信息加工   信息输出
     阅读的调控过程
阅读动机、阅读兴趣              阅读的策略和
阅读意志、阅读情感等  →         阅读方法
```

图4-1 阅读心理过程

在这个过程中，反映各种阅读心理过程的心理活动是相互制约、彼此促进的。在了解阅读心理机制的基础上，能进一步发挥主观能动性，把阅读的认知过程与调控过程协调起来，把智力因素与非智力因素结合起来，教师要善于维持学生在阅读过程中的最佳的心理状态，从而达到掌握知识、培养能力、实现阅读目标的目的。

阅读认知过程就是阅读者对文献信息的输入、检测、存贮、加工、输出和反馈的信息加工过程。在这个过程中要求调动人的阅读感知、注意、记忆、思维等各种心理因素（心理学称为智力因素）使它们处于高度紧张的、积极的状态，通过一系列的阅读智力活动，从文献中摄取知识、理解知识、巩固知识、运用知识，以产生创造性阅读成果。各种心理因素各有特点，又各自发挥着特有的作用，形成阅读认知过程中的心理结构。

阅读感知是指阅读行为中接触文字载体而引起的正确反映能力。是感觉和知觉的总和。认识来源于人的肉体感官对客观外界的感知，学生要获得知识，必须通过自身的实践和探索，一个学生如果对周围事物视而不见、听而不闻，就难以集中注意力学好功课。现代科学研究也证明，如果我们把学生的眼、耳、鼻、手等多种感官通道都利用起来，就能够充分发挥感知的积极功能。

阅读注意是对文献信息进行筛选和检测的心理活动，是使有用信息向存贮转化的重要心理条件，它在整个阅读过程中从始至终都起到组织和维持作用。俄国教育家乌申斯基说："注意是心灵的唯一门户，意识的一切必须经过它进来。"由于阅读注意具有指向性和集中性的特点，它使阅读过程一开始就能把心理活动指向和集中到文献的内容上去。只有注意力高度集中时，才有可能使阅读的文字信息进入大脑，阅读过程中注意力是否高度集中，会直接影响阅读的效果。阅读注意还具有选择信息的功能，阅读者在高度注意的心理状态下，能及时地、有选择地专注于自己阅读的对象，其余无关的信息，虽然被感知却会被忽略，"视而不见，听而不闻"从而减少无意注意的影响。

阅读记忆是指人脑对有用的文献信息的存储，它的基本过程是识记、保持、再认（再现），也可以说是对文献信息的接收、编码、存贮、提取。在阅读中运用科学的记忆方法，运用遗忘规律，防止遗忘，是增强阅读记忆力的有效途径。记忆的方法很多，教师要了解每个学生的记忆特点，让每个人都可以根据自己的阅读心理特点选择和运用适合自己的记忆方法。

阅读思维是阅读者运用形象思维与抽象思维方式对已有的知识、经验，在感知文献内容基础上，对文献进行理解记忆、鉴赏、评价的一系列心理过程。

它是阅读认知过程中最复杂的心理因素，贯穿于阅读的基本过程，是影响和制约阅读效果的重要条件。在这个过程中，阅读思维具有间接性、概括性、问题性与多样性等特点。其间接性体现在阅读者要运用已有的知识经验，认识书本中没有直接感知的或根本不存在的事物，能及预见事物发展的趋势。概括性体现在阅读者根据大量的已知材料，在已有知识经验的基础上，舍去各个事物的个别特点，抽出它们的共同特性，从而认识事物的本质特点和事物之间的内在联系。问题性体现在阅读思维总是从疑问开始，是一个不断发现问题、分析问题与解决问题的过程。在阅读过程中，发现问题和创造性地解决问题是阅读思维的核心，它们在整个阅读过程中起着十分重要的作用。

这是指没有直接参加信息加工，但却决定着信息加工的策略和手段，对信息加工起调节、控制作用的过程，指的是阅读中的非认知心理因素，即阅读动机、阅读兴趣、阅读意志等心理因素（教育学家称为非智力因素）对阅读认识过程起影响、调节和支配作用的过程。它们是阅读认知过程中的必要的心理条件。

阅读动机是在阅读需要的刺激下，直接推动人们进行阅读的动因。它的主要作用是引发和唤起人的阅读行为，启动阅读认知过程；推动阅读行为向某一目标进行；增加和维持阅读认知过程的动力，提高阅读的自觉性和积极性。阅读动机能直接影响阅读的最终效果，它在整个阅读过程中都能发挥作用，动机越高尚，目的越明确，阅读效果就越好。

阅读兴趣是指从事阅读活动的主动性心理倾向，这种倾向表现在对文献和阅读活动特别喜爱和积极的阅读态度。兴趣对阅读过程起着定向作用与动力作用，它是能激发人们进行阅读的推动力，促使读者产生强烈的求知欲望，并孜孜不倦地进行阅读与钻研，努力实现自己的阅读目标。实践证明，许多学者的成功得益于他们强烈的阅读兴趣。

阅读意志是在阅读过程中表现出来的对阅读目的的自觉坚持，以及克服困难的意志行动，从而实现阅读目的的心理过程。阅读意志过程具有明确的目的性，它与困难相联系，并以不断鼓舞自己，坚持不懈地克服困难，不达目的决不罢休为表现特征。

从以上所述可以看出，阅读中的心理过程分为认知过程和调控过程，它们既有区别又有联系，在阅读过程中起着不同的作用。认知过程对文献信息的处理、加工，对知识的掌握起着直接的操作作用，而调控过程对文献信息的加工处理起间接的推动和调节作用，它使文献信息的处理加工具有目的性、方向睦和主观能动性。它们的联系是非常紧密的，在阅读过程中，认知过程与调控过程协同作用，使阅读活动顺利地有效地进行。只有充分研究阅读心理的这个特点，发挥这两个过程的作用，并让它们密切配合、协调，才能取得良好的阅读效果，实现阅读目标。

大学生一般属于青年中期（19～22岁），从这个年龄段上看，他们在生理发展方面已完全成熟，这种生理上的变化对大学生心理发展有很大的影响。从学生的阅读心态就可看出，因为读书活动可以反映出一个人的素质、修养、能力和品质。

大学生获取人格力量的最主要途径是读书。从读书中获取人格力量的比例占

72.3%，而从教师身上获取人格力量的仅占 5.6%。

图书馆应根据大学生在各阶段的心理特点，研究读者的审美倾向并针对其中的一些问题展开导读工作，提高读者审美情趣和思想认识，使读者能在阅读中获得美的享受和思想境界的升华。

不同年级的大学生心理特点及阅读倾向各有不同。一年级大学生虽然进入了大学，但他们的内心仍然处于少男少女的浪漫世界中，强烈的求知欲与识别力低的矛盾，使他们容易陷入言情武侠作品不能自拔。所以，大量的武侠言情小说成为大一新生的最爱，顺理成章地影响了青春男女的视野。当然，我们并不否认此类作品的写作技巧和对生活、人生中的真善美的发掘，具有一定的可读性和趣味性，但因其远离我们的生活的现实，作品过分割裂了主人翁的经历和命运，易使读者脱离正常的生活轨道，容易使识别力较低的大一新生产生认识上的偏差。

二、读者心理分析方法

1. 观察法

在读者活动区域内，对读者在利用图书馆的活动中表现出来的行为、言语、心理等进行观察，图书馆工作人员通过对读者的直接观察，可以了解读者的兴趣、情趣、能力及其他个性特征。

2. 调查法

针对性地向读者提出问题，要求读者给予回答，这种方法主要有召开座谈会和发调查表等形式。

3. 分析法

对观察和实验得出的数据和材料加以分析，以了解读者的阅读需求和倾向，从某一读者一定时期内的全部搜索书单或借书卡上可以看出，该读者在这一时期内的借阅倾向，某种或某类书刊在一定时期内的借阅率，可以反映出部分读者的阅读心理倾向。这些情况可以为图书馆订购图书提供参考，进一步满足读者的阅读需求。

三、读者阅读心理类型

1. 学习型

这是一种较为普遍的阅读心理，这类读者到图书馆借阅图书资料的主要目的是为了自己的学习。他们注重书刊的知识性、理论性和专业性。他们中的一部分是为了学习本专业知识，手中握着的是与本专业相关的书刊资料；另一部分则是为了拓展自己的知识面；还有一部分则是为了吸取新知识而经常泡在图书馆里，这类读者的心理特征是为了不断丰富知识充实业务内容以提高工作能力，预防知识老化，所以阅读需求较强烈。

2. 研究型

为解决管理，理论研究等具体任务来到图书馆进行阅读的读者属研究型读者。需要的文献及其种类由任务和文献内容的关系决定，阅读者是被动的，有无兴趣都必须读，当任务完成阅读需要就告一段落，文献跟踪也就结束了。这个群体到图书馆主要是为了学术研究。

3. 休闲型

这类读者根据个人爱好选读图书，没有既定的任务范围，目的是为了充实业余生活。他们中的一部分人常利用双休日、节假日到图书馆借一些与本专业无关的如诗词、小说之类的书，调节一下自己的精神文化生活；还有一部分读者常到阅览室，但却毫无目的地翻翻这个、看看那个。他们的心理状态不够稳定，带有很强的盲目性和随意性。这类读者的阅读心理，纯粹是为了消磨课余时间或调剂精神生活。

第五节 国外对读者心理的研究

焦虑是心理学研究中非常重要的概念。用户在使用图书馆的过程中，由于受到本我原始欲求的支配，用户所表现出的行为往往会和图书馆规定及社会道德准则相矛盾，在这种状况下，图书馆焦虑心理便随之产生。这些焦虑的心理可能来自本我基本需求，如饥饿而吃零食、无法自制的交谈等行为，这些都是和图书馆的相关规定相矛盾的，当读者自己无法调节这些矛盾时，心理的不适感就会出现。那些具有较强自我意识的用户，会自觉地遵守图书馆的秩序和规则，使自己本能的欲望受到制止，以自我的道德观念去压抑本我中的原始欲。但当原始的本能膨胀到自我都无法控制时，用户在行为上就会表现出焦虑心理。图书馆的性质决定了图书馆的用户在使用图书馆的过程中必须要遵循现实的原则，这使得用户不得不去遵守其中的规定，如图书馆中各种标牌的善意提醒、借还文献的规定等都是对用户的本我的限制。因此，图书馆焦虑的产生从根本上说，是由用户的人格特质所决定的。

读者在图书馆使用过程中心理感受的不同，早就受到了图书馆员和图书馆教育家的关注。他们发现在使用图书馆的过程中，一些读者总是比另一些读者更为舒服，更愿意使用图书馆。相反，一些读者在使用图书馆的过程中会遭遇心理的不适。1986年，美国图书馆学家Mellon根据在图书馆工作中的实践经验的总结，首次提出了"图书馆焦虑"的概念。这个概念的提出是基于她两年的扎根研究，她注意到学生在进行研究论文写作过程中必须在图书馆收集资料，由于不能合理与有效地处理好所遇到的问题而产生焦虑情绪，叫作"图书馆焦虑"（Library Anxiety，简称LA）[1]，她给出了造成这些学生焦虑的心理成因：

（1）学生们认为别人比自己利用图书馆的能力强，所以会感觉到恐惧；

（2）由于认识到自己在图书馆使用能力方面的欠缺，为了避免尴尬和害羞，需要被掩饰；

（3）向别人问一些问题就是在暴露自己的缺点。

根据Mellon的总结描述，焦虑的感觉主要来自如下几个方面：

（1）图书馆的规模；

（2）不知道自己对所需材料、设备和资源进行定位；

（3）缺少如何开始图书馆研究的知识；

---

[1] Constance A. MelloN. Library Anxiety：A Grounded Theory and its Development [M]. College& Research Libraries，1986，2：160-165.

(4) 缺少如何进行图书馆检索的知识。和一般性焦虑类似，图书馆焦虑也有很多生理特征，如心率和呼吸加快、血压升高。情感症状如恐惧、沮丧和学习的无助。轻度的焦虑实际上是有帮助的，因为他可以促进利用图书馆的动机。然而，重度焦虑对学生是极其有害的，甚至影响到学生学位论文的完成。

1992 年，波丝蒂克（Bostik）在 Mellon 定性研究的基础上采用量化的研究方法开发了图书馆焦虑量表，并利用探索性因子分析将图书馆焦虑划分了五个维度，分别是员工障碍、情感障碍、图书馆舒适性、图书馆知识、机械障碍[1]。这使得对图书馆焦虑程度的测量成为可能，此后很多研究人员根据波丝蒂克开发的图书馆焦虑量表，结合自己的研究对图书馆焦虑量表进行了修订和完善。

此后，焦和昂韦格布兹是推动图书馆焦虑研究的两个至关重要的研究者，他们先后引入人口统计信息表、完美主性格特征、简洁相关分析法、大学生自我感知量表、性格状态焦虑表和计算机态度表等进行研究[2]。

1993 年焦在南卡罗莱纳[3]大学提到了图书馆焦虑，他和昂韦格布兹以及同在多里森图书馆工作的阿泰·A·李奇坦斯坦合作，对 493 名来自不同大学的学生进行了近三年的研究，利用逐步多元回归分析法，找到了与图书馆焦虑极为相关的八个因素，分别为年龄、性别、年级、母语、平均成绩、是否兼职工作、访问图书馆的次数和使用图书馆的原因。通过构建多元回归分析模型，他们发现，图书馆焦虑水平最高的读者多为年轻的男性，而且他们的母语不是英语。

在 1997 年，他们选取 522 名大学生作为样本[4]，研究的目的是要仔细分析波丝蒂克提出的造成图书馆焦虑五大因素中的每一个因子。通过深入细致的研究发现，使用电脑检索和联机设备的学生在造成图书馆焦虑五大因素中，都具有较高的焦虑水平，这一发现表明，如果不采取有效的应对措施，那么随着图书馆自动

---

[1] Sharon L. BosticK. The Development and Validation of the Lbrary Anxiety Scale ［D］. PH. D. diss, Wayne State University 1992.

[2] Qun G. Jiao, Anthony J. Onwuegbuzie. Identifying Library Anxiety Through Students' Learning-Modality Perferences ［J］. The Library Quarterly, 1999: 202 – 216.

[3] Qun G. Jiao and Anthony J. Onwuegbuzie. Identifying Library Anxiety Through Students' Learning-Modality Perferences ［J］. The Library Quarterly, 1999, 2 (69): 202 – 216.

[4] Qun G. Jiao and Anthony J. Onwuegbuzie. Prevalence and Reasons for University Library Usage ［J］. Library Review, 1997, (46): 411 – 420.

化每前进一步，图书馆焦虑就会加深一层；男性读者在馆员障碍、图书馆舒适度、具有图书馆知识和设备障碍这四个方面具有较高的图书馆焦虑水平。电脑检索与联机设备使用广度的提高会增加图书馆焦虑，这一发现更完善了波丝蒂克的图书馆焦虑理论。

1998年，他们将造成图书馆焦虑的五大因素与鲍尔·L·何维特和戈登·L·弗莱特❶所证实的完美主义三大人格特点（要求自我型、要求他人型和被人要求型）相结合，同时借用了多维完美主义量表，样本为选修了研究方法学这门课的108名研究生。研究发现，要求社会完美型研究生在情感障碍、图书馆舒适度和设备障碍这三方面图书馆焦虑的水平较高。同时提出一些缓解图书馆焦虑的办法，比如组成一个学习合作小组来缓解学生的焦虑状态，在馆员指导的书目导读培训课中适当引用幽默等，但这些想法在提出之后并没有进行深入研究。

1999年，焦和昂韦格布兹利用简洁相关分析法对学生的学习特性进行研究❷，选取203名不同学科的研究生作为样本进行研究。发现那些喜欢在安静环境中学习研究、喜欢严密思考和研究、喜欢通过能触知的方式获取信息、喜欢在早上做一些比较困难的任务、喜欢在下午或晚上做容易的工作或学习的学生，往往在情感障碍、图书馆舒适度和设备障碍这三方面有较高的图书馆焦虑水平，而那些喜欢在噪音环境下工作的学生，那些喜欢在变动环境中学习的学生在馆员障碍、个人情感障碍、图书馆知识障碍和设备障碍等因素方面具有较高的图书馆焦虑水平。

以色列研究者斯纳利斯·肖哈门和戴安娜·米兹拉齐的研究者，将波丝蒂克的图书馆焦虑量表翻译成希伯莱语，同时对图书馆焦虑量表结合本民族特点进行了改进❸。

Ann J. Erabek 研究了图书馆焦虑和计算机焦虑的测量、效度和研究意义。"图书馆焦虑和计算机焦虑有时被假设为对新技术的情感反应。"依据个性和能

---

❶ Qun G. Jiao and Anthony J. Onwuegbuzie. Self-perception and Library Anxiety: An Empirical Study [J]. Library Review, 1999, 3 (48): 140 – 147.

❷ Qun G. Jiao and Anthony J. Onwuegbuzie. Is library anxiety important？ [J]. Library Review, 1999, 6 (48): 278 – 232.

❸ Michel C. Atla S. Library Anxiety in the Electronic Era, or Why Won't Anybody Talk to Me Anymore? [J] One ibrarian's RanT. Reference&User Services Quarterly, 2005 (4): 314 – 319.

力测验量表（IPAT）对学习英语、心理、哲学课程的大学生进行了测试，结论指出，男学生个性和能力测试分数和图书馆焦虑和计算机焦虑没有显著联系。而女学生在这两方面则有显著联系。Erabek 继续对这一研究的意义进行探讨，以期用于图书馆读者指导[1]。

Krystyna K. Matusiak 从认知途径对数字图片的信息搜索行为进行研究，对大学生和社区用户对数字图片搜索模式进行定性分析。结果发现两个群体有显著不同[2]。

David N. Rapp 等人结合超媒体心理学观点探讨了数字图书馆对认知过程的影响，并得出结论——认知心理学对人们怎么存储和检索人脑的信息进行了详细的描述，现在数字图书馆研究集中在内容和构建上却很少关注用户实质上如何使用数字图书馆学习[3]。

Sherry Y. Chen 等人在基于个人认知风格对个性化数字图书馆进行评价的文章中对图书馆与认知心理学的结合进行了比较深入的探讨。在文章中他们对于数字图书馆的设计的"能适应性"和"可适应性"是否符合用户的认知风格作了行为和观念上的调查。表明"可适应性"版本的数字图书馆有更好的用户评价[4]。

John A. Lehner 运用人本心理学的观点重新审视现代图书馆的人事选择制度，提出图书馆应当应用现代人力资源管理的理论对图书馆馆员结构进行重组，批判传统经验主义的图书馆馆员选择制度[5]。

Brian Quinn 引入积极心理学的理论提升学术图书馆的管理水平。他详细介绍

---

[1] Jerabek · J · Ann, Linda · S, Kordinak · S, Thomas. "Library anxiety "and" computer anxiety "Measures, validity, and research implications Library& Information Science Research, 2001, 3: 277 - 89.

[2] Krystyna K, Matusia K. Information Seeking Behavior in Digital Image Collections: A cognitive Approach [J]. The Journal of Academic Librarianship, 2006 (5): 479 - 488.

[3] Rapp. DaviD. N, Taylor. Holly. A. Crane Gregory R. The impact of digital libraries on cognitive processes psychological issues of h ypermediA. Computers in Human behavior 2003, 5: 609 - 628.

[4] Frias-Martinez, Enrique, Chen, Sherry Y., Liu, Xiao-hui Y. Evaluation of a personalized digital library based on cogitive styles: A daptivity VS adaptabilitY. Intenational Journal of Informatio Management 2009, 2: 48 - 56.

[5] Lehner, John A. Reconsidering the personnel selection practices of academic libraries [J]. The Journal of Academic Librarianship, 1997 (5): 199 - 204.

了积极心理学的概念说明其应用趋势，提出改革图书馆以往只把注意力集中在大量的"问题"上，积极心理学提供一种把注意力集中在图书馆员的能力和潜能上的方法，培养图书馆内积极的文化氛围。以全面提升图书馆的工作效率的人力资源的水平[1]。

Dong-Geun 对韩国高校图书馆用户投诉行为进行了调查研究，设计了调查问卷，调查了582个用户投诉案例的前因后果。统计显示，馆员的个人人际效风格、负面口头词汇、表情和肢体语言和用户抱怨有显著的关系[2]。

Lotta Haglund 对三所大学图书馆学术研究者的学术资源搜索行为进行了调查。调查显示许多研究者对自己的信息能力非常自信，偏爱使用Google，严重依赖"立即获取"，不信任图书馆的竞争力。这个研究得出的结论是，学术图书馆员要掌握研究者的心理，走出图书馆，让研究者用户认识到与Google相比图书馆的帮助是一个复杂而更有价值的过程[3]。

第六节　国内读者心理学的研究

一、用户信息心理研究的要点

用户信息心理研究的三段模式用户的信息心理过程是一个运动、变化和发展的过程。以上三个过程是相互联系又相互促进的，它们表现出固有的规律性。用户信息心理研究的基本内容是离散式用户的信息心理与信息行为的关系研究。用户信息心理研究的一般方法有以下两点。

（1）设计研究方法时应注意的问题是一定的信息活动，在这种活动中可以表现所要研究的用户信息心理现象的控制外部条件，确定外部条件与用户信息心

---

[1] Quinn, Brian. Enhancing Academic Library Performance through Positive Psychology [J]. Journal of Library Administration, 2005 (1): 79–101.

[2] Dong-Geun. Complaining Behavior of Academic Library Users in South Korea [J]. The Journal of Academic Librarianship 2004 (2): 136–144.

[3] Haglund, Lott A. Olsson, PeR. The Impact on University Libraries of Changes in Information Behavior Among Academic Researchers: A Multiple Case Study [J]. The Journal of Academic Librarianship, 2008 (1): 52–59.

理现象的关系，关系确定用户信息心理现象的生理指标，揭示两者的关系对于研究中所获得的材料或数据必须进行全面的分析，力图对矛盾材料做出解释或进一步研究，对于研究得出的结论必须有充分的事实根据，避免任何研究者的主观臆断。

（2）开展用户信息心理研究的方法评价法模拟法实验法实验室试验法自然实验法、观察法是在自然条件下，有目的、有计划地观察信息心理现象在用户活动中的表现，根据观察对象的不同可以分为内省法和个案法实验法是研究用户信息心理的主要方法。它的要点是控制和改变外部条件是，控制和改变外部条件，人为地使一定的信息心理现象发生。模拟是一种类比，用模拟法研究心理现象称为"心理模拟"。通过机器模拟完全可以研究人类的各种心理活动评价法通过测量、测验、调查、访问、比较等方式进行心理测评用户对信息的认知过程。

2012年，胡慧丽[1]在图书馆论坛上发文，文中将用户信息心理定义为用户在信息活动中的心理现象，它是客观存在的信息现象在用户头脑中的能动反映，是用户对客观事物中有价值信息的感知、识别、吸收和运用等能力的综合。用户的信息心理过程是一个不断运动、变化和发展的过程，首先是认识过程，其次是情感过程，最后是意志过程。认知过程是对外界刺激事件本身特性的反映。用户凭借自身知识和能力，关注与自己信息需求相关的信息。用户在对信息的认识过程中伴随的带有主观喜恶等评价心理的情绪和情感体验，将用户的需要同主观态度联系在一起，直接关系到用户对信息的吸收和利用。意志过程是认知活动的能动方面和自觉调节方面，它建立在感觉、知觉、注意、记忆和思维等心理认知过程的基础之上，积极地支配和调节着用户的信息意识和信息活动。用户的信息心理是在心理过程中逐步形成的，主要影响因素包括用户的信息能力、信息气质和性格。

二、信息的认知过程

1. 信息感知

感知是感觉与知觉的统称。用户对信息的接触便是"信息感知过程"的开

---

[1] 胡慧丽．基于用户信息心理的个性化信息服务研究［J］．图书馆论坛，2012，32（5）：116-120.

始,是吸收信息的第一步。信息作用于用户的感觉器官(主要是视觉和听觉器官),用户便产生对信息的直接反应,这种对信息个别属性的反应称为信息感觉,而信息知觉则是对信息属性的整体反应,是从感知出发的信息知觉。

2. 信息注意

注意是心理活动对一定对象的指向和集中。指向是指每一瞬间,心理活动有选择地朝向一定事物而离开其余事物,而离开其余事物;集中是指控制心理活动,力求使认知的信息映象清晰。用户作为主体,吸收信息需要保持"注意"。集中是指控制心理活动注意的类型。

无意注意是指没有预定目的,也不需要作意志努力的注意。无意注意表现为在某些刺激物的直接影响下,人不由自主地把感受活动指向这个刺激物,以求了解它。从生理机制上看,无意注意是定向探究反射。

无意注意产生的原因可分为客观原因,客观刺激物的强度,刺激物之间的对比关系,刺激物的活动变化刺激的异常反应主观原因主体对事物的需求、兴趣、态度,主体当时的情绪,主体的精神状态等。

有意注意有预定目的的,必要时还需作一定意志努力的注意叫有意注意,有意注意是一种主动的意叫有意注意。有意注意是定活动任务的注意,它受主体(人)意志的调节和支配。

在从事某一职业工作的过程中,主体对某些方面的职业性兴趣往往需要一定努力才能培养和形成,这需要主观意志。但在一段时间后,主体可能产生对这些方面的职业心理习惯,这时就可以不需要意志努力而保持注意力,这就是有意后注意。

3. 信息想象与思维

信息想象是在人脑中利用原有知识作用于所接受的信息,形成新形象的心理过程,主体对信息的想象是理解信息的重要方面,是在现实信息的像,是解信息的刺激下主体头脑对旧形象加工改造而形成新形象的心理过程。信息想象区分为再建想象、创造想象和幻想,在信息活动中存在着不同类型想象的组合问题,以及通过想象引发思维的问题。

信息想象与思维系统化在概括的基础上把对象或现象加以系统化,进行进一步区分。具体化是把某种一般的事件用相当的特殊事件加以说明的过程。

用户反应基础上的信息吸收分为零级、低级、中级、高级、特级。用户对信息的反应用户对信息的零级吸收表示用户没有吸收信息。其特征是用户对信息漠不关心,这类信息往往通过被动的方式或偶然的机会传给用户,用户对信息的低级吸收表明用户想让信息与自己的知识体系结合起来,但出于种种原因,仅仅是想法或做出某些轻微的反应而已,用户对信息的中级吸收表明,用户在考虑信息产生影响的同时,还寻求必要的关联信息,并力求消化它。其总的特征是用户积极对待信息,外观上呈现极其关心的状态。

4. 用户信息反应

用户对信息的反应用户对信息的高级吸收表明,用户对信息关心,并迅速做出反应。总的说来,用户在行动中依赖信息,并力求较快地利用此项信息,用户对信息的特级吸收表明用户与信息高度相关。其特征是,用户对信息的反应异常迅速,十分理解信息的内容及其影响,因而对信息吸收快。

用户信息反应中的情绪和情感区别在于情绪在强度上比情感要强一些,且常常伴随主体生理上的变化;情感则不太明显。情绪与情感产生的基础都是主体的需要,情绪和情感相互影响,共同反映主体的某一需求特征。

5. 用户信息行动的目的

用户信息意识的形成是以信息实践为基础的,通过用户的信息反应形成与认知和情感相联系的自觉的理性态度和行为方式。就信息活动而言,其以认知为基础,受意识支配,在意志支配下的有目的的信息活动。

意志行为所趋向的目的、实现目的所选择的途径、方式和方法等,只有当人意识到自己的力量和客观规律时,才有可能在意志行动进行过程中,离不开用户信息意识的驱动,从而影响注意、观察、思维过程意志,反过来又促使认知更加具有目的性和方向性,使认知更广泛、更深入,从而优化信息意识。

离散式行动目的的自觉性,就是对行动目的的方向具有充分自觉的认识,既不是勉强的行动,又不是无方向的盲目冲动,而是经过深思熟虑的、有明确目的自觉行动。离散式的途中意志行动和克服困难是紧密相联的。能否发挥意识的积极作用，克服各种困难，是意志行动与非意志行动的根本区别。

6. 用户个体的能力

用户个体的能力是影响个性信息心理活动的一个重要因素。能力是一种个性心理特征，能力的高低会影响一个人活动的快慢、难易和牢固程度。信息活动是复杂的和多方面的，它要求用户具备多种能力，包括观察力、记忆力、理解力和抽象思维能力等综合能力。它要求用户具备用户个体的能力。

个体能力的差异表现在信息活动中，即不同用户通过不同的能力力图吸收相同合力以吸收相同的信息。人的一切活动方式都以某种形式影响着能力的水平，能力的发展取决于这些心理特征在活动中的完善与结合。能力的水平差异表现在智力发展的早晚上。由于个体的差别，在能力发展上不可避免地存在差异。

7. 用户个体的气质和性格

气质是一个人在感情发生的速度、强度等方面的外部表现以及活动灵活性上的综合特点。气质也是组成人的个性心理的关于活动力方面的要素，是人所固有的。人的气质每时每刻地影响着他们的信息行为。高级神经活动的类型影响着人的心理活动的集中和指向，决定了人的气质。因为高级神经活动具有高度可塑性，所以人的气质可以在人的实践活动中变化。

性格是人对客观现实的稳固态度以及与之相适应的惯常的行为方式的心理构成，是个性的重应的惯常的行为方式的要方面。性格的形成过程是主体与客体相互作用的过程。就生理机制而言，性格同其他心理现象一样，也是脑的机能体现。

用户个体的气质和性格、人的能力、气质和性格构成个性心理特征。它们是在人的长期生活中形成的，相互制约、相互影响、相互关联。性格复杂的心理构成决定了它的多种心理特征。

8. 用户团体信息心理分析

用户团体的心理特征表现为团体的信息感知、团体对信息的注意、团体智能、团体思维、团体情绪、情感与意志、团体士气、团体作风。

团体中个体的心理状态的特殊性、个体之间的意见沟通、心理个体之间的相互影响、心理团体中个体的心理状态的特殊性与自由个体的心理状态存在着一定的差别，其特殊性表现在个体的依赖心理决策的分权化、心理个体的制约心理、个体在团体中的精神状态。

9. 团体用户心理差异分析

影响团体用户的因素变项、独立变项可由外界改变的因素中间变项团体的心理过程从属变项团体的需求的满足。

在团体用户中团体用户的心理差异，在于不同类型和职业的用户表现的信息心理特征是不同的，不同的心理特征决定了 各信息心理特征是不同的，不同的心理特征决定了各类团体用户不同的信息需求与信息行为。

10. 用户的信息行为及其特征

用户的信息行为是人类特有的一种行为，系指主体为了满足某一特定的信息需求（如科研、生产、为了满足某特定的信息需求管理等活动中的信息需求），在外部作用刺激下表现出的获取、查寻、交流、传播、吸收、加工和利用信息的行为。信息行为一般可分为信息工作人员行为和信息用户行为。

用户信息行为、特征信息行为始终伴随着人的主体工作而发生，研究信息行为应与研究主体工作行为相结合。信息行为是一种目的性很强的主动行为，对人的信息行为可以从总体上控制和优化。

董焱在其著作《信息文化论——数字化自下而上状态冷思考》❶ 中也对信息的选择和利用心理机制作了分析：认为只有引起用户注意力的信息才会转化为用户接收的信息。不同信息符号会影响读者的接受心理，在数字图书馆时代个性化的界面和多元化的版面设置应该考虑到不同用户的心理。

---

❶ 董焱. 信息文化论数字化生存状态冷思考 [M]. 北京：北京图书馆出版社，2003.

三、对信息焦虑的研究

石得旭、黄永红[1]认为图书馆焦虑对学生们有效地利用图书馆有不良的影响。除学习方式外，年龄、学习时间、母语、兼职状况、利用图书馆的原因、所从事研究的学术级别、性别等也是图书馆焦虑的影响因素，研究这些因素与图书馆焦虑的关系，寻求改进的途径，可帮助学生们克服图书馆焦虑。程焕文对信息污染和信息焦虑概念进行了介绍[2]。高新跃和金更达在关于图书馆知识获取环境现状分析及对策的研究中谈及了信息焦虑、技术焦虑与图书馆焦虑[3]。2007年，曹锦丹、贺伟[4]从信息用户的焦虑心理及其信息服务角度进行了研究，提出了信息、焦虑研究的时代性及紧迫性，并讨论了信息焦虑及其信息服务研究内容的跨学科性及其主要问题。贺伟[5]以吉林大学200余名本科生为样本进行调查分析后，修订完成了5个维度、63个项目的中文图书馆焦虑量表。5个维度被命名为知识障碍、员工障碍、舒适性障碍、检索障碍与情感障碍。克隆巴赫内部一致性系数范围从0.629至0.823，重测信度范围从0.734至0.822，全量表信度为0.918。荣毅虹、王彩霞[6]从信息服务角度进行了研究，通过探讨信息焦虑成因机制，并根据布鲁克斯方程和用户信息利用的微观过程，解释了信息焦虑的根源，提出以减少和消除信息焦虑为目的的知识信息服务产品形式。梁劳慧[7]分析了信息焦虑与信息超载出现的原因及表现，并指出在信息焦虑与信息超载下图书馆应发挥的作用。王可欣[8]就用户由于关注信息数量过多、信息搜索不当等原因

---

[1] 石得旭，黄永红．克服图书馆焦虑［J］．高校图书馆工作，2000（4）：88－89．
[2] 程焕文．信息污染综合征和信息技术恐惧综合征——信息科学研究的两个新课题［J］．图书情报工作，2002（3）：5－7．
[3] 高跃新，金更达．图书馆知识获取环境现状分析及对策［J］．中国图书馆学报，2003（6）：34－37．
[4] 曹锦丹，贺伟．信息用户的焦虑心理及其信息服务研究［J］．图书情报知识，2007（6）：101－103．
[5] 贺伟．图书馆焦虑量表的修订及信效度检验［J］．图书情报知识，2008（3）．
[6] 荣毅虹，王彩霞．论面向信息焦虑的知识信息服务［J］．情报理论与实践，2010，33（5）：6－9－13．
[7] 梁劳慧．信息焦虑与信息超载下的图书馆作用分析［J］．图书馆学研究，2011（1）：27－29－68．
[8] 王可欣．信息焦虑量表编制及其信效度检验［C］//第十五届全国心理学学术会议论文摘要集．中国心理学会，2012：1．

产生的图书馆焦虑,计算机焦虑和信息检索焦虑,从心理学的角度关注人们在面对网络海量信息时的反应。从心理学的角度关注用户信息焦虑的心理感受和行为,并编制信息焦虑量表。韦耀阳[1]探讨了大学生的信息焦虑与网络依赖之间的关系,采用"大学生信息焦虑自评量表"及"中文网络成瘾量表"对238名大学生进行测量。发现信息搜索与选择焦虑维度上存在显著性别差异,信息搜索和选择焦虑、信息饥渴焦虑存在显著的年级差异;人际健康问题、时间管理问题、戒断行为与退瘾反应、强迫性上网四个维度存在显著的性别差异。网络依赖有显著的年级差异,大四年级网络依赖程度显著高于低年级;信息焦虑总分与网络依赖总分存在显著的正相关。二者各个维度之间也有显著正相关;信息焦虑高低分组在网络依赖上存在显著的差异;经回归分析得出,大学生信息饥渴焦虑对网络依赖的预测程度最高。大学生信息焦虑对网络依赖的有一定预测作用,可以通过降低大学生的信息焦虑程度减少其对网络的依赖。

四、对其他影响读者心理因素的研究

1. 对影响读者阅读的因素的研究

沈梅[2]从图书馆阅览室的现实中总结认为,现代读者的心理素质方面存在一些不良思维,在图书馆阅览室阅读过程中通常以违规行为表现出来。由于这些违规现象是由不良阅读心理造成的,结果导致图书馆藏书体系遭到人为破坏,并提出了图书馆的防范举措。黄植信[3]认为图书馆读者的失范行为有深刻的心理原因,宣传教育、强化管理制度、完善监测设施、提高馆员素质可以有效规避读者行为失范。唐嫦燕[4]针对目前图书馆读者投诉问题,分析读者投诉原因和心理,指出大流通管理产生的"破窗效应",传统的读者登记管理产生的"马太效应",图书馆的消极策略管理产生的"晕轮效应",缺乏人性化管理产生的"蝴蝶效

---

[1] 韦耀阳. 大学生信息焦虑与网络依赖的关系研究 [J]. 情报科学, 2014, 32 (11): 88-91.
[2] 沈梅. 阅览室读者规范行为分析及对策 [J]. 内蒙古财经学院学报 (综合版), 2004 (1).
[3] 黄植信. 图书馆读者的窃书心理及调适 [J]. 广西民族学院学报 (哲学社会科学版), 2006 (6).
[4] 唐嫦燕. 图书馆读者投诉与服务心理效应的思考 [J]. 图书情报工作, 2007 (9).

应"是引起读者投诉的几种服务心理效应。杨志亮[1]以人类对色彩的感受心理理论为基础,提出图书馆应运用色彩联想感、色彩冷暖感、色彩主动、被动感等原理为读者营造舒适的色彩环境。认为图书馆在室内设计时固然应重视空间布局、色彩等视觉环境的设计,但亦应不局限于视觉环境,还营造愉悦感和心理宁静感的室内环境,实现科学性与艺术性、阅读需求和心理要求、物质和精神因素的平衡与综合。陈贵龙[2]研究了借阅环境、流通管理、流通馆员对读者心理所产生的影响,认为应运用人本心理学理念对图书馆服务过程进行改善。

在阅读心理方面,2007年耿华就读者的阅读类型和阅读心理特征的内在联系,按阅读目的、阅读动机等因素来划分读者类型,满足读者心理要做到知书知人知己。他认为大学图书馆读者的不良网络阅读行为已经对其身心健康的发展造成了不同程度的阻碍,同时对电子阅览室正常工作的开展造成了一定的负面影响,进行良好网络阅读行为的"认知"是感性认识到理性认识的升华。实现良好网络阅读理念的"认同"是认识到实践的飞跃,是解决用户网络阅读心理问题的方法。

2. 对影响馆员心理素质的因素的研究

徐建华等[3]对图书馆员的快乐感觉进行了量化研究,形成了一系列关于"图书馆快乐指数"的实证研究成果,最终测量出当代图书馆员的客观测试的"快乐指数"为7.34,主观自我评价的"快乐指数"为7.07。在此基础之上徐建华又从性别、年龄、职称、职务、地区、图书馆类型、学历等维度,深入解析并重新验证了不同图书馆员的群体的快乐感受状况。同时该学者采用独立t检验、相关分析等统计分析方法,考察了当今图书馆员的工作满意度,探讨了他们的工作满意度对组织承诺的影响。研究发现,他们的公平满意度、获得满意度、工作价值感、组织氛围满意度、管理者满意度与情感承诺和规范承诺呈正相关的趋势,工作量满意度与组织承诺各个指标呈负相关,继续承诺与工作满意度多个指标呈负

---

[1] 杨志亮. 从色彩的心理感受谈图书馆的室内空间配色[J]. 中小学图书情报世界, 2008 (6).
[2] 陈贵龙. 浅析心理学在图书馆读者服务工作中的应用探析[J]. 图书馆, 2008 (1).
[3] 徐建华, 李超. 当今图书馆员继续承诺回归方程的构建[J]. 图书情报工作, 2008 (4).

相关。在另一篇文章里，李超❶和徐建华对图书馆员的消极心理作了实证分析。针对在以往研究中所发现的图书馆行业存在着的一部分程度不等的消极心理体验的群体展开研究，主要包括男性、30岁以下者、普通员工、月收入低于1000元者、大专及以下学历者和高校图书馆员等，根据相关数据，采用t检验和方差分析，重点探讨这部分群体消极心理体验产生的原因及应对措施。

女性馆员是图书馆的主体，较早研究女馆员心理问题的是陈英杰❷，在《新时期女馆员的心理健康》一文中，他认为心理健康是时代发展的要求；文章就影响女馆员心理健康的因素，增强心理健康的途径和方法进行了探讨和论述。张树华、董小英❸就中国女图书馆员的数量、结构及心理状作了调查研究，指出女馆员该是职业中的生力军，占从业人员57.9%，具有初级、中级业务职称的女馆员占绝大多数，女馆员地位较低，但半数以上的女馆员对图书馆事业的未来充满信心。她们渴望学习和掌握现代化技术，以适应图书馆事业未来发展的需要，这是不断完善自我的心理状态的表露。邓华莲❹在文章中论述了图书馆女馆员心理健康的重要性，分析了女馆员的心理特征及影响心理健康的因素，提出了调适女馆员心理健康的措施。高太凤❺对造成图书馆管理人员中的女馆员的自卑、攀比、焦虑、嫉妒等心理问题的社会原因和个人原因进行的研究和分析，认为提高馆员的社会地位、建立科学合理的用人机制、营造舒适和谐的环境和制订完善激励机制可以减少上述问题的出现，促进女馆员的心理健康。

作为图书馆中的"弱势群体"，男性图书馆的心理问题也引起了一些学者的关注。母艾坪，叶文伟❻等就高校男图书馆员的心理健康进行研究，文章认为心理问题正困扰着越来越多的男图书馆员。然而，长期以来我们只侧重于讨论图书馆女馆员的心理健康却忽视了"阴胜阳衰"环境下男馆员们的心理健康问题。

---

❶ 李超，徐建华，等.当今图书馆员消极心理体验的实证研究 [J].图书情报工作，2008 (4).

❷ 陈英杰.新时期女馆员的心理健康.昆明师专学报 [J]，1998 (4)：83 – 86.

❸ 张树华，董小英.中国女图书馆员的数量、结构及心理状况 [J].中国图书馆学报，2000 (5).

❹ 邓华莲.论图书馆女馆员心理健康维护 [J].科技情报开发与经济.2006 (17)：40 – 42

❺ 高太凤.高校图书馆女馆员心理问题分析与对策探讨 [J].兰州教育学院学报，2013，29 (11)：126 – 127.

❻ 母艾坪，叶文伟，等.高校男图书馆员的心理健康不容忽视 [J].农业图书情报学刊，2007 (10).

其实，高校图书馆男馆员承受着来自社会和家庭的双重压力，他们的心理健康问题更加值得关注。

2011年，俞培宁[1]以320名男性馆员为调查对象，采用卡特尔16种人格测试法和访谈法对他们进行心理测试，确定其真实的心理状态。依据测试结果，查找当前困扰图书馆男性馆员心理健康问题及其形成原因，提出了缓解男馆员心理压力的应对措施及有效途径。

在职业情感与职业倦怠方面，学者分别对参考、流通馆员的职业倦怠作了分析，从个人、组织、社会层面提出解决之道。

职业情感（Occupational emotion）是指人们对自己所从事的职业所具有的稳定的态度和体验。有强烈职业情感的人，能够从内心产生一种对自己所从事职业的需求意识和深刻理解，因而无限热爱自己的职业和岗位。

情感作为一种心理现象，包含了人类心理活动的一般特征。它是人类所共有，表现为一定形式，并且是持续化了的心理活动。

职业情感是一种简单化的主观体验。从心理学的角度讲，职业情感就是从事某行职业的人对其工作的心理感应或者体验。这种体验带有明显的主观色彩，是个人对职业这个客观事物的独特感受。它既有强度上的差异，也有快感度上的分别，同时也遵循着由单纯到复杂的发展趋势。主观体验是原始的、来自内心的、人人都存在的心理现象，它是最基本的一种职业情感。

职业情感是一种外在化的情绪表现。深藏于内心的、萌发一切创造动力的人的情感，往往会引起人的躯体等一系列生理反应。这种反应会引起人类丰富的情感"表演"，如通过一个人在讲话时的语音、语调、语速、停顿时间变化来反映此人对某一事物的情感喜好，或者通过脸部肌肉活动、四肢动作和身体姿势来反映个人情感喜好。从这个意义上讲，职业情感是看得见、摸得着的。这种现象就是职业情感的一种外在表现。

职业情感是一种内省化的心情心境。职业情感在"先天所传"与"后天习得"的共同作用下，经历一个由低级到高级、由简单到复杂的发展过程，最终潜

---

[1] 俞培宁. 对图书馆男馆员心理状态的测试分析与思考 [J]. 科技情报开发与经济，2011，21 (8)：9-11.

伏于人的内心深处，表现出内隐、含蓄的特点，使个体较稳固地处于一种心理状态之中，影响个体行为方式，并使之习惯化，这就是心情心境。这种职业情感是更高层次的心理活动，它对支配个体行为向积极方向发展具有决定性意义。

情感现象的解释虽未形成定论，但情感的功效却是显而易见的。"激情、热情是人强烈追求自己对象的本质力量"，情感是解开人性之谜的钥匙，是创造一切价值的原动力。

积极的职业情感。从业者从自身工作的社会意义和性质上去认识职业，不计较个人得失，怀有满腔的热忱和执着爱心，并善于克服各种困难，表现出强烈的职业责任意识，并能以极大的精力付诸行动。积极的职业情感对个体的履职尽责行为有重大的动力和强化功能，表现在外就是对职业的赞扬、热爱、尽力和完善等，"引诱"个体不断激发内心本能，散发个体潜能，以良好的心态、稳定的情绪和的意志，努力实现客体职业与主体生命的完美结合。我们在实际工作当中，应着力培养的职业情感，它是符合时代形势和人类发展需要的积极的情感。

消极的职业情感。从业者把自身工作仅仅当作谋生的手段，较多地考虑个人得失和物质待遇，流露出对职业的不满足情绪，对工作怀着消极的情感，缺乏强烈的职业责任感。消极的职业情感无疑对职业行为产生着负面影响，起着减力的作用。集中表现为缺乏冲劲和拼劲，稍遇阻力便止步不前，半途中止，患得患失，"当一天和尚撞一天钟"，得过且过。消极的职业情感使人与职业产生离心力，让人从感情上厌恶、抵触职业，同时，这种消极的情感易"污染"健康的职业环境，影响同职业人员的情感情绪，从而大大降低工作效率。这时应在生活、工作当中极力克服和纠正的不健康心理情感。

情感的产生是基于职业本身满足了从业者的某种需要。职业是媒介，人的需要才是动机。可以用马斯洛的"需要层次论"作为工具，把职业情感分为三种层次。

第一层次是职业认同感。马斯洛对职业情感论述的比较多，认为职业情感是一种"生理需要、安全需要"。按照奥尔德弗的说法就是"生存需要"。一个人无论从事什么职业，首先能在社会上立足，能得到基本的生活保障，这是最基本的需要。在社会主义初级阶段，劳动成为人们基本的谋生手段，职业是人们获得生存的基本条件。一种职业只有提供了最基本的工资待遇、生活福利等生存保障资源，这种职业才能被人们所接受，人们才会从情感上去认同它、接纳它。这是最基本的职业情感，它决定着更高层次职业情感的养成。

第二层次是职业荣誉感。马斯洛认为，"尊重需要是指个人为求得稳定的地位，个人能力成就得到社会的承认和尊重"，这是个人满足了生存需要后的更高层次的社会性需要。人是社会关系的总和，人通过自己从事职业与社会发生关系，并通过社会对其从事职业的价值认定来感受个体的生存价值。一种职业只有被社会大众所称道，并形成良好的职业舆论与环境氛围，作为从事这种职业的个体才会感到无比的荣耀，才会从情感上产生对这种职业的归属感和荣誉感。这种职业荣誉感的形成，有赖于社会建立合理的价值观念和个体树立正确的职业价值取向。同时，这种职业情感是更持久、更深刻的情感，它是把人的内心思想化为实际行动的"催化剂"，"为荣誉而战"成为这种情感最集中的表达方式。

第三层次是职业敬业感。马斯洛认为，自我实现需要包括个人成就和个人发展全部潜力的需要，这是人生追求的最高境界。人的生命的价值，根本而言就在于他职业生涯方面的贡献和成功。如果我们仅把职业作为谋生的手段，我们可能就不会去重视它、热爱它，而当我们把它视作深化、拓宽自身阅历的途径，把它当作自己生命的载体时，职业就是生命，生命由于职业变得有力和崇高。所谓职业敬业感，是源自人性深处的一种渴望，本质上是对自己生活与生命的自重自爱。这是最高层次上的职业情感，只有处于这种情感支配下的个体，才能时刻保持昂扬的精神状态，才能最大限度地发挥个体潜能，使自己的职业生涯更加完善。

2004年，蒋红娟[1]在《图书馆论坛》发文研究职业情感问题，她认为职业情感就是一个人对自己所从事的工作的感情、态度。它直接影响从业人员的职业观念、工作态度和职业精神。所谓情感承诺（affective commitment），是指喜欢现在的职业，且该职业符合自己的职业理想、志趣而不愿离开现在的职业。一般说来，职业承诺与职业情感两者的关系，就是在情感承诺的基础上，从业人员个体认为自身所从事的职业符合社会大众利益和自己的理想目标，并对该职业能产生由衷的自豪感、成就感，而且该工作环境、角色冲突、组织承诺等变量都在自身

---

[1] 蒋红娟. 图书馆馆员的职业承诺及职业情感初探［J］. 图书馆论坛，2004（5）：79-80.

的认知范围内，并能对工作达到一定的满意程度，使自身拥有完成好职业承诺的认识及情感。"职业情感承诺"，在图书馆这一职业中的表现为图书馆员看到了图书馆在知识经济时代中所发挥的重要作用，认为图书馆员这一职业符合自身未来的人生目标和个性倾向，是自己对未来前景的向往与追求，同时认识到凭借自身的素质、情感，在领导和同事的共同努力下，一定能顺利、愉快地完成自己的工作任务。即是，图书馆员通过对职业的认知所发出职业承诺的轻重程度转化为对职业的情感依附，产生对职业热爱的情感效能，以及对读者和同事的亲和力，最后由责任心等共同形成优良的为读者服务的职业行为。这就是图书馆员职业承诺与职业情感的关系。

肖永英对图书馆馆员的职业情感进行研究，认为职业情感的变化是引发职业倦怠的原因，直接影响从业人员的职业观念、工作态度和职业精神。工作环境、角色冲突、组织承诺等变量都影响职业情感和承诺的有机平衡。

王会丽[1]发文称，图书馆员的职业情感是图书馆员对图书馆职业的态度的体验。正确积极、深刻坚定而具有转化力的职业情感对馆员自身和图书馆职业的发展都具有重要意义。馆员职业情感的核心内容主要表现为爱书、爱读者、爱工作，三者相辅相成，缺一不可，成为图书馆职业可持续发展的不竭的源泉。

职业倦怠是负面的职业情感，是指个体在工作重压下产生的身心疲劳与耗竭的状态。这一概念最早由加州大学教授 Christina Maslach 和著名的临床心理学家 Herbert J. Freudenberger 于 1974 年共同提出，他们认为职业倦怠是一种最容易在助人行业中出现的情绪性耗竭的症状。随后 Maslach 等人把对工作上长期的情绪及人际应激源做出反应而产生的心理综合征称为职业倦怠。其研究表明，职业倦怠由情绪衰竭（emotional exhaustion）、去人性化（depersonalization）、个人成就感降低（diminished personal accomplishment）3 个维度构成。一般认为，职业倦怠是个体不能顺利应对工作压力时的一种极端反应，是个体伴随长时期压力体验下而产生的情感、态度和行为的衰竭状态。

职业倦怠最常表现出来的症状有三种：

（1）对工作丧失热情，情绪烦躁、易怒，对前途感到无望，对周围的人、

---

[1] 王会丽. 论图书馆员职业情感的核心——"三爱"[J]. 新世纪图书馆，2009 (4)：72 - 74 - 23.

事物漠不关心。

（2）工作态度消极，对服务或接触的对象越发没耐心、不柔和，如教师厌倦教书，无故体罚学生，或医护人员对工作厌倦而对病人态度恶劣等。

（3）对自己工作的意义和价值评价下降，常常迟到早退，开始打算"跳槽"甚至转行。

职业倦怠一般包括以下三方面：

（1）情感衰竭，指没有活力，没有工作热情，感到自己的感情处于极度疲劳的状态。这被认为是职业倦怠的核心维度，并具有最明显的症状表现。

（2）去人格化，指刻意在自身和工作对象间保持距离，对工作对象和环境采取冷漠、忽视的态度，对工作敷衍了事，个人发展停滞，行为怪僻，提出调度申请等。

（3）无力感或低个人成就感，指倾向于消极地评价自己，并伴有工作能力体验和成就体验的下降，认为工作不但不能发挥自身才能，而且是枯燥无味的烦琐事物。

职业倦怠因工作而起，直接影响到工作准备状态，然后又反作用于工作，导致工作状态恶化，职业倦怠进一步加深。它是一种恶性循环的、对工作具有极强破坏力的因素。因此，如何有效地消除职业倦怠，对于稳定员工队伍、提高工作绩效有着重要的意义。

Maslach 和 Leiter[1] 于 1997 年提出了职业倦怠的工作匹配理论。他们认为，员工与工作在以下 6 方面越不匹配，就越容易出现职业倦怠，包括工作负荷过大、控制中的不匹配、报酬不合理、社交障碍、公平缺失、价值观冲突等。

1991 年，赵友[2]发文探讨了高校图书馆工作人员的职业倦怠问题，作者认为，高校图书馆中有相当一部分工作人员对其所从事的工作认同感很低，其工作积极性不高，没有把自己的聪明才智真正发挥出来。这表明，在高校图书馆工作人员中存在着一种较为普遍的现象，即对图书馆工作的职业倦怠现象。这种状况直接影响着图书馆的工作质量和工作效率。严重阻碍着图书馆两个职能的发挥和

---

[1] Maslach C, Leiter MP. The Truth about Burnout [M]. San Francisco: Jossey-Bass, (1997).
[2] 赵友. 试论高校图书馆工作人员职业倦怠问题 [J]. 河北图苑, 1991 (2): 10 – 12.

高校图书馆事业的发展，给高校图书馆事业带来了一种潜在的危机。

2002年，尹虹娟[1]阐述了馆员职业倦怠的危害性，分析了高校馆员产生职业倦怠的原因，提出了解决高校馆员职业倦怠的一些措施。作者认为高校馆员产生职业倦怠的原因是市场经济因素的消极影响；社会对图书馆重视不够；以及信息时代的高要求与馆员个人素质偏低的矛盾突出和高校图书馆管理制度的不完善。作者给出的解决馆员职业倦怠现象的措施是增强馆员的职业威望，提高馆员的社会地位；满足馆员的合理需要；排除馆员心理障碍，提高心理调节能力；完善图书馆内部的管理机制，建立科学的聘任制、考评制和筛选制等配套措施。

2004年，赵东[2]以中国国家博物馆图书馆为例探讨通过激励管理和人本管理克服职业倦怠的思路与方法。其具体方法有工作丰富化，工作目标明确化，适当的物质激励，关心职工生活福利。提出图书馆的内部管理必须自始至终贯彻以人为本的管理理念，具体做法是：

（1）充分信任、尊重馆员。尊重图书馆员的劳动贯穿于工作的各个方面：第一，各种安全责任制等规章制度要以人为本，具有较强的可操作性；第二，现代化设备的配里不是为了撑台子、装门面，而是为了让其为人、为工作服务；第三，工作计划的制定，人员分工、搭配要科学合理，要避免由于人为因家而造成的馆员重复劳动，从而加重馆员不必要的工作负荷。

（2）合理协调图书馆人才资源。在图书馆工作中科学地安排岗位，合理调配、使用人员，既是以人为本管理的需要，又是图书馆实际工作的需要。

（3）人本管理致力塑造人道化的工作条件、营造良好的文化氛围，为馆员排除心理障碍、提高心理调节能力提供了有效手段。

2006年，张馨、王家同[3]对高校图书馆员工职业倦怠现象进行了心理学上的分析。他们认为职业倦怠的成因可分为社会层面、职业层面和个人层面。社会层面包括社会意识对学科价值的认知观；图书馆员工的内心学科冲突。职业层面上

---

[1] 尹虹娟．高校图书馆不容忽视的一个问题——馆员的职业倦怠[J]．图书馆学研究，2002（1）：12-13-18．

[2] 赵东．用激励管理和人本管理克服职业倦怠——以中国国家博物馆图书馆为例[J]．情报资料工作，2004．

[3] 张馨，王家同．高校图书馆员工职业倦怠的心理学分析[J]．情报杂志，2006（3）：144-145．

包括职业工作强度大和职业缺乏成就感、被认可和发展机会。个人层面上包括信息时代的高要求与员工个人素质偏低的矛盾和人格特质。

对于图书馆员工如何走出职业倦怠的怪圈,张馨和王家同认为应该满足员工的基本需要;改依附为独立,主动适应社会意识;强化职业认同感;提高员工素质;积极运用心理补偿进行调节。

2008年,李立新[1]发文探讨了图书馆工作者职业倦怠的文化成因及对策。作者将图书馆工作者职业倦怠的文化成因归纳为图书馆理念的偏差;缺少竞争的图书馆环境;劳动价值与劳动报酬的背离;图书馆管理系统的分散与封闭;现代图书馆工作的高要求与馆员个人素质偏低的矛盾。

文章给出的防止图书馆工作者职业倦怠的对策是提高图书馆的社会地位,增强馆员的职业自豪感;建立图书馆良性运行机制,积极营造图书馆工作者良好的工作和学习环境;尽量满足图书馆工作者的合理需要,提高其工作积极性;排除图书馆工作者的心理障碍,增强其心理适应能力;塑造图书馆文化,强化创新机制。

2010年,邓尚民、门伟莉[2]对高校图书馆员工作满意度与职业倦怠关系进行了实证研究。文章根据结构方程理论,利用山东省高校图书馆员的调查数据,研究高校图书馆员工作满意度对职业倦怠的影响。模型分析表明,各维度对高校图书馆员职业倦怠的影响存在显著差异,影响顺序由大到小依次为组织制度、发展前景、薪资待遇、人际关系和工作内容。对研究结果进行简要分析,为科学把握职业倦怠成因提供依据。研究结果表明,各维度对职业倦怠影响的大小顺序是:组织制度、发展前景、薪资待遇、工作内容和人际关系。作者认为要降低高校图书馆员职业倦怠水平,首先要改善组织制度,通过引进竞争机制进行馆内工作调换,增加科研考核,提高馆员工作积极性;其次从图书馆员专业技能到自由时间管理、积极人格构建和职业生涯规划等各方面进行全面考察和培训,深层次挖掘图书馆员的兴趣、能力和人格特征,努力使现有人力资源达到最优配置,提高组织绩效和读者满意度,最终提高图书馆员的职业认同感,使其以更大的热情投入到本职工作中。

---

[1] 李立新. 试论图书馆工作者职业倦怠的文化成因及对策 [J]. 图书馆, 2008(4): 109-112.
[2] 邓尚民, 门伟莉. 高校图书馆员工作满意度与职业倦怠关系的实证研究 [J]. 图书情报工作, 2010, 54(11): 48-51.

3. 对馆员和读者的心理互动问题的研究

高原❶分析了馆读冲突问题，认为馆读冲突是一种人际冲突。针对当代大学生的心理特点，图书馆员可采用回避策略、控制策略、上级裁决策略、多重策略规避冲突。张天霞❷提倡在图书馆读者服务工作中，积极运行"角色互换"这一管理模式，推动图书馆员与大学生读者之间的双向互动行为，收到读者服务环节中的良性循环效应。张彤❸从组织行为学的角度研究图书馆与读者的关系，追求读者满意、甚至是超过读者预期的服务价值与图书馆组织获利的博弈与均衡，构建稳定的心理契约关系。实现图书馆与读者双赢的终极目标。

4. 对心理契约应用于图书馆 HR 管理的研究

契约制度在人类社会中早已形成，而将契约的概念引入心理学领域的是阿吉里斯（Argyris）。阿吉里斯在他的研究中发现，在企业的员工与组织间有着未形诸文字但确实存在的某些关系，他称之为"心理契约"（PsychologicalContract）。谢恩（Schein）将心理契约定义为："在组织中，每个成员和不同的管理者以及其他人之间，在任何时候都存在的没有明文规定的一整套期望。"卢梭（Rousseau）等人则认为，心理契约不仅具有期望的性质，也有对"义务的承诺与互惠"。卢梭将心理契约定义在个体与单一层次上。Herriot 等人则认为，"心理契约"是雇用关系中的双方即组织和个人，在雇用关系中彼此对对方应提供的各种责任的知觉。这种知觉或来自对正式协议的感知，或隐藏于各种期望之中❹。

郭琳❺认为心理契约是组织实体与个体成员之间的互感耦合。图书馆员的心理契约受图书馆政策、氛围、文化等因素的影响，同时，良好的心理契约能使图书馆员产生较高的安全感、工作满意度、高度认同感与良好的组织公民品德（高

---

❶ 高源. 当代大学生心理特点及高校图书馆馆读冲突的规避［J］. 农业图书情报学刊，2008（11）.
❷ 张天霞."角色互换"管理——心理效应在高校图书馆的运行［J］. 台州学院学报，2003（5）.
❸ 张彤. 基于读者满意的图书馆与读者心理契约的构建［J］. 江西图书馆学刊，2007（3）.
❹［英］波特·马金，等. 组织和心理契约［M］. 王新超，译. 北京：北京大学出版社，2000.
❺ 郭琳. 心理契约——现代图书馆人力资源管理的良方［J］. 大学图书情报学刊，2004.

度的责任感与道德品质），从而对图书馆管理政策的制定与调整产生积极的影响，推动图书馆事业的发展。

尚庄认为图书馆员与读者的关系是图书馆诸多关系的核心。建立以信任为基础的良好的读者关系，是实现图书馆利用率最大化的关键。他尝试将心理契约理论应用到读者关系之中，阐述信任、感知质量和忠诚度对读者关系的意义，分析心理契约对读者利用图书馆行为的影响，并提出读者关系营销策略。

何晓红❶引入了心理契约和黏滞知识的有关理论，基于心理契约和知识的黏滞性对图书馆隐性知识进行了分类，分析了各类隐性知识的特征，提出了基于心理契约的图书馆隐性知识管理对策。她的另一篇文章❷进一步明确了心理契约是"组织中成员和管理者以及其他人之间一份内隐的协议，心理契约的履行会使员工对图书馆产生高度的信任和满意感，从而激发知识转化与共享的动力。"

5. 心理学理论在读者心理研究上的应用

管理心理学研究图书馆管理过程中人的心理机制以及影响调动人的积极性的部分因素。

刘晶❸提出图书馆管理心理学概念包括两方面的含义，并对北京等4个地区的10个中型以上图书馆的工作人员进行访问和随机抽样调查分析了图书馆工作者的心理状态，并提出了以人的心理为中心的管理方法与措施。徐峰❹通过国外的一个相关调查，说明了图书馆员的关系能力在图书馆读者服务中的重要作用，调查发现影响馆读沟通因素，主要是读者的态度、馆员的信息、知识基础、关系能力等。张晨❺从认知学的角度出发，分析了图书馆信息用户的认知心理及用户和图书馆网络信息服务之间的矛盾，并分析了用户认知心理与现行图书馆网络信息服务方式的矛盾。袁志强❻对图书馆员行为的情绪性特征进行了描述。情绪需要规则、表达与调节。并认为可以把图书馆用户服务工作定位为一种情绪性工

---

❶ 何晓红．基于心理契约的图书馆隐性知识管理［J］．情报杂志，2007（2）．
❷ 何晓红．基于心理契约的图书馆员工隐性知识转化与共享管理［J］．图书情报工作，2007（10）．
❸ 刘晶．图书馆管理心理研究［J］．图书情报知识，1990（2）．
❹ 徐峰，彭玲玲．试论图书馆员的关系能力［J］．图书馆学研究，2006（5）．
❺ 张晨．基于用户认知心理的图书馆网络信息服务探讨［J］．中小学图书情报世界，2007（8）．
❻ 袁志强．图书馆服务情绪性行为特征透视与分析［J］．兰台世界，2006（3）．

作，在情绪适当表达、规则及其调节的基础上平衡和处理各利益相关者的利益关系。陈岚❶以图书馆为背景，以人本主义心理学为理论指导，采用档案、观察、问卷等科学方法，对大学生的心理特征进行了研究，对于大学生常见的心理障碍在图书馆的表现进行了描述，指出新生和毕业生是高校中最需要心理关怀的两个群体。

---

❶ 陈岚，戚敏，等．心灵之旅——大学生心理特征的图书馆研究［J］．图书馆界，2007（3）．

第五章
读者心理疾病的阅读疗法

第一节 阅读卫生学与阅读疗法

1861年，法国医生布洛卡首次发现"失读症"是由于病人大脑皮层的一个特定区域发生器质性损伤而导致的，人们称这一特定区域为"布洛卡氏区（前语言区）"。1874年，德国神经病理学家韦尼克发现，大脑皮层颞叶颜上回后部受损，会引起感觉性失语症，即病人看不懂书面材料，不能理解语言，用词不当或词不达意。人们称这个部位为"韦尼克氏区（后语言区）"，它对阅读理解起着重要作用因。

1878年，法国眼科专家 Emile Javal 通过观察小学生读书时眼珠的运动发现，在阅读时眼睛并不是平缓地扫过一行课文，而是表现为一系列细小的跳动。在各次跳动之间出现短暂的停顿（注视）。

1908年，Huey出版《阅读的心理学与教育学》一书。他在书中写到："彻底分析我们在阅读时的所作所为，几乎可以成为心理学家们成就的顶峰。因为它可以描述人们心灵的许多复杂的工作，并且能够阐明文明世界在其全部历史中最隐晦的、最卓越的成就的真相。"

自20世纪50年代以来，随着阅读研究的深入和认知心理学的发展，心理学家们将阅读过程视为认知过程的一部分，并以信息加工的观点来说明阅读活动的心理过程和结构。这种研究大大激发了对包括阅读无能和阅读障碍在内的有关问题的再思索。研究者们对阅读无能和阅读障碍及其他阅读中的不良行为的成因及作为认知过程的表现进行了大量的研究。

在对阅读无能的解释中，主要有两种理论。一种是"知觉缺失论"。该理论认为阅读无能者缺乏接受世界，特别是缺乏接受语言材料的能力。因而，由于阅读无能者无法精确地形成对语言材料的知觉，所以难以深化阅读过程的信息加工或进行错误地加工，因而导致阅读能力低于常人。另一种是关于阅读无能和眼动间关系的研究。以往认为阅读无能者与眼睛注视的次数与时间、回视的频率以及视幅度等关系密切。20世纪70年代以后的研究表明，虽然眼动参数与阅读无能者关系密切，但这并不是阅读无能的成因，研究者们通过眼动模式的分析，更大范围地探求阅读无能儿童在认知策略上的缺陷。除此之外，近年来心理学研究者还对阅读无能和记忆过程的关系进行了大量的研究。

20世纪80年代,日本学者对日本儿童包括阅读无能、阅读障碍在内的阅读能力丧失问题进行了调查研究。研究结果表明,日本儿童的阅读无能发生率为10.91%。由心理和生理卫生引起的阅读能力丧失或下降已成为世界范围内的普遍问题。其中最为常见的是被人们称为阅读障碍的阅读能力问题。

据调查,我国至少有400万阅读障碍儿童患者。阅读障碍的病因和发病机理,目前国际学术界一般认为生物因素占首位。在神经心理过程研究中,发现患儿在字词、数字、颜色、短时记忆等方面都存在缺陷,这可能与儿童大脑发育侧化障碍有关。

在长期的阅读教学和阅读研究中,人们对阅读中的不良习惯进行了大量的研究和总结。阅读中的不良习惯既有生理方面的,又有心理方面的,如出声读,指着读,用脑不合理,视距、视幅不合要求,回视,阅读姿势不正确,读前不洗手,乱写乱画,手指舔着唾液翻书等。

包括阅读障碍在内的阅读病理研究已引起世界范围内的关注。《美国大百科全书》[1] 对阅读低能和阅读障碍进行了界定和说明。

美国许多学校都建有阅读诊所,即有关专家对有较严重阅读问题的患者提供帮助的地方。它的主要工作是进行"治疗性阅读"(remedial reading)或"矫正性阅读"(corrective reading),这是由受过专门阅读诊断方法使用训练的教师对不能正常阅读和阅读水平明显低于期望值的学生进行的阅读指导。

英国学者把注意各种阅读障碍和相应的治疗作为阅读研究的主要内容之一。

我国学者把功能性阅读障碍、阅读的不良习惯、社会阅读风俗列入阅读病理学进行研究。除上述研究内容外,还包括阅读活动中的卫生研究、环境卫生、读物内容健康等方面。

随着对阅读障碍的研究的深入,一门新的科学——阅读卫生学,也应运而生。

阅读卫生学是研究阅读活动与卫生的关系,是具体包括阅读活动中的卫生问题和医疗卫生中的阅读疗法两方面内容的学科。简言之,就是研究阅读中的卫生

---

[1] 美国最新图解百科,美国大百科全书16册 彩图版[M]. 长春:吉林文史出版社.

和卫生中的阅读的一门学科。其研究对象简单说来就是阅读与卫生的关系。

阅读活动是一种生理和心理共同作用下进行的活动，其卫生或病理也具体表现在生理、心理、阅读对象、环境几方面。

阅读的生理卫生与障碍主要包括失读症的种类、病理因素及其医治；阅读无能或阅读能力低下的调查、测试、成因及治疗；阅读过程中的生理卫生包括视距、视幅、刺激感应时间、姿势、色彩等；阅读中的不良习惯有出声、回视、唇读、翻书、图画等。

阅读的心理卫生与障碍主要研究阅读活动中由品德、动机、观念、意志、兴趣、情感等因素引起的障碍或不卫生问题。

阅读中的环境卫生主要指大环境（社会环境、社区环境以及读者社会交往环境）与小环境（读书场所的光线、噪音、温度、空气等）的卫生与健康。

阅读活动是一种精神活动。阅读活动包含了人们的感觉、知觉、记忆、思维、言语、情感、意志兴趣、观念、动机等多种心理活动，在这些心理活动的共同参与下完成阅读过程。人们在进行这些心理活动的同时，必然对自己的心理状态产生影响，这种影响一方面是由于阅读活动本身的心理过程作用而产生的，并且这种心理活动过程是其他任何行为所不能取代的；另一方面是由于读物内容本身就是一种心理活动过程的产物，是人类心智、情感、行为、思维的结晶。在阅读过程中，读者与读物所包含的情感、思维、行为等内容产生共鸣，从而使读者得到美的享受、愉悦身心、陶冶情操，或树立自信、坚定意志，或激发情感、产生想象、进入美好境界……阅读活动具有无穷的精神力量和摄人心魂的魅力。

研究阅读活动对人身心健康的作用是这部分的主要内容。具体分为三部分：

（1）阅读疗法的历史、经验总结、评价。

（2）阅读疗法的作用、意义、潜力和前景研究。具体有由心理因素包括社会因素引起的疾病的治疗；对生理疾病的心理辅助治疗。通过这部分研究，为阅读疗法提供充分可靠的事实和理论依据。

（3）阅读疗法的实施。包括人员培养：培养者、课程设置、教材建设等；阅读疗法的技术研究：过程分析、读物选择、读物内容分析、读物分类、阅读辅导方法等；阅读疗法管理研究，如目标确定、效果测定、标准术语、实施规范等；阅读疗法的宣传教育等。

医疗卫生中的阅读活动的研究与实践主要集中体现在"阅读疗法"方面。

关于"阅读疗法"这一概念，百度百科给予的定义[1]是：阅读疗法是一种借由阅读图书或接触其他信息材料，帮助读者纾解负面情绪困扰，进而达到身心平衡之状态。通常是由图书馆员、心理治疗师，或其他相关专业人员，针对个别需求，进行材料选择，并利用这些材料给予读者治疗。

1941年出版的《道兰德插图版医学词典》(*Dorland's Illustrated Medical Dictionary*)对阅读疗法的定义是：利用书籍于精神疾病的治疗[2]。

1961年，《韦氏新国际英语词典》第三版(*Webster's Third New International Dictionary of the English Language*)收入"bibliotherapy"一词，对其作了两条释义：

（1）利用选择性的阅读辅助医学与精神病学的治疗。

（2）通过指导性的阅读，帮助解决个人问题。这两条释义在1966年得到了美国图书馆协会的正式承认。

1969年美国出版的《图书情报百科全书》[3]给阅读疗法的定义是："阅读疗法就是在疾病治疗中利用图书和相关资料。它是一个与阅读有关的选择性的活动，这种阅读作为一种治疗方式是，在医生指导下，有引导、有目的、有控制地治疗情感和其他方面的问题。"

该书补充解释[4]道："阅读疗法是一种交流方式。图书和相关资料作为媒介通常有助于建立一种交流方式。有助于增强病人接受治疗的氛围。阅读疗法是一种利用文献的力量，以达到了解、领悟与自我成长目的的一种活动。"

美国阅读疗法研究权威罗宾在其所著《阅读疗法应用》(Using Bibliotherapy)一书中，对阅读疗法的定义为："以媒体和读者之间的交互作用的过程为基础的一种活动计划。无论利用虚构的还是非正式的印刷或非印刷资料，皆须有指导者

---

[1] https：//baikE. baidU. com/item/% E9% 98% 85% E8% AF% BB% E7% 96% 97% E6% B3% 95/2151432? fr = aladdin.

[2] 谭修文. 书目治疗法之探讨 [J]. 图书与资讯学刊（台湾），1994（9）.

[3] Webster, Noah. Webster's Third New International Dictionary of the English Languag [M]. E. Springfield：G. & C. Merriam CO., 1961：212.

[4] Aleen Kent and Harold Lancour. Encyclopedia of Library and Information Science [M]. New York：Marcel Dekker, InC., 1969：448.

给予讨论与协助。"并指出治疗师与读者之间存在着契约关系,阅读疗法是一种"政治上的活动",即治疗师对于读者的影响,是建立于"权力架构的关系"之上,读者在接受该疗法时,即受此关系所支配。

美国学者韦伯斯特给阅读疗法的定义❶是:"通过针对性的阅读,为解决个人问题提供指导。"

《阅读疗法——交互过程:一本手册》(Blbliotherapy-The Interactive Process: A Hand-book)一书的作者海尼斯给阅读疗法的定义是:"阅读疗法就是利用文献在被指导者和指导者之间创造出的一种治疗性质的交互的过程。"这个定义可以作如下扩展:"在交互式阅读疗法中,一个经过训练的治疗师利用指导性的讨论,帮助已生病的或处于亚健康状态的读者,把感情和领悟集中到一个挑选出来的文献中,选出的文献可以是一个印刷的文本,也可以是各种形式的视听资料,或者是读者自己创作的作品。"

1995年国际阅读协会出版的《读写词典》对阅读疗法的解释是:"有选择地利用作品来帮助读者提高自我认识或解决个人问题。"

俄罗斯对阅读疗法的研究也走在世界的前面。鲁巴金❷把阅读疗法定义为:"这是一个通过馆员和其他专家的帮助,利用想象的和信息的、印刷的和非印刷的材料的交互过程,了解正常发展,实现改变偏离行为的积极计划。"E. O. Мишукова 认为阅读疗法是教育治疗过程,目的是形成读者的个性。图书是强有力的工具,可以影响人们的思维、性格,形成他们的行为,帮助解决问题。心理治疗师(心理工作者,经过专门培训的馆员)为患者挑选解决他生活问题的文献,阅读后共同研究内容。在挑选图书("阅读处方")时,必须认真考虑患者的个性特征、社会阅历、教育和文化水平❸。

Н. В. Аверьянова 把阅读疗法定义为,其是关于在不利情况下通过阅读专门挑选的文献保护、巩固生理和心理健康、个性完整性的规律、机制、方法的

---

❶ John T. Pardeck and Jean A. PardecK. Bibliotherapy-A Clinical Approach for Helping ChildreN [M]. Singapore: Gordon and Breach science publisher, 1993: 1.

❷ Евсеева М. Г. . Библиотерапия [EB/OL]. 2015 – 05 – 02. http: // rudocS. ex-daT. com/docs/index-67530. html.

❸ Мишукова Е. О. Лечение Книгой, Или Основы Библиотерапии [EB/OL]. 2015 – 04 – 24. http: //nashauchebA. ru/v55651/ишукова. O. лечени, илиосновыбиблиотерапии.

科学。

А. М. Миллер 认为阅读疗法是心理治疗方式，它利用系统的阅读，改善患者的心理状态。

Ю. Н. Дрешер、Т. А. Атлантова 认为，阅读疗法是科学，旨在培养人的技能，发展应对不寻常情况（疾病、应激、抑郁等）的能力，巩固意志力，在"综合阅读情况"的基础上，提高智力和教育水平。阅读疗法的优势在于：影响工具的多样和丰富，印象深刻，长期性，重复性，保密性等[1]。

阅读疗法（biblitherpy）一词源于希腊语，由"图书"和"治疗"合成，也可称"图书治疗"，顾名思义，是指利用阅读图书达到治疗疾病的一种方法。《韦氏新国际英语词典》第三版和王同亿编译的《英汉辞海》对该词释义为：指导患者阅读精选的阅读材料，作为内科学和精神病学上的一种辅助疗法，亦指通过有指导的阅读帮助解决个人问题。图书情报学词典上的注释是：为精神有障碍或行为有偏差者选定读物，并指导其阅读的心理辅助疗法。治疗时，首先根据医生、教师、监护人等观察和患者自述，确定引起精神障碍或行为偏差的原因，然后按照"在适当的时间，给适当的读者，提供适当的图书"的原则，开列所需阅读的图书，嘱患者依一定要求阅读。

医学研究表明，老年痴呆归根结底是大脑功能衰退，记忆能力丧失。而勤于读书能促进"脑运动"，而不断的脑运动可以直接促进脑健康，从而通过脑协调与控制全身的功能，防止老年痴呆的发生。勤于读书、用脑的人，大脑血管经常处于舒张状态，以输送充足的氧气和营养物质，从而延缓中枢神经老化，带动血液循环，使全身各系统功能保持协调统一，促进人体健康。

第二节　早期对阅读疗法的认识

英国哲学家弗朗西斯·培根（Francis Bacon，1561—1626）说过："读史使人明智，读诗使人灵秀，读数学使人严密，读物理学使人深刻，读伦理学使人庄

---

[1] Анализ Жанлов Литератуы С Точки Зрения Их Возможности Использования В Библиотерапии [EB/OL]．2015-04-22．http：//gendocS．ru/v30685/реферат_1-библиотерапия．

重，读逻辑学、修辞学使人善辩。"

在古代埃及底比斯城的一个图书馆的正门上方镌刻着"医治灵魂的良药"的字样❶，意思是说图书是一种心药，读者阅读图书就是服用心药，可以医治精神和心理方面的疾病。

早在远古的夏、商、周时期，人们就知道这样的道理——人有生理疾病，可以用针药治疗；人有心理的迷惘和过失，亦可用"箴谏""箴诫"来疗救❷。

西汉文学家刘向有句名言："书犹药也，善读之可以医愚。"

《韩诗外传》❸载：春秋时，鲁国有个名叫闵子骞的人，拜孔子为师。开始，他脸色干枯，过了一段时间开始变得红润起来。孔子觉得奇怪，便问是什么原因，闵子骞说："我生活在偏僻乡下，看到达官贵人坐在华丽的车上，前后龙旗飘舞，很是羡慕，因此寝食不安、脸色干枯。如今，我受老师的教化，懂得的道理日渐多了，能辨是非、知美丑了，那些'龙旗'之类的东西，再也打动不了我的心，因而，心态平和，脸色也就红润起来了。"

事实上，读书确有"防病"和"治病"的奇效。读书与健康有着密不可分的渊源。读书可以解除人的失落感、寂寞感和孤独感，可以使人心神集中、杂念尽消、心平气和、神志安稳，从而有利健康；读书可以清心明志，教人明理，遇到过急之事可以避免"怒伤肝、恐伤肺"等不利于身心健康的情况发生；读书还可以引导患者专心于书中，暂时忘却病痛带来的苦恼，使患者意境开阔、心情舒畅，有利于身体康复。

一生与书为伴、以书祛病健身的中外名人不胜枚举。孔子一生坎坷，颠沛流离，最终活到73岁，爱读书，显然是孔子受益匪浅的养生之道。北宋大诗人陆游，晚年穷居乡间，常靠读书怡情；他的切身体会是"病中书卷作良医"，"读书有味身忘老"。

西汉文学家枚乘的《七发》❹，就是一篇中国心理治疗史上的精品。赋中吴客抓住楚太子追求奢靡的心理特点，以优美的辞章、奇瑰的场景，极力引导他畅

---

❶ [美]杰西·H·谢拉. 图书馆学引论 [M]. 张莎丽, 译. 兰州：兰州大学出版社, 1996.
❷ 祖保泉. 文化雕龙解说 [M]. 合肥：安徽教育出版社, 1993：204.
❸ [汉]韩婴. 许维遹 [M]. 北京：中华书局, 1980.
❹ [汉]枚乘. 七发 [M]. 余冠英, 译；萧平, 注. 北京：中华书局. 1959.

想豪华壮观的事物和场景，使之兴奋发汗，从而解除由精神空虚引发的身体不适。一般人读了这首赋，也会被其中华丽的辞章、丰富的想象、壮观的场景所陶醉，起到畅怀想象、焕发精神的作用❶。

这篇文章记录了一场虚拟的心理治疗的全过程。全文的大意是：楚太子有病，吴客前往探视，认为太子得的是王公贵族常见的富贵病，病征是见识短浅，喜怒无常；好色喜淫，耗精伤神；嗜食肥甘，内壅湿热；深居广厦，风寒易侵；裘衣细软，如暑蒸熏。此病非针药可治，只有听"要言妙道"方能去。于是吴客鼓动如簧之舌，展开了奇幻瑰丽的七层想象。第一层极言音乐的动听，第二层设想最可口的饮食，第三层尽渲车马的名贵，第四层描绘奢侈的游览，第五层盛赞打猎的壮观。此时已激起太子的兴奋，"阳气见于眉宇之间"，病稍有起色。第六层又回到本地风光——长江观涛的情趣，最后第七层从无穷的想象归结到人生应有高雅的情趣，要多听"圣人辩士"之言。畅想至此，太子"溅然汗出"，"霍然病已"。从内容看，题名《七发》兼具"以七事相启发""七次抒发"和"七次发汗"多层意思。吴客抓住太子追求奢靡的特点，极力引导他畅想豪华、排场、壮观的事物和场景，使之兴奋发汗，从而解除由精神空虚引发的身体不适。《七发》对图书疗法的贡献体现在两个方面，一是它在结尾处提出楚太子若想保持良好的精神状态，必须多听"圣人辩士"的"精言妙道"，这意在建议王公贵族应该多读好书，是对图书疗法的倡导。二是它是对一次"话疗"的书面再现，像处方一样具有可重复性，与楚太子同病者，读之很可能会收到同样的疗效。很可能这也是《七发》虽含讽刺意味，却流传久远，无论官宦布衣都给以普遍好评的原因之一。

魏晋南北朝时期，佛教盛行，信徒抄经之风甚浓。僧侣抄写和信众自抄都满足不了需要，还出现了受雇于寺庙和个人，专门以抄经为业的写经生。

佛经中的哲理都具有劝诫性质，具有很强的心理调节作用，通过读经，许多人蓦然开悟，进入到了灭苦无欲的境界，自然就忘掉了病痛和苦难。西方把阅读疗法的源头追溯到《圣经》和《古兰经》的传播，说明对宗教经典阅读对人的精神上安慰有一定的作用，并在一定程度上减轻肉体上的病痛。

---

❶ 王米渠. 中医心理治疗 [M]. 重庆：重庆出版社，1986：112.

南朝徐陵在编撰《玉台新咏》时说汇编这些诗的目的之一是"庶得代彼萱苏！微蠲愁疾"。"萱苏"就是传说中的的忘忧草，"蠲"是清除的意思。徐陵认为承载和传播情感的文学作品可以替代忘忧草，消愁祛疾，非常到位地点明了阅读的治疗作用。

南宋诗人陆游（1125—1210），是中国历史上最自觉地利用图书疗法养生保健的实践者之一。陆游一生读书、知书、爱书、藏书、写书，嗜书如命。他的书斋上下左右都是书，以致进退不便，自名为"书巢"。他毕生创作的诗歌近万首，其中有大量的读书诗，极言读书之乐，尽情抒发与书为伴的愉悦情感。陆游84岁时还作《读书至夜分感叹有赋》，其中有句云"老人世间百念衰，惟好古书心未移。断碑残刻亦在楼，时时取玩忘朝饥"，活脱脱自画出一位至老不衰的爱书家形象。陆游把读书作为养生秘诀，慰怀养心，身健体安。他不仅自己受益，还把读书疗疾的健身之术传授他人，有他的一首诗为证："儿扶一老候溪边，来告头风久未痊。不用更求芎芷药，吾诗读罢自醒然。"陆游享寿85岁，在"人生七十古来稀"的古代，算得上是一位寿星。他的经历表明，读书在疗疾养生方面确实有一定的功效。

在比陆游稍晚的祝穆（？—1255）所编的《古今事文类聚》❶前集卷四十七里有这样一段话：

诗话云：有病疟者，子美曰：吾诗可以疗之。病者曰：云何？曰：夜阑更秉烛，相对如梦寐。其人诵之，疟犹是也。杜曰：更诵吾诗云：子璋髑髅血模糊，手提掷还崔大夫。其人诵之，果愈。《渔隐丛话》：世传杜诗能除疟，此未必然。盖其辞意典雅，读之者脱然不觉沉疴之去体也。而好事者乃曰：郑广文妻病疟，子美令取予"落月满屋梁，犹疑照颜色"一联诵之，不已。又令取"虬髯似太宗，色映塞外春"一联诵之，不已。又令取"子璋髑髅血模糊，手提掷还崔大夫"一联诵之，则无不已矣。此殊可笑，借使疟诚有鬼，若知杜诗之佳，是贤鬼也。岂复屑屑求食于呕泄之间免。

祝穆这段话虽然是拿人们用杜甫的诗可驱病魔的事来开玩笑，但也说明阅读对人的心理影响之大。

---

❶ 迪志文化公司供稿. 古今事文类聚 [M]. NA. 2001.

第五章 读者心理疾病的阅读疗法

清代《老异续篇》也载有杜甫诗可治病的验案：白岩朱公患气痛症，发作之时每每吟诵杜诗数首而获缓解。

明代嘉靖、万历年间的戏曲作家和养生学家高濂在专著《遵生八笺》❶ 中明确指出，读书得法，能收到祛疾养生的奇效。

现代作家秦瘦欧曾说："我自小多病，但又最怕服药打针，几乎每次都是依靠着《西游记》《封神演义》《江湖奇侠传》《福尔摩斯大探案》等书，获得充分休息并恢复健康。"

读书最能医治心理疾患，有经验的心理医生常常把读书作为心理治疗的辅助手段。因为读书可以使患者增加医学知识、消除错误见解，使患者更好地理解自己对待挫折的心理和生理反应。读书还能帮助患者消除恐惧、羞愧和自责的心理，提高患者的生活兴趣，能够强化其在社会活动中的正常行为，抑制其不适应的行为模式。读书更能帮助患者把压抑的心理矛盾释放出来，转移病灶，达到心身放松的目的。

诗歌疗法（Poetry Therapy）是阅读疗法的一种，即向患者推荐一些有不同情感色彩的诗歌，让病人独自阅读、写诗或在心理医生的指导下集体诵读，通过认同、净化、娱乐和领悟等作用，消除患者的不良情绪或心理障碍，是一种提高心身健康质量的心理治疗方法。

西方采用诗歌进行治疗的历史可以追溯到塞尔苏斯。

塞尔苏斯（Celsus, Aulus Cornelius）约生于公元前 10 年，卒年不详。他是罗马贵族中最高贵门第之一的成员，他把希腊人的知识和学问收集起来，并整理摘要，介绍给罗马人，赛尔苏斯和他的著作在近代早期具有奇特的反响。他的著作在古代被轻视为通俗读物，到了中世纪就几乎完全散失，直到 1426 年发现了他的一本医学著作。

塞尔苏斯有一句名言："你们应该知道，意志的作用在治疗中很重要。"他当时就比较反对医生只从身体方面去治病而不从精神方面去治病。奥地利作家茨威格这样评价他："第一个反对揭穿医疗奇迹面纱，反对医疗失去灵魂的，是塞尔苏斯。"

---

❶ ［明］高濂，王大淳. 遵生八笺［M］. 北京：人民卫生出版社，2007.

美国心理学家、诗人阿瑟·勒内（Arthur Lerner，1915—1998）是诗歌疗法的先驱。他的主要作品有《诗歌在治疗中的运用》。他有一句名言："诗歌在治疗过程中是一种工具而不是一种说教。"他的主要观点是人类最伟大的成就在于语言，而生活是一种"诗的解释"。他认为："所有的文学样式都看作是理解人类行为的主要来源，一个人的认知和无意识理解是由影响人的成长和发展的语言、符号、隐喻和明喻构成的。诵读诗歌能改善心理和情绪状态，从而能够起到治疗身心疾病的作用。"后人评价他的诗歌疗法是阅读疗法的一种，即向患者推荐一些有不同情感色彩的诗歌，让病人独自阅读、写诗或在心理医生的指导下集体诵读，通过认同、净化、娱乐和领悟等作用，消除患者的不良情绪或心理障碍，是一种提高心身健康质量的心理治疗方法。这个结论是对诗歌疗法的一个很重要的补充。我的诗歌疗法和他的有差异，他的诗歌疗法主要是阅读疗法，我的诗歌疗法不仅包括阅读疗法，还有书写表达，甚至认为写诗比读诗效果好[1]。

第三节 阅读疗法理论基础

随着工业化和城市化的推进，生活节奏的加快，竞争加剧，因情绪因素致病的患者逐年递增。传统的生物医学模式已无法满足不断增多的社会疾病和心理精神疾病的需要，应当发展生物—心理—社会整体医学模式。伴随医学模式的转变，心理治疗的地位有了很大的提高。作为心理治疗方式之一的阅读疗法其理论基础也随之日益完善。

阅读疗法作为一种帮助人们改变和重构个人态度、调整行为和解决问题的有效方法或工具，以心理学的认知治疗理论、认同理论、叙事理论为基础。

认知治疗[2]历史最为短暂，其正式提出并应用于临床是在20世纪70年代后期，1976年，贝克（Beck）出版了他的一本专著《认知疗法与情绪障碍》。

---

[1] [美]尼古拉斯·玛札. 诗歌疗法理论与实践[M]. 南京：东南大学出版社，2013.
[2] 认知治疗由 A. T. Beck 在60年代发展出的一种有结构、短程、认知取向的心理治疗方法，主要针对抑郁症、焦虑症等心理疾病和不合理认知导致的心理问题。它的主要着眼点，放在患者不合理的认知问题上，通过改变患者对己，对人或对事的看法与态度来改变心理问题。

一、认知治疗的基本理论

认知是情感和行为的中介，认知治疗有三条基本原理。第一，认知是情感和行为反应的中介，引起人们情绪和行为问题的原因不是事件本身，而是人们对事件的解释。第二，认知和情感、行为互相联系，互相影响。第三，情绪障碍患者往往存在重大的认知曲解，这些认知曲解是患者痛苦的真正原因。

治疗者不是按客观性和逻辑性的原则矫正病人对现实的歪曲，而是帮助病人提示其自己建构的现实，让病人明白心理障碍来源于自己信息加工系统的功能紊乱。

贝克认为情绪障碍的认知模型包含两个层次，即浅层的负性自动想法和深层的功能失调性假设。贝克认为人们从童年期开始通过生活经验建立起来的认知结构或图式，是一种比较稳定的心理特征，形成了人们对自己和世界的假设，用于对信息滤过、区分、评估和编码，指导对新信息的知觉对旧信息的回忆及借助图式进行判断与推理，支配和评估行为。

人们是按照各自的习惯方式去认识自己和世界，根据自己对事件的判断和解释处理事情，认知不发生错误的人是极少的。根据研究发现，病人的认知曲解可有以下几种。

（1）非黑即白的绝对性思考，这种思考方式导致完美主义，害怕任何错误和缺点。

（2）任意推断，在缺乏事实根据的情况下草率地下结论。

（3）选择性概括，以偏概全。

（4）过度引申，指在一个小小失误上做出关于整个人生价值的结论。

过度夸大和过分缩小：指夸大自己的失误、缺陷的重要性，而贬抑自己的成绩或优点。

（5）个人化，当事人主动为别人的过失或不幸承担责任。

（6）选择性消极注视，指选择一个消极的细节，并且总是记住这个细节，而忽略其他方面，以致觉得整个情境都染上了消极的色彩。

（7）情绪推理，认为自己的消极情绪必然反映了事物的真实情况。

（8）应该倾向，指病人常用应该或必须等词要求自己和别人。

关于认知因素对心理困扰的作用，我们的先人早就注意到。早在公元前1世纪时的希腊斯多噶派哲学家、教师提图就说过："人们不是受困于事情，而是受困于他们对事情的看法"。莎士比亚也通过其作品中的人物哈姆雷特的嘴表达："本来没有好与坏之分，只是思考所为"。现代心理学者进一步以科学的术语对此作了理论阐述，并提出有关认知治疗的模式。

Beck❶是认知治疗的开创者，他强调了信念系统和思维在决定行为和感觉中的重要性。他认为人们通过自我对话进行自我内在交流，并在内在交流体系中，构成自己的信念。信念决定着经验如何被个体知觉和解释。他注意到来访者，特别是抑郁的来访者，使用着自责和自我批评的内在交流，经常预言自己的失败和灾难，对本来应该做积极解释的事件做消极的解释。因此，认知治疗的焦点是了解歪曲的信念并应用技术改变不适当的思想。

Ellis在20世纪50年代创立的合理情绪行为治疗（REBT）也是基于对认知在人格形成和改变中的重要作用的认识而提出的。该理论的基础是A-B-C模型，即个体对激发事件A的反应后引起情绪与行为的后果C。但这个行为后果不是由A激发事件直接造成的，而更多是由个体的信念系统B引起的。因此治疗师的工作是与不合理信念B做辩论，通过一系列辩论技术向不合理的信念挑战。

拉扎鲁斯的认知调节观认为，人们评估及应对所发生的个人重大事件的方式形成了他们的情绪生活。要帮助来访者扭转不合理的信念，就要用有力的方式，比如击溃羞辱感的练习、有力度的自我陈述和自我对话，对"必须式"的信念作出强有力的驳击。这里，阅读可以作为自我陈述和自我对话的正面而有力的支持源，帮助个人控制由认同冲突引起的情绪困扰的水平，促使行为倾向于积极。认知的改变，最终是要达成一种新的认同。认同理论认为，认同是个体把以前的经验和以前所学的东西统一起来，找到自身在社会中所处的地位，形成一种自我特性和一种内在连续性。

Eillison强调了认同的渐成性，认为人格的生长有其内部规律，按渐成的固定顺序形成各个阶段，每一发展阶段各有其特殊任务，因而要克服一定的心理社

---

❶ [美]沙夫.心理治疗与咨询的理论及案例[M].胡佩诚，等，译.北京：中国轻工业出版社，2000.

会危机。在自我的指引下人格不断得到发展,在合理的环境中不断创造出潜能,最后达成自我的统一感,同一性也因而形成❶。

Beck 和 Ellis 认为,一个人的思想和信念是引起他心理问题的根源。现实中,许多人因为存在着许多非理性观念而导致了不愉快的生活。通常这种非理性观念(或叫认知歪曲)有五种形式:

(1) 任意推断,即在证据缺乏或不充分时便草率做出结论;

(2) 以偏概全,仅根据个别细节而不考虑其他情况便对整个事件做出结论;

(3) 过渡引申,指在单一事件的基础上做出关于能力、操作或价值的普遍性结论;

(4) 夸大或缩小;

(5) 极端性思维,全对或全错,把生活看成非黑即白的单色世界,没有中间色。

认知咨询心理学认为,认知过程是行为和情感的中介,适应不良的行为和情感跟适应不良性认知有关。咨询者的任务是与当事人共同找出这些适应不良性认知,并提供学习或训练方法,矫正这些非理性观念,使当事人的认识更接近现实与实际,所以咨询的过程是再教育的过程,帮助当事人重建一个比较现实的认知结构,使他能应用另一种不同的认识来解释生活。咨询者扮演的是教师的角色,心理咨询必须遵循教育指导的模式。

与认知理论相应的咨询技术首推艾里斯所倡导的理性情绪疗法。艾里斯把理性情绪疗法归纳为了 ABC 理论。A 指外来激发性生活事件,B 指当事人内在的非理性认知系统,C 指出现在当事人身上的不良后果。ABC 理论认为,外来事件是中性的,不同的个体有不同的认知系统,因而会用不同的"自我说明",对中性事性做出理性或非理性的解释,进而产生积极的或消极的情绪反应。根据此理论,心理咨询人员的任务是采用积极的、分析的、指导性的语言,指出当事人认知系统中非理性成分,促使其放弃原有的"自我说明",达到治愈消极情绪之目标。理性情绪疗法的咨询原则是:认知纠正。

---

❶ 马文驹,李伯泰. 现代西方心理学名著介绍 [M]. 上海:华东师范大学出版社,1991:249.

二、认同理论

　　心理学意义上的"认同"一词最早由精神分析学派大师西格蒙德·弗洛伊德提出。他将儿童把父母或教师的某些品质吸收成为自己人格的一部分的行为称为"认同作用",用以表述个人与他人、群体或模仿人物在感情上、心理上趋同的过程,并指出这是一种个体与他人有情感联系的最早的表现形式。他最初提出这一概念时,仅把它作为一种心理防御机制,这是将认同理解为主客体相结合的过程,通过仿效榜样的行为,满足个人的归属感。弗洛伊德的分析显然是内省式的,他完全从人体本能的角度认识自我和群体,这从人的生物性来说有其合理性,但因为抽离了社会关系和文化因素对人的本质的决定性作用而遭到质疑。

　　美国学者埃里克森（Erik H. Erikson,1902—1994）表明了认同对于人格整合和稳定的重要性。他使认同对个人健康的基本重要性变得很清楚,并且证明了认同形成是从婴儿到老年的一个连续的过程,而且这是每一个人固有的进步和适应的过程。正是埃里克森使认同和认同危机这样的概念成为当代社会理论的核心问题。埃里克森的主要理论关注点还是心理社会的,而且他的著作显示了始终如一地努力解释心理和社会动力不断变化的特征,也就是在人的生命周期中形成认同。他把认同形成看成是一个逐渐形成的结构,这个"逐渐形成的结构"是对在生命周期的不同阶段发生变化的内驱力和社会压力的反应。此外,他还断言,拥有一个完整的、连续的认同意识的失败会导致人格的崩溃。

　　埃里克森还注意到,当意识形态作为一种社会文化和政治现象保留了它的不同含义的时候,也呈现出专门的心理含义,因为普遍认同是"成人"参与社会的一个前提。意识形态本质上是一个心理功能,但是它的表象从一个历史环境到另一个历史环境是有变化的。当然,这并不否定意识形态是可以故意被创造、操纵或者使用的,对埃里克森来说,在心理分析水平上,认同、意识形态和文化之间存在着清楚的连续性。因而,对意识形态或文化的威胁就是对认同的威胁,同样，提高意识形态或文化也就能提高认同❶。

影响或威胁到一个普遍认同的历史环境的改变也会影响和威胁到在该群体中的每一个人的认同。在个体水平上，存在着认同扩散、不安全以及焦虑，并且也存在着行为动机来保护已经获得的认同，或者重新获得一个新的、安全的认同。当然，这一特征将为拥有相同特征群体中的所有人共享。群体作为一个整体反应的程度依赖于群体内部某种历史的和既有的联系——地理上的接近、在一起的时间长度、阶级、民族、宗教、仪式等。群体对于一个共同认同威胁的反应所采取的形式，将由共同的知觉以及有关危机本质的共同接受的沟通决定。

安德烈❷认为，认同是可以多种共存的，是在行动者之间互动的过程中、在一定情景中构建的，而不是预先给定的，认同也不可能完全以自我为中心，必然受到共同规则的制约和引导。杨筱❸把认同的内容和特点概括为：

（1）认同是复杂的社会过程的结果，个人和集体认同都是在复杂的社会语境中建构的。

（2）人处于政体之中，制度的变迁会改变个人和集体的政治文化认同。

（3）理解和解释认同问题需要考虑这些复杂现象。

认同是在社会过程中建构的、认同随着社会制度、利益的改变可以得到重塑。由于社会生活的极端复杂性，多种认同集于一身是可能的。因此，认同概念有三个基本的特点：社会性、可塑造性和可共存性。张春兴❹认为，认同是一种学习的历程，人格发展的过程就是从社会认同转变为自我统合。社会认同是指个人的行为、思想与社会规范或社会期待趋于一致。沙莲香❺认为，认同是心理学中用来解释人格结合机制的概念，即人格与社会文化之间怎样互动而维系人格的统一性和一贯性。认同是维系人格与社会及文化之间互动的内在力量，从而维系人格统一性和一贯性的内在力量，因此，这个概念又用来表示主体性和归属感。

---

❶ William Bloom. PersonalIdentity, National IdentityandInternationalRelations ［M］. Cambridge：Cambridge University Press, 27-30, 35-40, 50-53.

❷ 安德烈. 想象的共同体［M］. 上海：上海人民出版社, 2003：187.

❸ 杨筱. 认同与国际关系：一种文化理论［D］. 中国社会科学院, 2000：16.

❹ 张春兴. 现代心理学——现代人研究自身问题的科学（第2版）［M］. 上海：上海人民出版社, 2005.

❺ 沙莲香. 社会心理学［M］. 北京：中国人民大学出版社, 2002.

起源于精神分析的认同理论，大体上存在三种相对区别的取向。尤其是，以角色认同为指导，对女性角色、职业角色认同的研究。尽管认同理论的内涵丰富，而研究者的理论取向不同，给人一定的混乱感。但近年来，认同理论出现了对三种理论的整合的趋势。自我认同研究取向与社会认同研究取向彼此吸取和融合，角色认同理论与社会认同理论有逐步整合的趋势。同时研究者都想找一个理论点，把有关认同的研究的三种理论在更高的层次进行统合。

1. 自我同一性

自我同一性（self-identity）在国内心理学中有 3 种译法——自我统合，自我认同，自我同一性[1]。埃里克森把自我同一性描述为一个复杂的内部状态，它包括我们的个体感、唯一感、完整感以及过去与未来的连续感。对自我连续性和一致性的关注是新时代的产物，在一个相对稳定的社会，个体的连续性和一致性不会成为一个重大问题。因此，自我同一性意味着个体在特定环境中的自我整合。自我同一性中，自我的概念是个发展的过程。埃里克森早期延续弗洛伊德的观点，认为自我（ego）是个体发展的内在指导和内部机构，并且引导个体与社会的关系。后来，他认为不能把个人和社会变化分割起来，强调人在发展过程中自我与社会和文化环境的相互作用，把文化和社会环境纳入到自我发展中来。另一方面，他强调自我的独立功能，自我是人格中一个相当独立的和有价值的部分，而不只是受制于本我和超我、现实的奴隶。埃里克森明确地认为同一性形成依赖于社会，自我本身含有社会文化的成分和功能，但开创的自我同一性现在更多地被认为是一种个体内部的组织结构，是自我的发展水平和状态，而自我的基本功能是建立并保持自我同一性。

2. 角色认同

角色认同理论认为角色才是认同的基础。角色是在社会中形成的，没有社会就没有角色的产生。对个人即角色扮演者来说，角色是连接个人和社会关系的纽带，个人通过角色在社会上行走但个人并不是被角色牵制的木偶，角色担当者的

---

[1] 郭金山. 西方心理学自我同一性概念的解析[J]. 心理科学进展，2003，11（2）：227-234.

主体性，如主观的价值认识和心理活动等对角色同样具有重要意义。

美国心理学家威廉·詹姆斯（William James，1842—1910）提出了不同于弗洛伊德的自我概念。他认为自我（self）是一种社会结构，关注人与外界之间的交往背景下的产生的社会性自我。其理论的出发点是，个体与他人的互动过程。在这个过程中，"我"通过与社会、他人的互动来确认、定义"我是谁"。当然，这个"自我"确认的过程，既有外界的强迫性和制约性，又有个体内在的主动性和选择性。一方面个体对社会进行有意识的重建或修改，另一方面社会也会对个体进行重建或修改❶。

查尔斯·霍顿·库利（Charles Horton Cooley，1864—1929）对于自我的观念有重要的贡献。他认为心智不但不是像笛卡儿所认为的超然于外在的世界，反倒是个人与世界互动的产物。他以"镜中自我"（looking-glass self，1902）来形容自我是与别人面对面互动的产物，别人好像一面镜子。我的自我意识是我从别人的心里看到别人怎么看的我。镜像自我有三方面的要素：第一，我以为别人看到我什么。这并不一定就是别人真的看到我这些什么，而是我以为他看到的。第二，我以为别人看到我的这些什么后会有什么想法。这也并不真的就是别人有的想法，而是我以为他有的想法。第三，我对我以为的别人的想法有什么想法。在他看来，人的行为在很大程度上取决于对自我的认识，而这种认识主要是通过与他人的社会互动形成的，他人对自己的评价、态度等，是反映自我的一面"镜子"。

乔治·赫伯特·米德（Mead，George Herbert，1863—1931）在詹姆斯和库利的研究基础上，提出自我是作为主体的自我"I"和作为客体的自我"me"构成。主我是行为的一种自发倾向，而宾我是个体自身设想的一套有组织地对他人的态度，也就是说从他人那里学来的关于自我的那些观点❷。他认为人们通过扮演角色来实现这个"自我"确认和获得。社会影响自我的核心机制也就是"扮演他人的角色"。

20 世纪 60 年代末，斯特莱克在米德的符号交互理论（symbolic interaction

---

❶ 威廉·詹姆斯，万俊人，陈亚军. 詹姆斯集 [M]. 上海：上海远东出版社，1997.
❷ 刘少杰，等. 当代社会学理论 [M]. 北京：中国人民大学出版社，2008：183.

theory）和詹姆斯的自我理论后形成了角色认同理论，称为认同理论。我们在社会生活中所具有的每一种角色位置，都给我们提供了某种自我成分，我们以我们所占据的结构性角色位置来知觉自我、界定自我。人们能将角色位置的结果加以运用而形成自我。人们在不断地与他人交往中获得特定的角色，个体依据这些角色形成自我的观念，反过来，在特定的情境中扮演的社会角色规定了自我的言行。

3. 社会认同理论

社会认同（social identity）的定义为，个体认识到他属于特定的社会群体，同时也认识到作为群体成员带给他的情感和价值意义。Henri Tajfel（1919—1982）提出的社会认同理论，区分了个体认同与社会认同。社会认同是社会成员共同拥有的信仰、价值和行动取向的集中体现，本质上是一种集体观念。与利益联系相比，注重归属感的社会认同更加具有稳定性。

受较早引进的自我同一性的翻译的影响，社会认同（social identity）也出现了三种翻译——社会同一性，社会认同，社会身份。前面两种认同取向理论旨在回答"我是谁"的问题，而社会认同则回答"我们是谁"的问题。在笔者看来其实也可以理解为"我是谁"的问题。因为对自己所属群体的认同，是确定个体身份的基本内容。现在社会心理学中，把个体对某个社会群体的认同程度作为个体变量来研究，测定其对群体的认同水平和程度的个体差异性。

Tajfel（1978）[1] 将社会认同定义为"个体认识到他（或她）属于特定的社会群体，同时也认识到作为群体成员带给他的情感和价值意义。"

社会认同原理指出，人们进行是非判断的标准之一就是看别人是怎么想的，尤其是当人们要决定什么是正确的行为的时候。如果人们看到别人在某种场合做某件事情，就会断定这样做是有道理的。周围的人的做法对你决定自己应该怎么行动都有很重要的影响。

---

[1] Tajfel, H. (ED.). Differentiation between social groups: Studies in the social psychology of intergroup relations [M]. London: Academic Press, 1978

第四节 国外的阅读疗法研究

早期的阅读疗法带有明显的宗教色彩，如中世纪开罗的 Mansur 医院❶在治病时，有阿訇日夜为病人诵读古兰经。18~19 世纪，英国、法国、德国的内科医生在处方中常开出有利于康复的书籍。许多诊所、医院都有一定数量的藏书。

13 世纪后期，欧洲出现了病人图书馆。首次倡导阅读疗法的是瑞典神经病理学家亚罗勃·比尔斯特列。他的指导思想是通过指导阅读，使病人消除紧张、不安和消极情绪，树立乐观精神，鼓起战胜疾病的勇气，扬起生活的风帆。推广阅读疗法最早的国家是联邦德国。

18~19 世纪，图书疗法在欧洲进一步得到推广。1810 年，美国医生本杰明·拉什主张应对病人提供读物以减轻病人心理压力。

美国的 B. 拉什（Benjamin Rush, 1746—1813）被认为是已知的第一位有意识利用书单治病的内科医生❷，他于 1810 年呼吁精神病院不仅要提供医疗设备，而且要提供有益精神健康的读物，通过阅读减轻病人的压力，矫正病理性情绪状态。

1848 年，高尔特（John Minson Galt, 1819—1862）在美国精神病学年会上宣读了《论精神病患者的阅读、娱乐和消遣》的论文，提出了图书治疗的功能，分析了患者类型及相应的阅读处方，被认为是阅读治疗研究的第一篇论文❸。

1916 年，美国人塞缪尔·麦克乔德·克罗色尔斯（Samuel Mc-Chord Crothers）在《大西洋月刊》（Atlantic Monthly）上发表文章，创造了"bibliotherapy"，该词的发明标志着阅读疗法研究在西方的兴起。

"bibliotherapy" 乃希腊语的 "biblion"（book—图书）与 "oepatteid"（healing or treatment—医治或治疗）的组合，直译成汉语就是"图书疗法"。

---

❶ Mansuri 医院，始建于 1284 年，外观是一座四角形的建筑。按病种设置病房，还设有恢复期病房，设立了大教堂、图书馆、门诊处，做膳食用的专用屋、孤儿院，并且雇用了众多男女护士。

❷ Brown, Eleanor Frances. Bibliotherapy and Its Widen-ing Applicationa [M]. Metuchen: The Scarecrow PR., 1975.

❸ Tews Ruth M. BibliotherapY. In: Encyclopedia of Library & Information SciencE. Vol. 2. New York: Marcel Dekker, 1968: 449.

1920 年，威尔逊总统的医生 Grayson 在《作为精神消遣的图书》一文中指出了阅读疗法在某些精神病治疗中的价值。

1925 年，J. M. 杰克逊在《现代医学杂志》上撰文写到，病人通过阅读可达到放松、镇静和振作的效果。M. 费什拜因在《精神病学基础》一书中指出，愉悦身心是治疗精神病的良方，而达到这一效果的工具就是图书和语言，并呼吁为病人建立内容丰富生动的图书馆。

1939 年，艾莉丝·布莱恩❶在《图书馆杂志》❷ 上发表了题为《图书治疗能成为一门科学吗?》的文章，呼吁对医院图书馆员进行专门培训，使之规范术语、积累试验数据、制订科学研究计划。同年，美国图书馆协会（ALA）医学分会成立了图书治疗委员会，几年以后，这个机构已经能够回答一些基本的阅读疗效问题。

到了 20 世纪 40 年代，医生们对阅读疗法的热情有增无减，盖纳士在《阅读是一种治疗吗?》一文中，把精神病人的阅读与公共图书馆读者作了比较，通过病人的反应分析阅读疗法的作用。

1946 年，E. B. 艾伦在《阅读治疗实践》一文中首次使用"阅读治疗学"（science of bibliotherapy）这个名词。

L. 赫什在《医生怎样使用图书》一文中描述了病人对阅读的反应，认为这种反应揭示了病人的问题、情感和希望，她呼吁为了治疗病人，医生应该了解病人的读物，并和他们讨论阅读的内容。1957 年，她还在《对病人的图书服务》一文中指出，阅读治疗并不是一门科学，至少现在还不是，但它的确是一门治疗艺术，它属于职业或教育疗法。

心理学家 H. M. 博加认为，阅读疗法是建立在能够适当运用它的那些人的直觉和个人技巧上的。这些颇有代表性的看法反映了现代医学对阅读疗法的严肃、谨慎的科学态度和有保留的欢迎，也说明应该更深入地进行方法和疗效评价的研究。

1958 年，《专门图书馆》刊登了 M. J. 瑞安的文章，再次掀起了对图书治疗科学性的讨论。R. M. 蒂尤斯认为，图书治疗的兴起给本行业的发展带来了新的

---

❶ Bryan, Alice I. Can there be a science of bibliotherapy [M]. Library Journal, 1939, 64 (18): 773 – 776.

❷ 美国《图书馆杂志》创刊于 1876 年，当时刊名为《美国图书馆杂志》，由著名图书馆学家杜威任主编。

机会，而图书馆员正站在这机会的门槛上。

1961 年"阅读疗法（Biblitherapy）"一词首次被收入大型词典《韦氏新国际英语词典》（第 3 版）中。

1964 年，由 ALA 发起、国家心理卫生研究所赞助的"图书治疗研讨会"第一次将各个学科的专家召集在一起，交流对图书治疗的经验和看法❶。会议确定了推进研究的 3 个亟待实现的目标：

（1）制订图书治疗的教学计划；

（2）搜集研究所需的数据；

（3）制定标准化术语。

1965 年，英国的邓肯、莱斯撰文提出，图书有利于扭转医院的非人格化环境，减轻病人的压抑、孤独恐惧感❷。

1974 年国际图联（IFLA）医院分会曾专门制订了一项图书治疗计划。

1978 年，心理医生 S. D. 杜马拉斯瓦米在《图书馆对医院病人服务的治疗问题》中指出，书籍能给病人以活力，特别是诗歌，对精神病人是有力的治疗工具❸。

英格兰布里斯托尔大学的医学家看法一致，这些医生认为，阅读诗歌比吞服药丸能更有效地治疗焦虑症和抑郁情绪。

在瑞典等斯堪的纳维亚半岛国家，阅读疗法被视为职业疗法（occupational therapy）而不属于心理疗法，主要用于对医院病人的服务。

1982 年，阿特沃特和史密斯❹的调查也发现，咨询人员在广泛使用图书治疗。

1984 年，国际图联（IFLA）发表了《图书馆为医院病人和残疾人服务纲

---

❶ Tews Ruth M. Bibliotherapy. [C] //Encyclopedia of Library& Information Science. Vol. 2. New York：Marcel Dekker：451.

❷ Rubin Rhea Joyceed. Introductory comments. [M] //Bibliotherapy Sourcebook. Phoenix：Oryx Press, 1978：325.

❸ Coomaraswang, S. D. Therapeutic aspects of a library service to hospital patients. [M] //Bibliotherapy SourcebooK. Phoenix：Oryx Press, 1978：333 - 337.

❹ Pardeck, John T& Jean A. PardecK. Bibliotherapy：A Guide to Using Books in Clinical Practice [M]. San Francisco：EMText, 1982：42.

要》，强调了阅读疗法在患者康复过程中的重要作用。

斯塔克 1986 年在一份报告中说，在俄勒冈地区，90% 的心理医生使用阅读疗法。两年后他的一项全美调查又表明，84% 的心理医生在使用阅读疗法。

1989 年，威格莫尔❶对英国哈罗的困居家中者的调查表明，55% 的读者喜欢小说，其余为非小说类图书（传记、游记、历史、园艺、烹饪、广告、诗歌等），阅读小说的目的是"娱乐、消磨时间、活跃头脑、驱赶无聊、忘掉痛苦、悲伤和烦恼以及减轻失眠痛苦"，而非小说类书可使读者"集中精力、勤于思考、保持头脑敏捷、引起回忆、激起兴趣"。相当一部分人是为了不失去记忆力和思考力而阅读的。威格莫尔的抽样调查表明，非小说类对困居家中者的影响比小说类大。

1989 年，赖尔·登和威尔逊分析了 1981 年以后的所有试验报告，得出结论：阅读疗法是有效的，特别表现在增进自信、改变行为和人际关系方面❷。

美国哈佛大学心理学家德格斯·坡厄尔对 1600 多名 25～92 岁爱读书的人进行推理能力、记忆力、视力以及对空间的判断力的测试发现，80 多岁的人表现得几乎和年轻人同样良好；一部分 80 多岁与 90 多岁的人的智力，接近任何年龄段的最高水平。

20 世纪 20 年代，尼古拉·鲁巴金提出的（Николай лександрович Рубакин, 1862—1946）❸阅读心理学（biblio psychology）对许多欧洲国家的图书治疗实践产生过影响，20 世纪 70 年代，苏联有 4000 多家医院图书馆，不仅为医务人员提供资料，也为病人提供服务，在大型医院（300 张床位以上）有受过专门训练的图书馆员指导病人阅读，研究图书治疗的论文有 400 多篇。乌克兰医学教育研究

---

❶ Wigmore, Hilary. The Captive Reader: A Study of the Housebound Reader Service in Harrow [M]. Bedford: Cranfield PR., 1989: 139.

❷ Pardeck, John T & Jean A. PardecK. Bibliotherapy: A Guide to Using Books in Clinical Practice [M]. San Francisco: EMText, 1982: 9, 11, 26.

❸ 俄国图书学家、目录学家、作家。鲁巴金毕生从事图书学和目录学研究，特别重视以帮助读者自学为目的的推荐书目工作，编撰了大型推荐书目。他以自己收藏丰富的图书馆——鲁巴金文库作为指导读者自学的基础。在瑞士期间，曾从事图书宣传和阅读指导问题的研究，在洛桑设立了阅读心理学研究所，以他对读者基本类型心理研究的成果，创立了阅读心理学理论。有《阅读心理学入门》、《读者和阅读心理学》等专著。

所有专为图书治疗提供书籍的图书馆,由两位专攻医学心理学和心理治疗的图书馆员负责❶。

众多研究证实了图书治疗对抑郁、攻击、性别错乱、阅读障碍等心理问题的临床治疗和对心理健康维护的有效性。现代心理学研究揭示,阅读并非读者对文字符号的简单理解,而是他们借助知觉、记忆、思维、想象等一系列心理过程,积极主动地与材料发生交互作用,产生情感共鸣的过程。有研究者将图书阅读的疗理归纳为认同、净化和领悟。

图书治疗对大学生心理健康问题具有独特的干预作用。相对团体心理辅导的外显性、公开性、外压式特点,图书治疗则属内隐性、保护性、诱发式的心理健康教育方式,发挥转移、暗示、升华和投射作用,符合大学生思维深邃、相对闭锁、独立自主的心理发展特点,能够充分挖掘大学生自我教育的潜力。并且,图书治疗的随意性、灵活性、宽泛性及无须付出任何代价的突出优势,决定了它在解决大学生心理健康问题过程中起着其他方式所无法替代的作用,表现出止怒泄愤、激情励志、调整观念、增长见识和解除困惑的功效。

——止怒泄愤。大学生常因缺乏应对心理急剧变化情景的方法和能力,产生愤怒、抑郁、焦虑、孤独、自卑等消极情绪,如长期得不到宣泄和疏导,则会产生多方面的心理健康问题。但是大学生如果能阅读小说、诗歌、传记、历史、科幻、神话、幽默作品等文艺作品,则能把注意力从令人烦恼的情景中转移出来,恢复健康平和的心态。

——激情励志。家庭变故、失恋、学习困境、经济困难等重大挫折容易致使大学生出现精神颓废、丧失信念等严重动力性心理问题。这时,如果高校图书馆能够及时为大学生提供具有质量高、内容新、积极向上的激情励志类图书,则能促使这些学生鼓舞斗志、振奋精神、再立目标、克服困难。

——调整观念。大学生的许多心理困扰主要源于其视野狭窄、观念陈旧、完美求全和过分概括化等其非理性的认知倾向。只有经过合理的认知重构,他们才能恢复健康、愉快的心态。教育实践表明,有些大学生明知自己的某些观念和认

---

❶ Miller, A. M. U. S. S. R., the reading matter of patients. [M]//Bibliotherapy Sourcebook. Phoenix: Oryx Press, 1978: 366-367.

识是非理性的,但他们又不轻易接受别人的劝教。但如果他们通过阅读适宜相关信息,其观念则能发生隐性调整。比如,有的大学生面对就业压力时忧心忡忡,焦虑难安。究其原因,是因为他们抱定求轻松、图享受的择业观念,把就业范围设定为大城市,其困扰难以从亲人、朋友、师长的简单说教中得到满意的解决。这时,图书馆报刊中有关大学生分配政策、毕业生择业新动向、人才交流信息、成功人士的经验信息就极有可能成为其关注的焦点。特别是某些大学生转变择业观念,主动放弃条件优越的大城市,到农村和边远地区艰苦创业、施展才华取得成功的事迹报道,对开阔就业视野、改变原有不正确的就业观念有很大的启发作用。

——传授技能。图书馆中许多心理素质教育、心理咨询和辅导、潜能开发和训练方面的书刊,不仅能为大学生系统传授必要的心理学专业知识,而且能教他们学会心理和行为调整的方式、方法、技能和窍门,为他们提供切实而具体的心理健康教育。

——解除困惑。大学生的一些心理困扰是难以启齿的,比如性困惑,通过与别人交流的方式很难解决,但如果借助图书治疗,就很容易解决。

1984年去世的曾任医学、健康和福利机构图书馆员委员会主席的英国女王伊丽莎白二世医院的图书馆员韦尔瓦·帕亭顿(Wyvla Partington)被称为英国的阅读疗法之母。

早在1946年,韦尔瓦·帕亭顿就强调:"花时间跟读者聊天是值得的,这样可以发现他们的兴趣,并鼓励他们进一步阅读。"在工作上,她编制了一份收集读者阅读兴趣的文件,记录了所有读者在一个特定计划中所体现出的阅读兴趣和特定兴趣。她任职期间,图书馆提供的图书、艺术和音乐欣赏作品都是康复计划的组成部分。凭借非凡的个人魅力和对阅读疗法工作的热爱,韦尔瓦·帕亭顿获得了职业资格,为女王医院图书馆建立起了完善的阅读疗法服务体系。

退休后,韦尔瓦·帕亭顿还撰写《医院图书馆与社区残疾人》等论文,对阅读疗法的兴趣不减当年。特别值得一提的是,韦尔瓦·帕亭顿年老时住在英国南部,她依然以永不言败的热情致力于推动阅读疗法分会的各种会议的召开。

她对学生和年轻的图书馆员非常关心,总是热情接待前来医院实习的学生和访问学者,周到地安排他们的工作,这些努力使她不断得到来自各方面的支持和宝贵建议。韦尔瓦·帕亭顿热爱书籍，关于书的广博知识和天赋的与人打交道的能力，构成她令人敬佩的职业品格，这种品格尤其适合面对医院患者的图书馆工作，她的热情点燃了许多学生和图书馆员的工作激情。在她的努力下，为对阅读疗法感兴趣的图书馆员建立了一个非官方的组织——阅读疗法分会。韦尔瓦·帕亭顿有两个方面尤其值得称赞：一方面，她对到本馆实习的学生怀有善意的期待，不仅常常在自己的办公室和家里对他们进行业务上的指导，而且指导他们怎样做人。另一方面，她对病人图书馆事业充满忧患意识，时刻关心着这项事业的发展。韦尔瓦·帕亭顿以她的经历表明，医院图书馆员既为医生服务又为病人服务是完全可能的。1980年，韦尔瓦·帕亭顿开始与同事们讨论筹建阅读疗法分会，希望由此为突破口，深化和发展对病人的服务。1980年7月在格德福德召开的医学、健康和福利机构图书馆员委员会年度周末研讨会上，专门成立了阅读疗法讨论小组。

退休之后，除了阅读疗法分会的工作，韦尔瓦·帕亭顿还担任国际图书馆协会联合会服务弱势人群分会的秘书。在她生命的最后一段时间里，她将全部的热情和经验都投入到这项国际工作中。

韦尔瓦·帕亭顿为了发展医院图书馆事业，无私地奉献出时间和精力远远多于留给自己的。她去世后，英国图书馆协会专门出版了一本名为《阅读疗法》的论文集来纪念她。

第五节　国内的阅读疗法研究

我国是一个人口大国，心理疾病患者的绝对数量很大，据估计，我国目前重症精神病人就有1000多万人，因情绪因素致病的一般患者、有心理障碍的残疾人、犯人等更是一个庞大的群体。加强图书疗法研究，拓展图书治疗领域服务，无论从经济效益还是从社会效益来讲，其价值都是难以估量的。20世纪50年代到70年代，西方图书馆界对图书治疗的研究热潮并未传及我国，目前一些研究引进工作才刚刚启动，关注图书治疗的研究和实践，是当前摆在我国图书馆界、医学界、心理学界的一项十分迫切任务。

我国的阅读疗法研究基本上是引进、探索、后发式发展的。最早引入阅读疗法概念的是1991年陈信春的文章❶，其后发表的论文以及研究的成果多是引进和介绍西方国家关于阅读疗法含义、作用和机制，文章的先导意义大于学术意义。

国内较早研究阅读对精神性疾病治疗作用的是展闯❷，他在1996中国心理卫生协会残疾人心理卫生分会、中国心理卫生协会残疾人心理卫生分会成立大会暨首届学术交流会上的论文中，报告了30例慢性精神分裂症患者在药物治疗的同时，合并书信阅读疗法，并设立对照组进行对比分析的结果。结果表明，实验组患者较之对照组在改善注意障碍，愉快感缺乏，思维贫乏等阴性症状方面有明显效果。

展闯所采用的治疗方法有以下两种。

(1) 入组患者均接受原抗精神药物治疗，其中实验组患者同时接受书信及其辅助性训练治疗。治疗前均要求每位患者以书信的形式向亲朋好友汇报自己的病情和生活情况。

(2) 疗程为三个月，每周进行三次，每次约90分钟，共分三期。初期（每一个月），组织患者阅读报纸，杂志，要求患者从中对自己感兴趣的文章进行抄录，描述、解释、归纳和分析，适时对共性问题进行专题讨论。每个患者均有发言机会，并由治疗医师讲解归纳和分析技巧等。中期（第二个月），按赵氏的卡片词语游戏进行认知训练。后期（第三个月），由治疗者讲解书信的形式和内容，并进行命题性和自由性写作。治疗中，以集体活动为主，个人辅导为辅。以物质奖酬及精神鼓励作为经常性条件强化方法。根据患者的要求，按其完成任务的情况发放适当的奖品如烟、糖和代币等，同时在各种不同的场合给予适当的口头鼓励，如会上表扬或黑板报宣传等精神鼓励方法。

结果表明，书信（阅读）疗法对五项阴性症状有不同程度的改善，以愉快感缺少，注意障碍及思维贫乏疗效最佳。实验组患者的书信写作能力无论在形式上，还是在内容上均有较大的提高。

---

❶ 陈信春. 文献治疗——读者服务工作内容之一 [J]. 图书馆杂志, 1991 (2): 22.
❷ 展闯. 书信（阅读）疗法对慢性精神分裂症的康复效果 [C]. 中国心理卫生协会残疾人心理卫生分会成立大会暨首届学术交流会论文集. 1996: 4.

第五章　读者心理疾病的阅读疗法

　　1986年[1]和1998年[2]，沈固朝介绍了西方在过去两个世纪在图书治疗方面的理论、研究和应用情况，概述英美图书馆员将阅读资料用作治疗工具的实践，并建议将图书治疗作为我国图书馆服务和图书馆学研究的一个新领域。

　　沈固朝还认为，阅读不仅是对文字的理解，更重要的是一种心理体验的过程，使人产生感觉、知觉、记忆、思维、情感、意志、兴趣等心理现象。阅读的过程就是读者与作品的感情内涵引起程度不同的共鸣过程，从而或产生美的享受，或激起某种崇高的感情或改进处世态度。

　　1998年起王波发表《图书疗法在中国》《阅读疗法原理》等论文，对阅读疗法进行了系统的梳理。

　　2000年，赵丰丰[3]采用调查问卷的方式对"阅读疗法"进行了调查。

　　调查对象：温州医学院附一医、附二医、温州市二医、鹿城区精神病院等以内科、精神、神经、中医科等为主的医务人员，共发卷140份，回收123份，回收率87.86%；温州医学院、温州师范学院、温州大学图书馆及温州市图书馆，共发卷120份，回收72份，回收率60%。调查表中选用的疾病与各类图书是从有关"阅疗"的资料中归纳而来。

　　调查结果：对阅读疗法"了解"和"有些了解"的医生共30人，占调查对象的24.39%；馆员共有35人，占调查对象的48.61%。已进行"阅疗"的医生有21人，占调查对象的17.07%（全部为个案）；馆员已进行"阅疗"的有5人，占调查对象的6.94%（全部为个案）。已进行"阅疗"的21位医生认为，下列疾病可采用"阅疗"或作为辅助疗法：心理失调（17人）、抑郁症（15人）、阅读障碍（8人）、精神分裂症（6人）、性别机能失调（5人）、心动过速（4人）、精神性易饿症（3人）、手术应激反应（3人）、尼古丁滥用（2人）、酗酒（1人）、遗尿症（1人）。而下列图书可以用于"阅疗"：休闲读物（12人）、圣经佛经（8人）、小说（8人）、医学（7人）、诗歌（7人）、哲学（7

---

[1] 沈固朝. 西方对图书治疗的作用及其机制的探讨[J]. 中国心理卫生杂志, 1996(6): 37-38-31.
[2] 沈固朝. 图书治疗——拓展我国图书馆服务和图书馆学研究新领域[J]. 图书情报工作, 1998(4): 13-16-55.
[3] 赵丰丰. 对"阅读疗法"的调查及建议[J]. 大学图书馆学报, 2000(1): 38-39.

人)、传记（6人）、自助类（4人）、文集（3人）、神话（2人）、悲剧（2人）、军事（2人）。研究人员所得的分析结果是："心理失调""抑郁症""阅读障碍"是"阅疗"的首选适应疾病。

其中，他们共同认为可进行"心理失调"阅读治疗的首选图书排列顺序为：

（1）休闲读物；

（2）小说；

（3）圣经佛经。可进行"抑郁症"阅读治疗的首选图书排列顺序为：休闲读物、圣经佛经、小说。可用于"阅疗"列前三名的各类图书依次为休闲读物、圣经佛经、小说。

其中休闲读物可治疗疾病的排列为：

（1）抑郁症；

（2）心理失调；

（3）阅读障碍或精神分裂症；

（4）性别机能失调。

圣经佛经可治疗疾病的排列是：

（1）心理失调；

（2）抑郁症；

（3）性别机能失调；

（4）精神分裂症或阅读障碍。

小说可治疾病的排列是：

（1）心理失调；

（2）抑郁症；

（3）阅读障碍或精神分裂症。

2005年沈固朝、万宇撰文认为，"中国传统中的'读书治疗疾病'是属于一种个体或是偶然的行为，并非有目的、有组织的科学治疗行为，与我们现在所讨论的阅读治疗其实并非同一个概念，应加以区别。"

王波在对阅读疗法进行了十多年的潜心关注和研究，在撰写了多篇论文之后，于2007年出版了《阅读疗法》一书❶，可以说是阅读疗法的集成者。该书一出版即引起图书馆界广泛关注，出版不到一年便有多篇书评对它进行推介，读书首先在梳理国内外众多术语之后对定义进行了规范其次尝试回答了阅读疗法的科学性问题。

《阅读疗法》共五章，依次是《阅读疗法导论》《阅读疗法在国外》《阅读疗法在中国》《阅读疗法实务》和《阅读疗法的现状与前景》。另外还有附录四篇，两篇是关于国外阅读疗法研究的编译；一篇是《阅读疗法放异彩》，介绍2006年"全国科普日"活动中阅读疗法在中国内地的实战的情况；还有一篇是《阅读疗法研究中文资料目录》，对中国阅读疗法及其关系密切的艺术疗法、信息疗法的研究成果进行书目统计。

第一章《阅读疗法导论》

该章厘定阐释了阅读疗法的概念，探讨了阅读疗法的原理以及对阅读进行了分类。阅读疗法研究引入中国已经有相当长的时间了，也取得了较大的发展，但在学术界仍然存在着阅读疗法是否有效，是否是一门"伪科学"的疑问。

阅读疗法要立得住脚，使人们信服，首先需要讨论的问题就是它的原理和作用机制是什么，这也是阅读疗法研究中不可回避的核心问题。对于这个问题，作者从发生学原理、心理学原理、生理学原理、心理生理学原理揭示了阅读疗法可行可信的理由。所谓发生学原理，就是如果一个事物最初是因为某个原因而发生的，那么它就会保持最初的天性，始终发挥为这个原因服务的功能。在阅读疗法中我们采用的最多的是人文科学方面的书，而宗教、哲学、文学艺术等人文科学发生的动机，乃是因为人类祖先在面对大自然时无助、敬畏、茫然、空虚，因此它们先天就具有治疗的功能。而心理学原理则是我们很容易理解的，阅读往往容易引起我们的共鸣，进而可以净化我们的心灵，使我们有所领悟，因此可以帮助去除内心的困扰和疾病。生理学原理则是阅读时的脑、眼、口、手、耳等器官的运用，有利于强心健脑。心理生理学原理有审美胜利运动说、冥想说和情志相胜说。

---

❶ 王波. 阅读疗法［M］. 北京：海洋出版社，2014：3.

第二章《阅读疗法在国外》

本章主要介绍了英国阅读疗法的研究情况，并对英国阅读疗法之母——韦尔瓦·帕亭顿进行了专节的介绍，使读者较为全面地了解了她对英国阅读疗法做出的贡献和影响，同时还对法国、日本等十国的研究情况作了或详或略的介绍。英国是阅读疗法研究和实务比较繁荣的国家之一，它很早就通过阅读书籍来排忧解难的事例，如18世纪末约克郡大撤退时期，英军前有追兵，后无补给，因此军心大乱，对此随军的牧师向身处绝境的战士们提供书籍来帮助他们度过这一惶恐时期。英国阅读疗法的研究开始于20世纪30年代，该书作者按照时间顺序，对英国关于阅读疗法的研究成果与会议进行了逐项介绍，条分缕析，其发展的历程清晰可见。

第三章《阅读疗法在中国》

本章就我国历史上每一个朝代关于阅读疗法的思想和实例进行了梳理和总结，勾勒出了阅读疗法在中国的发展简史。对几千年历史长河中的阅读疗法思想和素材进行了总结，作者把它们划分为先秦两汉时期、魏晋南北朝时期、隋唐时期、宋元时期和明清时期，分别析出它们各自具有治疗价值的代表性文献，总结归纳出每个时期的阅读疗法思想，列举它们各自典型的阅读疗法案例。中国历史上确实有不少关于阅读可治病的记录。

明末清初时，李渔的《笠翁本草》不仅列举了古代经典的阅读疗病的医案，说明了书可当药的道理，还指出了以书当药的注意事项，哪类书当药最佳等，作者认为这是一份经典的阅读疗法理论大纲。清朝张潮的《书本草》更是用中国传统的揭示中药药性的方法开列了一份阅读疗法的书目。这两部书被作者誉为中国阅读疗法文献史上的双璧、姊妹篇。

第四章《阅读疗法实务》

本章作者则介绍了阅读疗法的实务。它涉及阅读疗法的适应对象，阅读疗法的四要项：阅读疗法师、阅读疗法的选书、阅读疗法的疗程及阅读疗法的局限，阅读疗法书目和泛阅读疗法书目。这对阅读疗法的操作和实施提供了理论指导和智力支持。

第五章《阅读疗法的现状与前景》

本章从中国的本土化视角出发，站在社会转型期精神危机盛行的今天来看待阅读疗法的现状与前景。作者认为："20世纪，我国的阅读疗法以1991年为分水岭，经历了经验体认和学术研究两个阶段。"其中学术研究阶段，又分为四个阶段：即引进、萌芽阶段（1991—1997）、自主意识觉醒阶段（1998—2000年）、本土理论完善和实证研究启动阶段（2001—2003年）、理论和实务深化阶段（2004年至今）。作者认为阅读疗法将为保障人民健康、为营建书香社会，和谐社会做出应有的贡献。

学者宫梅玲是一个阅读疗法指导馆员，在她发表的32篇文章中有多达19篇以阅读疗法为主题。

2001年，宫梅玲发文指出，阅读用于心理治疗发挥的暗示、投射作用易于被读者接受。特别是阅读疗法的随意性、灵活性、宽泛性及无须付出任何代价的突出优势，决定了它在排除大学生心理困扰方面起着心理医生、辅导员、父母亲人所无法替代的作用❶。她认为阅读疗法具有排遣烦恼、振奋精神、拓宽视野、获取知识、解除困惑五大作用。

在同年的另一篇文章中，作者分析了高校的心理健康教育现状，她认为由于心理医生少，设施不完善，以及大学生对心理疾病认识不足等原因，心理咨询工作难以开展，学生因心理压力过大，诸多矛盾排解不开而导致的休学、退学、自杀等犯罪的发生率有所上升。解决大学生的心理问题，心理健康教育活动必须得到大学生的认可和参与，才能从根本上解决问题。如果我们能找到大学生心理问题的求助方式，然后再因势利导，即能找到解决问题的突破口。作者在对泰山医学院343名医学本科生进行了心理困扰求助解决方式的抽样调查，结果发现72%的学生曾通过求助图书来解决心理问题。其中，因性困惑求助图书的人占89.2%；因交际困难求助图书的人占61.8%；因就业压力求助图书的人占51.1%；因恋爱苦恼求助图书的人占48.1%。而因这四项主要困扰而求助心理医生和辅导员的却很少。从而得出结论：大学生有了心理问题通常会通过阅读相关图书来自行解决，阅读疗法是深受学生欢迎的心理治疗方法。

她认为阅读疗法的优点主要有：

---

❶ 宫梅玲，王连云，魏彦平. 谈"阅读疗法"在排除大学生心理困扰中的作用［J］. 中国高等医学教育，2001（2）：27-29.

(1) 经济、简便、及时，书刊可以随时借阅。

(2) 保密性强，不泄露任何隐私，无精神压力和顾虑，可以轻松愉快地接受心理健康教育。

(3) 阅读疗法可以弥补心理医生的不足。

宫梅玲介绍了这项研究所取得的成果，对216名现场阅读的大学生进行了"有助于解决大学生心理问题的书刊类别的调查"，结果是因交际困难、就业压力、性困惑、恋爱苦恼、自卑、孤独、焦虑、抑郁、厌学、当众讲话紧张等14项心理困扰而求助书刊解决的总人次由高到低依次为：心理咨询类506人次、人生哲理类469人次、小说457人次、休闲读物类380人次、传记文学类328人次、科普读物类234人次、医学知识类197人次、诗歌185人次、军事体育类128人次、神话故事类118人次、戏剧类112人次。

调查结果显示，几乎任何书刊对解决大学生的心理问题，都能起到某种作用，而心理咨询类、人生哲理类、小说、休闲读物类书刊的作用较大。这一结果为我们合理选购书刊，指导学生"阅疗"提供了依据。

2002年，宫梅玲等人在后续的研究中面向在校大学生，设计"大学生心理问题调查表"，并对该项调查结果进行分析，得出如下结论：大学生正处于青春后期，面临着求学、求职、求偶三大人生课题，自我的认同、学业的成败、职业生涯的规划、社会交往的拓展、与异性的关系等，都会带来压力，使大学生产生心理上的困扰。如果这些心理问题得不到及时排解，就会导致心理疾病。因此，高校教育管理部门应当引起足够重视，采取多种学生喜闻乐见的方式和方法，帮助学生疏通心理淤积，预防心理疾病，提高心理素质。

研究发现，阅读疗法之所以产生如此良好的效果，是因为它在解决大学生心理问题中能起到排遣烦恼、解除困惑、获取知识、拓宽视野、振奋精神等作用。图书馆是"一座心智的药房，存储着为各类情绪失常病人治病的药物"。首先，心理书刊在解决大学生心理问题中能发挥防治并举，标本兼治作用。凡是大学生常见的心理问题，一般都能从图书馆收藏的心理书刊中找到问题的成因和解决的办法。其次，文学作品对排遣烦恼、恢复自信常常能产生一种近乎神奇的功效。一部好的文学名著，是读者了解社会、了解人生的好教材。它能让人懂得许多做人处世的道理，受到许多有益的启迪。其蕴涵的思想和艺术的内在力量，能陶冶人的情操，净化人的心灵，提高人的道德修养。

试验表明，阅读疗法是易于被大学生所接受且疗效显著的心理治疗方法，应在全国大学中推广和普及。

宗妮❶在其学位硕士学位论文中根据国内外有关的文献资料，对阅读疗法理论与应用研究进行了综述，表明阅读疗法是进行心理治疗和调节以及作为临床病人辅助治疗的有效手段之一。并进行了阅读疗法对患失眠症的大学生进行治疗的个案研究，结论是运用阅读疗法治疗失眠症能够取得良好的疗效。

2017年，王景文等❷研究了我国阅读疗法发展的困境与消解，文中将这一困境归结为以下几项原因。

（1）意识困境——社会的"阅读疗法意识"淡薄。当前，阅读疗法在国内发展最大的困境不是技术问题、资金问题，而是人们阅读疗法意识的淡薄——这直接影响了人们对阅读疗法知识的汲取、研究与应用。"理念是行动的先导与指南"，理念的转变不是一朝一夕之功，加强阅读疗法的宣传推广、浓厚人们的阅读疗法意识，是阅读疗法走出发展困境的长期任务。

（2）思维困境——把阅读疗法当作一个"简单事件"。目前，国内阅读疗法多以这种零星的、短期的甚至是一次性活动居多，这正是阅读疗法实施中"简单事件"心理的集中反映。

（3）人才困境——阅读疗法专业人才匮乏。我国在阅读疗法历史短、理论与实践积累均不深厚的情况下，阅读疗法人才不足的问题尤为严峻。这主要表现在：一是人员数量不足。据调查，许多单位都没有设置专门的阅读疗法工作岗位；二是人员素质不高。目前，阅读疗法的从业人员多为图书馆员，他们虽然具有图书馆学专业知识，但是一般都缺乏心理学、医学知识及心理咨询技能，他们一般还不能胜任阅读疗法工作。如何从根本上解决专业人才的匮乏问题，是突破阅读疗法发展人才瓶颈的十分迫切的课题。

（4）技术困境——阅读疗法的实施随意性大、科学性不足。阅读疗法的规范化、标准化建设是提高阅读疗法质量，扩大阅读疗法影响力的需要，也是实现

---

❶ 宗妮. 阅读疗法理论与应用研究［D］. 东北师范大学，2008.
❷ 王景文，郭向飞，李东. 我国阅读疗法发展的困境与消解［J］. 图书馆，2017（3）：96–100.

阅读疗法社会化的需要。规范化与标准化的缺乏，不仅影响了阅读疗法的质量，也使阅读疗法的发展陷入了技术困境。

（5）研究困境——阅读疗法理论与实践相脱节。我国的阅读疗法理论与实践亟待整合，而实现理论与实践整合有效途径之一就是加强阅读疗法基地建设研究。

如何走出这一困境，宗妮给出的建议如下：

第一，走出意识与思维困境——建设阅读疗法宣传推广中心。通过出版宣传刊物、编辑手册、指南以及其他宣传资料等纸质媒介进行，通过网站（如我馆开发的阅读咨询服务平台）、博客、微信平台以及QQ等网络社交软件等数字媒介进行。通过持续化、多元化的阅读疗法宣传推广活动，将阅读疗法实施单位建设成为某地区、某机构的阅读疗法宣传推广中心。加强阅读疗法宣传推广工作，深入宣传与普及阅读疗法，以使这一古老而新颖的身心调理方法深入人心、使更多的人受益是阅读疗法发展的一项长期而艰巨的任务，也是使人们走出意识与思维困境，克服阅读疗法实施中的"简单事件"心理的必然选择。

第二，走出人才困境——建设阅读疗法教育教学与人才培训中心。开设阅读疗法课程，将阅读疗法引入学生课堂是普及阅读疗法知识、培养阅读疗法后备人才。对现有阅读疗法从业人员进行业务培训与继续教育，是培养阅读疗法急需人才的捷径。在阅读疗法实施单位，可通过开展专题讲座、业务技能培训以及学术交流活动等多种形式，培养一支结构合理，梯次分明，在阅读治疗上有实践力，在理论上有开拓力，在学术研究上有引领力，在学科建设上有创造力，在社会服务方面有影响力的阅读疗法队伍。

第三，走出技术困境——建设阅读疗法实践示范中心。通过团体辅导、一对一的个性化阅读治疗，以及阅读疗法讲座及其他主题活动，帮助人们解决心理健康问题，走出心理困境与情绪低谷，促进人的身心和谐。通过实施规范性、标准化的、面向社会成员的阅读疗法，提高本单位阅读疗法的辐射范围与影响力，在阅读疗法实践方面发挥示范与带动作用，使本单位成为解决社会成员心理问题、缓解心理压力、抚慰心灵创伤、养护或恢复身心健康的阅读疗法实践中心。

第四，走出研究困境——建设阅读疗法科学研究中心。阅读疗法的科学研究作为阅读疗法事业中的重要内容，为阅读疗法的发展开辟了道路，在阅读疗法发展中扮演着十分重要而关键的角色，成为推动阅读疗法发展的核心竞争力。它使阅读疗法的发展有动力、有实力、有潜力。阅读疗法的科学研究中心建设为阅读疗法的可持续发展提供了不竭的推动力，是发展阅读疗法事业的重要支撑点。

阅读疗法的作用可以归结为娱乐、信息、益智和领悟。在学习知识的同时，阅读还可以影响人的思维、调整人的情绪、增强免疫功能、促进身心健康。

刘向说"书犹药也"，既然如药，就说明不当的阅读疗法也会存在不良的疗效，西方著名心理学家 H. M. 博得加曾说过："图书疗法是建立在能够适当应用它的那些人的直觉和个人技巧之上的"。在外国有关阅读疗法论述的著作中，对阅读疗法使用中产生的副作用也有阐述。

法国哲学家、社会思想家米歇尔·福柯（Michel Foucault，1926—1984），在其成名作《癫狂与文明》[1] 中，多次论述到阅读与癫狂的关系，对因在不恰当的时间、不恰当的地点读了不恰当的书籍产生的副作用进行揭示。比如他引用比安维尔在《女花痴》中提供的材料，一位名叫朱丽叶的年轻女孩，因为过早接触情爱小说，加上家中风流女管家的蛊惑，患上了不可救药的"慕男症"。虽然小女孩一直在用宗教和道德的训诫力量与小说诱惑力量相抗争，知道屈服于盲目的感情既不合理也不道德，但是小说已经像鸦片一样使她成瘾，危险的阅读有增无减，一步步把她拉入了欲望的泥潭，道德和戒律败了阵，常规的价值观崩塌了，这使她找到了尽情放纵欲望、幻想行为和情绪的可怕借口，由"慕男症"发展到"癫狂症"，最后发展到了危及生命的痉挛症。

用阅读疗法来辅助治疗精神病，只能用来减轻和缓解患者的病情，但对于这些精神有问题的病人，极容易将书中的内容不加分析地在现实中模拟，这是极其危险的事情。

---

[1] 米歇尔·福柯. 癫狂与文明—理性时代的精神病史 [M]. 金筑云，译. 杭州：浙江人民出版社，1990：196.

第六章
数字化阅读中的读者心理

第一节　数字化阅读的技术基础

一、计算机

1946年2月14日，由美国军方定制的世界上第一台电子计算机"电子数字积分计算机"（ENIAC Electronic Numerical And Calculator）在美国宾夕法尼亚大学问世了。ENIAC是美国奥伯丁武器试验场为了满足计算弹道需要而研制成的，这台计算器使用了17840支电子管，大小为80英尺×8英尺，重达28吨，如图6-1所示。功耗为170千瓦，其运算速度为每秒5000次的加法运算，造价约为487000美元。ENIAC的问世具有划时代的意义，表明电子计算机时代的到来❶。

以ENIAC为代表的第一代电子计算机——电子管数字机，在硬件方面，其逻辑元件采用的是真空电子管，主存储器采用汞延迟线、阴极射线示波管静电存储器、磁鼓、磁芯；外存储器采用的是磁带。软件方面采用的是机器语言、汇编语言。应用领域以军事和科学计算为主。特点是体积大、功耗高、可靠性差。速度慢（一般为每秒数千次至数万次）、价格昂贵，但为以后的计算机发展奠定了基础。

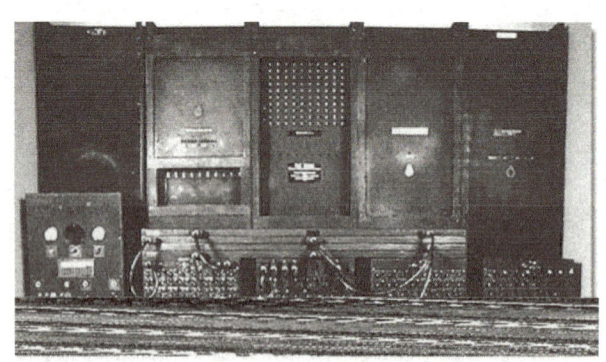

图6-1　第一代电子计算机ENIAC

1958年，美国出现了最早的第二代电子计算机——晶体管数字机。这种名

---

❶ 唐培和，等，编著. 计算学科导论［M］. 重庆：重庆大学出版社，2003.

为雅典娜（Athena）的晶体管计算机是美国雷明顿·朗特公司为"巨人"洲际导弹的无线电惯性制导系统而研制的。计算机是制导系杭的一个组成部分。制导系须通过雷达与导弹相联系，决定导弹的飞行位置，再由计算机计算并提供使导弹命中目标的导航信息。制导系杭要求计机能够在不进行推修的情况下建镇运行七天（每天 24 小时）而不发生任何误会差或故障。应用领域以科学计算和事务处理为主，并开始进入工业控制领域。特点是体积缩小、能耗降低、可靠性提高、运算速度提高（一般为每秒数 10 万次，可高达 300 万次），性能与第一代计算机相比有很大的提高。

1958 年，美国德州仪器的工程师 Jack Kilby 发明了集成电路（IC），将三种电子元件结合到一片小小的硅片上。更多的元件集成到单一的半导体芯片上，计算机变得更小，功耗更低，速度更快。这一时期的发展还包括使用了操作系统，使得计算机在中心程序的控制协调下可以同时运行许多不同的程序。

1962 年 1 月，IBM 公司采用双极型集成电路。生产了 IBM360 系列计算机。一些小型计算机在程序设计技术方面形成了三个独立的系统：操作系统、编译系统和应用程序，总称为软件。1964 年 4 月 7 日，IBM 公司成功研制了世界上第一个采用集成电路的通用计算机 IBM 360 系统，它兼顾了科学计算和事务处理两方面的应用。IBM 360 系列计算机是最早使用集成电路的通用计算机系统，它开创了民用计算机使用集成电路的先例，计算机从此进入了集成电路时代。与第二代计算机（晶体管计算机）相比，它体积更小、价格更低、可靠性更高、计算速度更快。IBM 360 成为第三代计算机（集成电路计算机）的里程碑。在硬件方面，第三代计算机逻辑元件采用中、小规模集成电路（MSI、SSI），主存储器仍采用磁芯。软件方面出现了分时操作系统以及结构化、规模化程序设计方法。特点是速度更快（一般为每秒数百万次至数千万次），而且可靠性有了显著提高，价格进一步下降，产品走向了通用化、系列化和标准化等。应用领域开始进入文字处理和图形图像处理领域。

1971 年，Intel 公司研制成功世界上第一款微处理器 4004，基于微处理器的微型计算机时代从此开始。1975 年 1 月，美国 MITS 公司推出了首台通用型 Altair 8800 计算机，它采用了 Intel 8080 微处理器，是世界上第一台微型计算机。

1978—1983 年，十六位微型计算机的发展阶段，微处理器有 8086、

808880186、80286、M68000、Z8000，微型计算机代表产品是 IBM-PC（CPU 为 8086）。

从 1983 年开始为 32 位微型计算机的发展阶段。微处理器相继推出 80386、80486。386、486 微型计算机是初期产品。1993 年，Intel 公司推出了 Pentium 或称 P5 的微处理器，它具有 64 位的内部数据通道。

1993 年 Intel 公司推出了第五代微处理器 Pentium，它的集成度已经达到 310 万个晶体管，主频已达 66MHz，计算机从此进入"奔腾"时代。目前，计算机中 CPU 的主频已经达数 GHz，内存也已达数 Gb。

第四代的大规模集成电路机在硬件方面，逻辑元件采用大规模和超大规模集成电路（LSI 和 VLSI）。软件方面出现了数据库管理系统、网络管理系统和面向对象语言等。特点是 1971 年世界上第一台微处理器在美国硅谷诞生，开创了微型计算机的新时代。应用领域从科学计算、事务管理、过程控制逐步走向家庭。

1981 年 10 月，日本首先向世界宣告开始研制第五代计算机，并于 1982 年 4 月制订了为期十年的"第五代计算机技术开发计划"，但三个十年过去后，第五代计算机才在美国的硅谷初现端倪。

第五代计算机是为适应未来社会信息化的要求而提出的，与前四代计算机有着本质的区别，是计算机发展史上的一次重要变革。

第五代计算机的基本结构通常由问题求解与推理、知识库管理和智能化人机接口三个基本子系统组成。

问题求解与推理子系统相当于传统计算机中的中央处理器。与该子系统打交道的程序语言称为核心语言，国际上都以逻辑型语言或函数型语言为基础进行这方面的研究，它是构成第五代计算机系统结构和各种超级软件的基础。

知识库管理子系统相当于传统计算机主存储器、虚拟存储器和文体系统结合。与该子系统打交道的程序语言称为高级查询语言，用于知识的表达、存储、获取和更新等。这个子系统的通用知识库软件是第五代计算机系统基本软件的核心。通用知识库包含有：日用词法、语法、语言字典和基本字库常识的一般知识库；用于描述系统本身技术规范的系统知识库；以及把某一应用领域。如超大规模集成电路设计的技术知识集中在一起的应用知识库❶。

智能化人机接口子系统是使人能通过说话、文字、图形和图像等与计算机对话，用人类习惯的各种可能的方式交流信息。这里，自然语言是最高级的用户语言，它使非专业人员能够操作计算机，并为从中获取所需的知识信息提供可能。

当前第五代计算机的研究领域大体包括人工智能，系统结构，软工程和支援设备，以及对社会的影响等。

人工智能的应用将是未来信息处理的主流，因此，第五代计算机的发展，必将与人工智能、知识工程和专家系统等的研究紧密相连，并为其发展提供新基础。目前的电子计算机的基本工作原理是先将程序存入存储器中，然后按照程序逐次进行运算。这种计算机是由美国物理学家诺伊曼首先提出理论和设计思想的，因此又称诺伊曼机器。第五代计算机系统结构将突破传统的诺伊曼机器的概念。这方面的研究课题应包括逻辑程序设计机、函数机、相关代数机、抽象数据型支援机、数据流机、关系数据库机、分布式数据库系统、分布式信息通信网络等。

第五代计算机的发展必然引起新一代软件工程的发展，极大地提高软件的生产率和可靠性。为改善软件和软件系统的设计环境，将研制各种智能化的支援系统，包括智能程序设计系统、知识库设计系统、智能超大规模集成电路辅助设计系统，以及各种智能应用系统和集成专家系统等。在硬件方面，将出现一系列新技术，如先进的微细加工和封装测试技术、砷化镓器件、约瑟夫森器件、光学器件、光纤通信技术以及智能辅助设计系统等。另外，第五代计算机将推动计算机通信技术发展，促进综合业务数字网络的发展和通信业务的多样化，并使多种多样的通信业务集中于统一的系统之中，有力地促进了社会信息化❷。

二、通信网络

数字化阅读离不开计算机，也同样离不开通信网络。没有计算机技术，文献信息无法实现数字化，没有网络，数字化阅读就无法实现。

---

❶ 知识库管理基础 [M]. 柏林：施普林格出版集团.
❷ 谢红薇，等，编著. 计算机文化基础 [M]. 北京：宇航出版社；北京希望电子出版社，2002.

网络是信息传输、接收、共享的虚拟平台，通过它把各个点、面、体的信息联系到一起，从而实现这些资源的共享。

凡将地理位置不同，并具有独立功能的多个计算机系统通过通信设备和线路而连接起来，且以功能完善的网络软件（网络协议、信息交换方式及网络操作系统等）实现网络资源共享的系统，可称为计算机网络。

计算机网络是用通信线路和通信设备将分布在不同地点的多台自治计算机系统互相连接起来，按照共同的网络协议，共享硬件、软件和数据资源的系统。

互联网始于1969年的美国，当时美国国防部高级研究计划管理局（ARPA—Advanced Research Projects Agency）开始建立一个命名为ARPAnet的网络，把美国的几个军事及研究用电脑主机联结起来。当初，ARPAnet只联结4台主机，在军事要求上是置于美国国防部高级机密的保护之下。

我国互联网的发展以1987年通过中国学术网CANET发出中国第一封E-mail为标志。经过几十年的发展，形成了四大主流网络体系，即：中科院的科学技术网CSTNET；国家教育部的教育和科研网CERNET；原邮电部的CHINANET和原电子部的金桥网CHINAGBN。

中国目前有五家具有独立国际出入口线路的商用性互联网骨干单位，还有面向教育、科技、经贸等领域的非营利性互联网骨干单位。

数据通信是计算机网络最基本的功能，此功能用于传送计算机与终端、计算机与计算机之间的各种信息，实现将分散在各个地区的单位或部门用计算机网络联系起来，进行统一的调配、控制和管理。

计算机与通信网络的结合可实现的最大优势就是资源共享。"资源"指的是网络中所有的软件、硬件和数据资源。"共享"指的是网络中的用户都能够部分或全部地享受这些资源。例如，某些地区或单位的硬件、软件包括数据库可供全网使用，从而大大地降低全系统的投资费用。

网络还可以实现联网计算机系统的分布处理。当某台计算机负担过重时，或当计算机正在处理某项工作时，网络可将新任务转交给空闲的计算机来完成，这样处理能均衡各计算机的负载，提高处理问题的实时性；对大型综合性问题，可将问题各部分交给不同的计算机分头处理，充分利用网络资源，扩大计算机的处理能力，增强实用性。

网络安全是一个关系国家安全和主权、社会的稳定、民族文化的继承和发扬的重要问题。网络安全是一门涉及计算机科学、网络技术、通信技术、密码技术、信息安全技术、应用数学、数论、信息论等多种学科的综合性学科。

网络按其覆盖的地理范围的大小不同分为广域网、城域网和局域网。

局域网（local area network）缩写为 LAN，是结构复杂程度最低的计算机网络。局域网仅是在同一地点上经网络连在一起的一组计算机。局域网通常离得很近，它是目前应用最广泛的一类网络。

城域网（Metropolitan Area Network）缩写为 MAN，是指在一个城市范围内操作的网络，或者在物理上使用城市基础电信设施（如地下电缆系统）的网络。

广域网（wide area network）缩写为 WAN，是由两个以上的 LAN 构成，影响广泛的复杂网络系统。大型的 WAN 可以由各大洲的许多 LAN 和 MAN 组成。最广为人知的 WAN 就是 Internet，它由全球成千上万的 LAN 和 WAN 组成。

第二节　数字图书馆及其研究

一、数字图书馆

数字图书馆就是将馆藏信息进行数字化处理并存储于虚拟空间中，能够通过网络进行检索和阅读的由计算机和网络构成的电子图书馆。

而数字化就是将许多复杂多变的信息转变为可以度量的数字、数据，再以这些数字、数据建立起适当的数字化模型，把它们转变为一系列二进制代码，引入计算机内部，进行统一处理，这就是数字化的基本过程。

1945 年 7 月，Vannevar Bush[1] 在《大西洋月刊》（The Atlantic Monthly）上撰文，发表了关于 Memex 信息机的构想，被公认为是对"数字图书馆"蓝图的最早描述。

这一构想于 20 世纪 50～60 年代被麻省理工学院实现，他们将两万篇科学文献的缩微库与一个计算机目录检索系统相连，进行自动检索，这被认为是数字图

---

[1] Vannevar Bush. As we may think [J]. Atlantic Monthly. 1945：7.

书馆的雏形。1965 年，美国学者 Licklider❶ 将全计算机化的图书馆命名为"未来的图书馆"（Library of the Future），Licklider 也因此被认为是数字图书馆的先驱。

1978 年美国学者 Lancaster❷ 发表了"无纸的图书馆"的预言，将人们对未来数字图书馆的认识又推进了一大步，进入 20 世纪 80 年代，我们又看到了诸如"电子图书馆""虚拟图书馆""没有围墙的图书馆"等新名词。

进入 20 世纪 90 年代，随着高速度大容量数据存储设备的迅速发展以及高速计算机网络的普遍建立，"数字图书馆"被正式提出。

数字图书馆（Digital Library）是用数字技术处理和存储各种图文并茂的文献的图书馆，实质上是一种多媒体制作的分布式信息系统。它把各种不同载体、不同地理位置的信息资源用数字技术存储，以便跨越区域、面向对象的网络查询和传播。它涉及信息资源加工、存储、检索、传输和利用的全过程。通俗地说，数字图书馆就是虚拟的、没有围墙的图书馆，是基于网络环境下共建共享的可扩展的知识网络系统，是超大规模的、分布式的、便于使用的、没有时空限制的、可以实现跨库无缝链接与智能检索的知识中心。数字图书馆具有信息查阅检索方便、远程迅速传递信息和同一信息可多人同时使用等特点。

数字图书馆就是以数字形式贮存和处理信息的图书馆，是将计算机技术、通信技术、微电子技术等合二为一的信息服务系统。它针对有价值的图像、文本、语音、影视、软件、和科学数据等多媒体信息进行收集、组织、和规范加工，不再像传统图书馆那样以纸介质或其他非数字介质为存储载体。它利用现代先进的数字化技术，将图书馆馆藏文献数字化，通过国际互联网上网服务，供用户随时随地地查询，使处在不同地理位置的用户能够方便地利用大量的、分散在不同处贮存处的信息。只要在有网络存在的地方，就可以随时随地地查询资料、获取信息。通俗的说，数字图书馆是因特网上的图书馆，是没有围墙的图书馆。

1991 年，美国就率先研究数字图书馆，英、法、日、德、意等国紧步其后，相继投入巨额研发资金建设本国的数字图书馆。新加坡等亚洲国家也提出了各自的数字图书馆计划并加以实施。1994 年，美国成立卡内基—梅隆大学数字图书

---

❶ Licklider, J. C. R. Libraries of the Future [M]. Gambridge：MIT PRESS, 1965.
❷ Lancaster, F. W.. Toward Paperless Information Systems [M]. NewYork：AcademicPress, 1978.

馆（CMDL）、密执安大学数字图书馆（UMDL），1996年，美国成立计算机协会数字图书馆（ACM）、美国记忆（AMMEM）国会图书馆。随后，英国、加拿大、新西兰、中国等国家相继成立自己的数字图书馆。

1995年，美国研究图书馆协会（ARL）归纳了数字图书馆的各种定义中具有共性的五个要素：

（1）数字图书馆不是一个单一实体；

（2）数字图书馆需要链接许多信息资源的技术；

（3）多个数字图书馆及信息机构之间的链接对最终用户透明；

（4）全球范围存取数字图书馆与信息服务是一个目标；

（5）数字图书馆的收藏并不局限于文献的数字化替代品，还扩展到不能以印刷形式表示或传播的数字化人造品。

1998年，美国数字图书馆联盟（DLF）将数字图书馆定义为是一个拥有专业人员等相关资源的组织。该组织对数字资源进行挑选、组织、提供智能化存取、翻译、传播、保持其完整性和永存性等工作，从而使得这些数字式资源能够快速且经济地被特定的用户或群体所利用。

大英图书馆（British Library）将数字图书馆定义为利用数字技术，获取、存储、存取、发布信息的图书馆。

中国国家图书馆将数字图书馆定义为国家信息基础设施提供关键性信息管理技术，同时提供其主要的信息库和资源库。

数字图书馆不是图书馆实体：它对应于各种公共信息管理与传播的现实社会活动，表现为种种新型信息资源组织和信息传播服务。它借鉴图书馆的资源组织模式、借助计算机网络通讯等高新技术，以普遍存取人类知识为目标，创造性地运用知识分类和精准检索手段，有效地进行信息整序，使人们获取信息消费不受空间限制，很大程度上也不受时间限制。

"数字图书馆"从概念上讲可以理解为两个范畴：数字化图书馆和数字图书馆系统，涉及两个工作内容：一是将纸质图书转化为电子版的数字图书；二是电子版图书的存储、交换、流通。

数字图书馆是传统图书馆在信息时代的发展，它不但包含了传统图书馆的功能，即向社会公众提供相应的服务，还融合了其他信息资源（如博物馆、档案馆等）的一些功能，提供综合的公共信息访问服务。可以这样说，数字图书馆将成为未来社会的公共信息中心和枢纽。信息化、网络化、数字化，这一连串的名词符号其根本点在于信息数字化；同样，电子图书馆、虚拟图书馆、数字图书馆，不管用什么样的名词，数字化都是图书馆的发展方向。

数字图书馆的服务是以知识概念引导的方式，将文字、图像、声音等数字化信息，通过互联网传输，从而做到信息资源共享。每个拥有任何电脑终端的用户只要通过联网，登录相关数字图书馆的网站，都可以在任何时间、任何地点方便快捷地享用世界上任何一个"信息空间"的数字化信息资源。数字图书馆既是完整的知识定位系统，又是面向未来互联网发展的信息管理模式，可以广泛地应用于社会文化、终身教育、大众媒介、商业咨询、电子政务等一切社会组织的公众信息传播[1]。

随着计算机和网络技术的研究和发展，数字图书馆正在从基于信息的处理和简单的人机界面逐步向基于知识的处理和广泛的机器之间的理解发展，从而使人们能够利用计算机和网络更大范围地拓展智力活动的能力，在所有需要交流、传播、存储和利用知识的领域，包括电子商务、教育、远程医疗等，发挥极其重要的作用。

数字图书馆都配备有电脑查阅系统，读者通过检索一些关键词，就可以获取大量的相关信息。而以往图书资料的查阅，都需要经过检索、找书库、按检索号寻找图书等多道工序，烦琐而不便。

数字图书馆涉及的主要技术有数字化技术、超大规模数据库技术、网络技术、多媒体信息处理技术、信息压缩与传送技术、分布式处理技术、安全保密技术、可靠性技术、数据仓库与联机分析处理技术、信息抽取技术、数据挖掘技术、基于内容的检索技术、自然语言理解技术等。

与传统图书馆对比，数字图书馆具有与传统图书馆不同的功能和特征，在馆藏建设、读者服务等方面都有了新的发展。由于数字图书馆以网络和高性能计算机为环境，向读者和用户提供比传统图书馆更为广泛、更为先进、更为方便的服务，从根本上改变了人们获取信息、使用信息的方法，较传统图书馆具有很大的

---

[1] 李勇等，王忠华，周勇．数字图书馆［M］．北京：北京邮电大学出版社，2002．

优势。

从文献存储上看，传统图书馆的馆藏载体主要是纸质文献，与之相比数字图书馆对藏书建设的影响，首先表现在图书馆"馆藏"的含义已被扩展，不仅包括不同的信息格式（如磁盘、光盘、磁带等），还包括不同的信息类型（如书目信息、全文信息、图像、音频、视频等），因而使得数字图书馆将不再受制于物理空间，它们所能收藏的书刊等资料的数量也将不再受空间制约。数字图书馆是把信息以数字化形式加以储存，一般储存在电脑光盘或硬盘里，与过去的纸质资料相比占地很小。而且，以往图书馆管理中的一大难题就是，资料多次查阅后就会磨损，一些原始的比较珍贵的资料，一般读者很难看到。数字图书馆就避免了这一问题。

从检索方式上看，用传统的检索方法，读者往往要在众多的卡片前花费不少时间，颇使借阅者感到不便，查全率和查准率都难以提高。数字图书馆都配备有电脑查阅系统，读者通过检索一些关键词，就可以获取大量的相关信息。而以往图书资料的查阅，都需要经过检索、找书库、按检索号寻找图书等多道工序，烦琐而不便。

从信息的传递速度上看，传统图书馆位置固定，读者往往将大量的时间花费在去图书馆的路上。数字图书馆则可以利用互联网迅速传递信息，读者只要登录网站，轻点鼠标，即使和图书馆所在地相隔千山万水，也可以在几秒钟内看到自己想要查阅的信息，这种便捷是以往的图书馆所不能相比的。

从资源共享角度上看，众所周知，一本书一次只可以借给一个人使用。在数字图书馆则可以突破这一限制，一本"书"通过服务器可以同时借给多个人查阅，大大提高了信息的使用效率。

数字图书馆建设已成为评价一个国家信息基础水平的重要标志，西方许多国家都非常重视数字图书馆建设。早在1991年，美国就率先研究数字图书馆，英、法、日、德、意等国步其后，相继投入巨额研发资金建设本国的数字图书馆。

1995年，美、英、法、日、德、加、意等7个国家的国家图书馆组成G7数字图书馆联盟，次年因俄罗斯的加入而成为G8。

1996年，IBM公司推出其数字图书馆方案第一版。它是一套可伸缩的多媒体管理方案，能将音频、视频、图像、文本等信息转换成数字化形式，并通过因特网向全球发布,包括内容的创建和获取、存储和管理、检索及查询、信息发布、权限管理等五项功能。

2006年,美国犹他州立大学和美国国家科学数字图书馆(NSDL)合作进行了一项为期5年的研究项,以增强教师利用数字图书馆资源设计学生活动的能力,并专门为此开发了一项名为InstructionalArchitect的简单数字图书馆服务。该项目不仅有助于为学生设计更有意义的活动,进而增加现有资源对于教师的价值,而且能够促进本地教师的合作。共享和共创教学活动也能使传统的单独备课行为变得更加具有合作性和更有效。

二、国外对数字图书馆研究

1995年Levy和Marshall[1]在所提出的数字图书馆模型,包含三个相互关联的组件:文档、技术和工作。他们用这个模型对当时的(即数字图书馆研究的早期)研究和开发中的一些假设(例如数字图书馆只包含固定的文档、这些文档只是支持用户工作、只涉及数字技术)进行了质疑,认为数字图书馆应该支持用户知识工作的整个范围。

1998年,Borbinha[2]等人提出了支持虚拟企业的数字图书馆模型,他们把这种数字图书馆称为网络化的数字图书馆(Networked Digital Library)。该模型主要包含三个概念实体:文档、用户和主题(在模型中用概念空间来表示)。这个模型所描述的数字图书馆与传统图书馆相比有如下区别:文档由传统图书馆中只包含正式文档扩展到也可包含非正式文档;图书馆资源的贡献者由传统图书馆中的图书馆员扩展到编辑者和作者;由于概念空间的支持,所管理的对象由传统图书馆中的书籍、论文扩展到创意、思想等。这个模型同时也强调了任何用户都可以成为数字图书馆潜在的内容发布者,即最终用户可以很方便、很容易地与数字图书馆进行交互。交互的目的不仅限于访问OPAC服务,而且可以为数字图书馆增加新的元知识,进而对数字图书馆内容进行丰富化。这种丰富化的实例包括调整

---

[1] D M Levy, C C MarshallL. Doing digital: A look at assumptions underlying digital libraries [J]. Communications of the ACM, 199, 38 (4): 77-84.

[2] J I Borbinha, ect aL. A Digital library for a virtual organization [C]. Proceeding. The annual Hawaii international conference on system sciences (HICSSl998) 1998, 12.

和完善叙词表、文档的动态和协作分类以及为文档增加标注和评论等。

1999年，美国马里兰大学（University of Matyland）的Dagobert Soergel❶提出了具有丰富的语义结构和功能的丰富化的数字图书馆（Enriched Digital Library）模型。他所提出的丰富化的数字图书馆模型包括一个语义信息结构和一个集成的功能集。信息结构包括了几种对象（例如概念、文档、项目、人、组织和查询等）和几种链接类型（例如处理、定义、产生、包含和引用等），强调使用概念层次来指导信息探索。集成功能和链接产生工具（包括文档分割工具、引文索引工具、摘要工具、文档分类工具）等。这个模型同时还包含公共信息空间和私人信息空间，全方位地支持用户组的共享和协作以及用户的个体工作。

2002年，Beiber❷等人提出了一个称为协作知识演化支持系统（Collaborative Knowledge Evolution Support System，CKESS）的数字图书馆模型。这个模型被描述为"支持社区用户协作共享和演化其知识的数字资源库"。该模型主要强调了对于社区用户的协作活动的支持，在该模型中，通过用户与资源库的交互及社区用户间的协作活动来产生隐性知识，然后用这些隐性知识来修改和提高资源库中的显性知识。

2003年，Lankes R. David❸等学者就数字参考咨询服务的评估标准、测评参数、统计指标以及成本核算和定价的相关研究做了回顾性述评，提出将数字参考咨询服务的利用标准（利用和传送范畴）和技术标准（软/硬件、协议、元数据、叙述语言的人工控制等）两者结合起来以进行全面的考察和评定；提出数字参考咨询服务的软件及硬件（基础设施）建设及其成本核算，应立足于当前数字咨询服务成本数据收集范围的确定以及对这些数据进行有效的分析。对数字参考服务标准的讨论涉及以下三个方面：咨询问答的计算机（格式）编码方式以及不同域间的转换；数字参考服务合作网络中信息叙述的统一，须共同遵守的基

---

❶ D. SocrgcL. A digital library model with rich semantic structure［EB/OL］.［2012-05-04］. http：//citcsccR. ist psu edu/cache/papers/cs/1｝0｝1/http；zSzzSzwwW. clis umD. cduzSzfacultyzSzsocrgclzSzsocrgcldli2C. pdf/socrgcl98digital，pDF.

❷ M Bieber, et aL. Toward virtual community knowledge evolution［J］. Journal of Management information Sytem. 2002, 18（3）: 11-35.

❸ Lankes, R David; Gross, Melissa; McClure, Charles R. Cost, statistics, measures, and standards for digital reference servieces: a preliminary vieW. Library Trends, 2003, 51, 3, 401,（15）。

本规则；知识仓库中咨询问答转存为可用文档的编码方法。

2003年，Bollen、Johan❶等通过对该实验室数字图书馆1998—2001年的用户日志进行分析研究后，针对研究性用户群，提出了一种新的评价其研究趋势的方法。该方法模仿杂志关系网络（the generated journal relationship networks）的结构性特征来分析用户日志，称之为"Reader Impact Metric"，它很像Google按主题内容的相关度对网页进行排序，其目的是用它监测和解释特定用户群体的研究趋势，这类群体的研究往往背离了ISI影响因子所指示的一般趋势。通过对"Reader ImpactMetric"的分析，可以为数字图书馆的管理者提供有用的信息，不仅有助于为自己的用户群体提供最有价值的信息资源，而且可以监测用户群体的研究趋势。

同年，Nicholson、Scott❷将数据挖掘技术用于查找基于WEB的学术研究论文。该研究用Delphi来提炼学术图书馆的文献选择标准，共41个评判标准被用来分析WEB页，然后运用数据挖掘技术创造出不同的分类模型，这些模型建立于四种技术之上：逻辑回归、非参数判别分析、分类（级）树、神经网络。根据精确性和回报来判断各种模型的数据挖掘效力，其困难在于对研究内容相似的WEB页很难加以分类。该研究所形成的模型可以用于自动创建基于WEB学术性论文的数字图书馆，以及用于创建任何类型的结构式电子信息的数字图书馆。

2004年5月在克罗地亚召开的第六届国际"数字时代图书馆"大会上，美国罗格斯大学传播学院的Tefko Saracevic撰文阐述了他的观点：数字图书馆是包容广泛的概念，它涵盖数字资源的构成和存取、基础性技术设施、网络、用户以及制度等方面的内容。目前，有关数字图书馆人类行为的研究仍处于"幼年期"，因此，对数字图书馆的认识是很不充分的。而有关数字图书馆人类行为的研究对于如何建好数字图书馆，如何使之服务得更好是十分必要的。

美国匹兹堡卡内基梅隆大学图书馆的Denise Troll Covey主持的基于人类信息行为要素的研究课题得出了以下结论：当前用户最在意的是信息质量、信息传输

---

❶ Bollen, Johan et al. Usage analysis for the identification of research trends in digital libraries [R]. D-Lib Magazine; May 2003, vol. 9, no. 5.

❷ Nicholson, Scott. Using data mining to discover Web-based scholarly research works [R]. 2003, 10. vol. 54, no. 12, pages 1081–1090.

速度、检索方便与否、远程获取全文。

美国伊利诺伊大学厄巴纳—香槟分校的 Jo Kibbee 对"学术图书馆数字化环境中的用户行为"进行了研究，探讨了当前图书馆用户获取信息的途径和方式（40%是通过图书馆网址）、什么样的人访问图书馆网站（88%是会员）、他们为何要使用网站形式的服务（方便、图书馆离得太远）、他们需要什么（文献，却不是事实）、他们怎样提问（聊天室或 e-mail）。调查结果表明，很多学生宁愿通过网上聊天室提出请求，而不愿仅走几步路到图书馆当面咨询或亲自查寻，正是这种通过网络请求信息专家提供专业服务的心理拓殖了数字图书馆的信息环境。

英国谢菲尔德大学信息学院的 Sheila Webber 在"信息素质"的定义中增加了以下内容："终身学习能力是信息时代人类生存和发展所必需的首要和关键技能。它能帮助人们自如地应付世间的各种变化，获得竞争优势和创新能力。"

英国诺森比亚大学信息管理学院的 Gayle Haswell 和 Susan Heaford 针对高等教育和继续教育环境中的用户，对影响其利用电子化信息服务的障碍（信息素质）进行了研究。

英国伦敦城市大学的 David Bawden、斯洛文尼亚卢布尔雅那大学的 Polona Vilar 分别考察和分析了两国的正规教育和继续教育是如何提供有关数字图书馆的知识和技能的，提出应对现行课程进行统一和规范。

英国拉夫堡大学的 John Feather 在其数字图书馆课程的研究中，将能力的培养作为重点。

希腊的雅典派迪昂政治经济大学的 Papatheodorou、Christos 等采用数据挖掘技术，分析了用户向一个数字图书馆发出的所有提问，然后，按提问的主题意义划分用户群体，目的在于为不同用户群体提供特定属性的检索途径，以便其能更准确、全面地检索到自己所需的信息。研究表明，数据挖掘技术对个性化信息服务是一种可行的方法。

斯洛文尼亚柯美纽斯大学的 Jela Steinerova 和 JaroslavSusol 从人类信息行为的角度，分析了在数字图书馆的使用中，人类与信息环境间的相互作用。

斯洛文尼亚卢布尔雅那大学的 Gorazd Vodeb 则专门就研究生的信息行为特征进行了研究。该研究将 Dervin's Sense-Making 方法学理论应用于研究生信息需求、检索策略及信息用途的调查和分析。

德国雪顿荷尔大学的 Marta Deyrup 和波鸿鲁尔大学的 Erda Lapp 联合对两所大学中接受过各自的信息素质课程教育的学生的信息利用能力进行了对比研究；研究还强调数字图书馆应用技能及科研综合能力并举的素质培养方针。

美国华盛顿 DC 图书馆与博物馆研究所的 Martha Craw-ley，在其"数字时代图书馆和博物馆的作用"的研究中指出：开发和传播的数字技术，通过各种数字化手段保存文化遗产并提供服务是现代图书馆面临的主要任务。

2005 年，Norberg[1]等则以记录美国南部数字图书馆为例，介绍了通过可用性测试和迭代设计过程生成一个以用户为中心、可持续发展的数字图书馆的过程。他们进行的一系列可用性测试和专题小组研究表明，用户和数字图书馆的交互面向任务并基于背景；为多个用户群服务是一个交互的过程，需要持续与用户对话。

2005 年 Borgman[2]等就本科地理课教师的信息检索和使用行为开展了访谈，结果表明个人数字图书馆是为教学服务的地理数字图书馆的关键，每位教师都有着其独有的选择、收集和组织教学资料的方法。此外，为教学和科研服务的数字图书馆也应该能够从常用的办公软件中导入内容，并将其内容存为可导入其他应用程序的标准格式。

2006 年，Rapp、David N.[3]等从认知心理学角度考察人类在信息处理中的理解过程，其中的关键问题是信息怎样被储存在记忆里；分析了超文本所带来的心理问题；综述了对文本的理解、记忆和空间认知的相关发现。

2006 年，Lack[4]指出，随着信息资源数量的增长，数字图书馆和档案馆应创建能满足用户需求的、可用的服务，在开发的所有阶段寻求用户的输入有益于实

---

[1] NORBERG L R, VASSILIADIS K, Ferguson J, et al. Sustainable design for multiple audiences: The usability study and iterative redesign of the Documenting the American South digital library [J]. OCLC Systems and Services, 2005, 21 (4): 285–299.

[2] BORGMAN C L, CHAMPENY L, Finley J R, et al. Comparing faculty information seeking in teaching and research: Implications for the design of digital libraries [J]. The American society for information science and technology, 2005, 56 (6): 636–657.

[3] RAPP DAVID N, TAYLOR HOLLY A, Crane Gregory R. The impact of digital libraries on cognitive processes: psychological issues of hypermedia [J]. Computers in Human Behavior. 9.

[4] LACK R. The importance of user–centered design: Exploring findings and methods [J]. Archival Organization, 2006, 4 (1/2): 71–88.

现上述目标。

　　2006年，Vakkari和Talja[1]以网络问卷的方式对芬兰国家电子图书馆的最终用户进行了研究，结果表明：在期刊和参考数据库中进行关键词检索在所有学科领域中都是最重要的资源获取方法。在数据库中进行关键词检索在自然科学、工程和医学领域更为普及，而浏览、追踪和以同事为获取来源则在人文学科中更为普及。

　　2006年，Rumsey[2]指出机构知识库不但可以收集和管理该学院的科研产出，而且可以保存他们的科研出版物并优化其使用。与此同时，她还指出机构知识库可以通过引文机制指向出版商所出版的版本。

　　2006年，Bergman[3]回顾了给学术交流系统带来压力的主要原因并总结了开放存取运动的最新发展，认为开放存取运动已经取得了一定的成功，商业性期刊、开放存取期刊和数字知识库在可以预见的将来会作为学术群体使用的信息资源继续并存。

　　2006年，Henneken[4]等调查了美国康奈尔大学推出的arXiv电子出版物知识库，证明一开始即以电子出版物的形式出现在arXiv中的论文被引用的次数多于其他论文。此外对于一些天文学和物理领域中的主要期刊，最重要的论文均首先被提交到arXiv中。

　　2006年，Cantara[5]的研究表明辅助自动和半自动获取、收集和生成数字保存元数据的工具是确保长期保存的关键。

　　2007年，Ferran[6]等对350名学生在一个学期中使用虚拟课堂学习对象的日

---

[1] VAKKARIP, TALJAS. Searching for electronic journal articles to support academic tasks, a case study of the use of the Finnish National Electronic Library (Fine lib) [J]. Information research, 2006, 12 (1).

[2] RUMSEY S. The purpose of institutional repositoriesin UK higher education: A repository manager's view [J]. International journal of information management, 2006, 26 (3): 181–186.

[3] BERGMAN S S. The scholarly communication movement: Highlights and recent developments [J]. Collection building, 2006, 25 (4): 108–128.

[4] HENNEKEN E A, KURTZ M J, EICHHORN G, et al. Effect of e-printing on citation rates in astronomy and physics [J]. Electronic publishing, 2006, 9 (2).

[5] CANTAR A. Long-term preservation of digital humanities scholarship [J]. OCLC systems and services, 2006, 22 (1): 38–42.

[6] FERRAN N, CASADESUS J, KRKOWSKA M, et al. Enrichinge-learning metad at through digital library usage analysis [J]. Electronic Library, 2007, 25 (2): 148–165.

志进行了分析，以改善元数据质量及促进个性化服务。

2007年，Ismond和Shiri[1]从用户的角度比较和评估了加拿大、美国和英国的6个免费医学数字图书馆，指出为了最大限度地发挥潜力，在医学数字图书馆发展的过程中必须强调馆藏的质量和更新，与用户使用的技术保持一致，提供促进复杂的学术信息的存取和理解的服务，同时确保在线用户知道这些数字图书馆的存在。

2008年，Blandford[2]等从数字图书馆适合用户的各类工作活动的角度出发，提出了以用户为中心的数字图书馆评估框架PRETARapporter，并介绍了在其基础上进行的3个个案研究。

2009年5月，英国的图书馆自动化系统供应商Talis公司提出Richard Wallis、Google推出Frances Haugen、图书馆自动化领域专家Marshall Breeding提出了"云计算图书馆"（Cloud Computing Libraries）的新概念。2009年7月14日，美国国会图书馆国家数字信息基础设施与保存项目（NDIIPP）与DuraSpace公司宣布，他们将联手发起一个为期一年的试验计划，检验利用云技术进行数字内容永久存取的情况[3]。

2013年，Vinopal[4]等发文介绍了纽约大学图书馆（New York University Library，简称NYUL）提出的可扩展的4个层次的数字学术服务模式：

第1层为专业学术工具，包括学习管理系统、维基、视频流、个人和共享文件存储以及虚拟计算机实验室等，通过面向大多数师生提供学术与管理方面的基本的数字工具服务，满足其基础的数字学术需求。

第2层为标准研究服务，包括提供期刊和会议论文托管工具、Web托管平台及展示平台等，这些面向不同研究者的系列的、可自主选择的工具支持与配置设

---

[1] ISMOND K P, Shiri A. The medical digital library and scape [J]. Online information review, 2007, 31 (6): 744-758.

[2] BLANDFORD A, ADAMS A, Attfield S, et al. The PRET a rap porter framework: Evaluating digital libraries from the perspective of information work [J]. Information processing and management, 2008, 44 (1): 4-21.

[3] Library of Congress. Library of Congress and Dura cloud Launch Pilot Program Using Cloud Technologies to Test Perpetual Access to Digital Content [EB/OL]. http://www.loc.gov/today/pr/2009/09-140.html, 2012-01-10.

[4] VINOPAL J, MCCORMICK M. Supporting digital scholarship in research libraries scalability and sustainability [J]. Library Administration, 2013, 53 (1): 27-42.

计，拓展了现有的图书馆学术服务。

第3层为增强的研究服务，主要为学者提供超标准、更可持续的咨询和定制等支持服务，如设计标准工具的特殊接口、为存储库提供定制的元数据选项、与特定部门和资助项目合作等。

第4层为应用研究与开发，注重与创新学者形成深入的合作伙伴关系，实现产品的可重复使用和现有工具之间的集成，创建与实施能满足新兴研究需求的工具、平台或方法。基于4个层次的服务模式为馆员参与整个学术研究过程提供了更多的机会。

2014年，Lippincott[1]等发文，以布朗大学和麦克马斯特大学为研究案例，从目标、基础设施和数字项目等方面介绍了数字学术中心两种不同的建设方法。

Bryan着重介绍了乔治亚州立大学和北卡罗莱纳州立大学等高校的图书馆所呈现的数字学术孵化器的特征及可视化环境。

2015年，Angela[2]发现图书馆电子资源管理人员的核心竞争力已扩展到数字学术和学术交流。

2016年，Ellías[3]介绍了迈阿密大学图书馆与教师合作开发的包括数字素养伙伴、电子书和数字出版在内的4个数字学术项目。

三、国内数字图书馆研究

1997年，国家计委批准中国试验型数字式图书馆项目（简称CPDLP）的立项，该项目由中国国家图书馆、上海图书馆、南京图书馆、辽宁图书馆、广东省立中山图书馆、深圳图书馆及文化部文化科技开发中心联合承担，共同研发，是一项拥有我国自主知识产权并与国际接轨的数字图书馆技术。是一个多馆协作、互为补充、联合一致的试验型数字式图书馆，拥有文化旅游、法律法规、中国名

---

[1] Lippincott J, Harriette H, Vivian L. Trends in Digital Scholarship Centers [EB/OL]. [2017-06-10]. http：//er. educausE. edu/articles/2014/6/trends-in-digital-scholarship-centers.

[2] ANGELA D. Opportunities beyond electronic resource management：an extension of the core competencies for electronic resources librarians to digital scholarship and scholarly communications [J]. The Serials Librarian, 2015, 68 (1-4)：361-369.

[3] Elías T. Libraries and faculty collaboration：four digital scholarship examples [J]. Web Librarianship, 2016, 10 (2)：124-136.

人库和中国军事博览等四大类几十个数据库。该项目于 2001 年 5 月通过了专家鉴定。

1998 年 8 月，由文化部牵头，联合中国国家图书馆、中国电信总公司、中国科学院、清华大学、北京大学等单位及众多专家学者共同参与，成立了中国数字图书馆工程筹备小组。在工程组的协调下对数字图书馆涉及的技术、法律、管理、运营、知识产权等方面的问题进行了广泛而深入的研究，并于 2000 年 4 月正式启动了中国数字图书馆工程，使其在组织机构、资源建设、技术研发、成果推广、计划项目和管理、网络环境和设备、标准规范和知识产权等。

1998 年 11 月，教育部组织建设了高等教育文献保障系统（China Academic Library & Information System，CALIS）。CALIS 是经国务院批准的我国高等教育"211 工程"总体规划中的两个公共服务体系之一。是国家经费支持的中国高校图书馆联盟，其宗旨是，在教育部的领导下，把国家的投资、现代图书馆的理念、先进的技术手段、高等学校丰富的文献信息资源和人力资源整合起来，建设以中国高等教育数字图书馆为核心的教育文献信息资源联合保障体系，实现文献信息资源共建、共知、共享，以发挥最大的社会效益和经济效益。

从 1998 年开始建设以来，CALIS 管理中心引进和共建了一系列国内外文献数据库，包括大量的二次文献库和全文数据库；采用独立开发与引用消化相结合的道路，主持开发了联机合作编目系统、文献传递与馆际互借系统、统一检索平台、资源注册与调度系统，形成了较为完整的 CALIS 文献信息服务网络。迄今参加 CALIS 项目建设和获取 CALIS 服务的成员馆已超过 500 家。

"十五"期间，国家继续支持"中国高等教育文献保障系统"公共服务体系二期建设。并将"中英文图书数字化国际合作计划"（简称 CADAL）列入该公共服务体系建设的重要组成部分，项目名称定为"中国高等教育文献保障系统——中国高等教育数字化图书馆（China Academic Digital Library & Information System，简称 CADLIS）"，由 CALIS 和 CADAL 两个专题项目组成。项目和总体目标明确为：在完善"九五"期间中国高等教育文献保障系统（CALIS）建设的基础上，到 2005 年底，初步建成具有国际先进水平的开放式中国高等教育数字图书馆。它将以系统化、数字化的学术信息资源为基础，以先进的数字图书馆技术为手段，建立包括文献获取环境、参考咨询环境、教学辅助环境、科研环境、培训环境和个性化服务环境在内的六大数字服务环境，为高等院校教学、科研和重点学科建设提供高效率、全方位的文献信息保障与服务，成为中国经济和社会发展的重要基础设施。

2003年1月，国家发展计划委员会正式批复工程项目科研报告，决定在2003—2007年建成国家图书馆二期工程暨国家数字图书馆工程。这一工程于2008年9月完成。

伴随着数字图书馆的建设，我国的数字图书馆研究也逐步走向更高的层次。1998年，黄宗忠[1]对数字图书馆的特征从不同角度归纳八个特点：

（1）收藏数字化；

（2）操作计算机化；

（3）传递网络化；

（4）信息资源存取自由化；

（5）信息资源共享化；

（6）结构连接化；

（7）信息提供的知识化；

（8）信息实体虚拟化。

1999年，叶峰[2]认为与传统的检索方式相比较，基于内容检索具有三个特点：

（1）利用反映图像/视频内容的特征来进行检索。

（2）相似度检索，即根据库中各个被检索单元（图像或镜头）与检索要求的相似性程度而返回检索结果。

（3）除了利用反应图像/视频内容的特征检索外，基于内容检索还提供许多其他检索手段，如何通过提供样本图像进行相似性检索，也可通过人机交互进行浏览检索。

2000年，刘炜[3]认为数字图书馆是在分布式计算机网络环境中信息资源的组织形式，提供国家信息基础设施（NII）的关键性信息管理技术，并提供其主要

---

[1] 黄宗忠. 论21世纪的虚拟图书馆与传统图书馆[J]. 图书馆理论与实践, 1998(1): 1-8.

[2] 叶峰, 等. 数字图书馆技术：研究现状和建议[J]. 现代图书情报技术, 1999(3): 3-7, 20.

[3] 刘炜. 数字图书馆引论[M]. 上海：上海科学技术文献出版社, 2000: 8.

的信息资源库。

2001年,罗维维❶认为数字图书馆与传统图书馆相比有三个特点:

(1) 它本身并不是一个实体单位,而是虚拟的,不存在物理上馆舍的界定;

(2) 它不是简单的数字馆藏,数据库的数据范围要比图书馆收藏的范围大;

(3) 它的研究和实施是由计算机通讯领域的研究人员为主,参与制作数据库的人员涵盖许多不同的行业,其中信息科学领域和图书馆界做出了很大的贡献。

2002年,邢宝凤❷认为主要有五个方面:

(1) 信息资源数字化;

(2) 信息传递网络化;

(3) 信息利用共享化;

(4) 信息提供的知识化;

(5) 信息实体虚拟化。

2003年,韩立栋❸认为数字图书馆是应用信息技术、数字技术、网络技术,对电子型文献和网络信息资源进行收集、组织、管理,实现一体化存取,为信息用户提供不受时空和地域限制的网络信息服务。

2004年,陈文翠❹认为其主要特点有五个方面:

(1) 虚拟网络:建设超大规模的、开放的、分布式的数字信息资源网络体系,能提供复杂信息加工存取功能;

(2) 海量信息的生成与存储;

(3) 以中文为基础,包括外文和民族语言的信息资源;

(4) 网络系统具有兼容性、良好的互操作性、开放式的可扩充性及快速反应能力;

(5) 网络系统、信息资源和信息系统符合国际标准和规范。

---

❶ 罗维维. 浅议数字图书馆建设中的问题 [J]. 国家图书馆学刊, 2001 (3): 19–25.
❷ 邢宝凤, 等. 数字图书馆的特点及相关技术分析 [J]. 图书情报知识, 2002 (10): 51–52.
❸ 韩立栋. 数字图书馆研究 [J]. 现代情报, 2003 (7): 96–97.
❹ 陈文翠. 数字图书馆建设中面临的技术挑战及解决方略 [J]. 情报科学, 2004 (1): 34–36.

2005年，齐华伟和王军❶对应用OAI搭建数字图书馆的项目进行了扼要的总结，并基于OAI搭建了一个个人数字图书馆。

2006年，黄晓斌❷分析了基于协同过滤的数字图书馆的推荐系统，介绍了基于用户、模型、项目、项目评分预测、项目聚类和实践社区建模的协同过滤推荐方法。

郑志蕴❸等则综合使用网格技术和OAI完成了数字图书馆体系结构的搭建。此前，他们对其中的元数据互操作问题进行了详尽的讨论。

2007年，程鹏❹从理论、信息服务、信息技术应用、元数据和数字图书馆的版权问题5个方面综述了2005—2006年我国数字图书馆研究的发展状况，认为我国数字图书馆的研究范围广，基本覆盖了数字图书馆研究的各个方面。

陈江萍❺对国外29个数字图书馆进行了统计分析，认为一些数字图书馆已经开始采用个性化服务和社会计算工具，其中有的数字图书馆（如ACM DigitalLibrary）已经走得很远。随着馆藏资源的增加和信息洪流对用户影响的加剧，数字图书馆应提供更多的个性化信息服务。

刘燕权❻讨论了将推荐系统应用于数字图书馆所遇到的问题，包括数据规模、预算约束和隐私问题，他认为弄清用户对推荐系统的看法和其中的社会因素是现有研究中共有的要素。

夏立新❼等人综合使用OAI和主题图搭建了一个分布式的数字图书馆体系结构。

2008年，苏菊❽介绍了一种自行开发设计的资源整合系统，该系统整合了馆

---

❶ 齐华伟，王军. OAI-PMH与数字图书馆的互操作. 图书馆论坛，2005，25（4）：19-22.
❷ 黄晓斌. 基于协同过滤的数字图书馆推荐系统研究. 大学图书馆学报，2006（1）：53-57.
❸ 郑志蕴，徐玮，宋瀚涛，等. 网格环境下基于OAI的数字图书馆互操作机制[J]. 计算机工程，2006，32（10）：37-39.
❹ 程鹏. 我国数字图书馆研究综述（2005—2006）. 现代情报，2007（5）：109-111.
❺ 陈江萍. 数字图书馆个性化服务的实施与策略. 图书情报工作，2007，51（12）：26-32.
❻ 刘燕权. 推荐系统在数字图书馆的应用：研究与技术现状. 图书情报工作，2007，51（12）：6-10.
❼ 夏立新，张进，王忠义. 基于OAI和主题图的分布式数字图书馆体系框架. 现代图书情报技术，2007（12）：11-15.
❽ 苏菊. 高校图书馆信息资源整合系统的研究与实现[D]. 青岛：中国海洋大学，2008.

藏纸质书刊资源（ILAS 系统）、方正电子图书（方正 Apabi 数字资源平台）和超星电子图书（超星数字图书馆平台）的资源。将孤立、分散的信息资源整合在一个检索平台上，提高了读者的查询效率和查准率。

2011 年，周丽霞[1]就数字图书馆版权获取问题强调数字图书馆的公益性质，认为必须从知识传播和公众获取的角度来考虑各方利益的平衡。她认为：数字图书馆的公益性质更加突出，其营利性是占次要位置的。数字图书馆可以提升人们获取知识信息的效率，促进知识交流与传播，尊重人们获取知识的平等与自由，并以知识资源全社会共享为价值取向。数字图书馆应当享有信息网络传播邻接权。数字图书馆和出版商之间是可以合作的，一方面可以充分发挥出版商的资源优势，另一方面也可以让出版商得到相应的经济利益。数字图书馆和作者之间可以实现博弈均衡。数字图书馆在版权获取方面应具有特殊合理使用权和诉讼赔偿豁免权。

2013 年，陆颖隽对 VR 技术在数字图书馆的应用基础、VR 系统的构成与实现、VR 技术在数字图书馆应用的必要性与可行性以及 VR 技术在数字图书馆虚拟空间、三维信息资源建设、可视化信息检索、虚拟参考咨询、远程遥控技术方面的应用进行了全面的研究探讨。

2015 年，苏新宁[2]认为数字图书馆在资源建设方面，要拓展资源范畴，增加资源整合的广度，加强资源组织加工的深度；在技术应用方面，重视语义技术，加强聚类技术的应用，广泛应用数据分析技术，提升检索技术与水平；在服务方面，丰富数字图书馆服务产品，服务模式由被动、等待、共性化转向积极主动、自动推送和个性化。

2016 年，夏立新[3]等以网络资源为研究对象，以多维度聚合为主要手段，针对网络资源内容的大数据化、动态化、多维度等特征，探索基于语义关联的网络资源深度揭示与多维度聚合，以此为基础研究基于多维度聚合的网络资源知识发现框架，进而研发基于多维度聚合的网络资源知识发现技术系统，并结合特定领

---

[1] 周丽霞. 数字图书馆版权获取研究［D］. 吉林大学，2011.
[2] 苏新宁. 大数据时代数字图书馆面临的机遇和挑战［J］. 中国图书馆学报，2015（6）.
[3] 夏立新，陈晨，王忠义. 基于多维度聚合的网络资源知识发现框架研究［J］. 情报科学. 2016（5）.

域、特定需求进行应用示范与对策研究。

2017 年，王晓燕[1]通过对常见软件的对比分析，选出 Parliament 这个 RDF 标准兼容的高性能存储引擎进行实践应用，采用 Parliament 存储引擎进行实验研究和分析，对期刊文章、图书、学位论文、会议论文、报纸文章五种不同文献类型资源进行了语义融合，利用 Parliament 进行了语义检索，提高了资源的共享、重用和语义服务能力。

第三节　数字化阅读

数字化阅读主要有两层含义：一是阅读对象的数字化，也就是阅读的内容是以数字化的方式呈现的，如电子书、网络小说、电子地图、数码照片、博客、网页等；二是阅读方式的数字化，就是阅读的载体、终端不是平面的纸张，而是带屏幕显示的电子仪器，如 PC 电脑、PDA、MP3、MP4、笔记本电脑、手机、阅读器等。本书所讨论的数字化阅读指的是第二种。

2002 年 3 月 21 日，《大众科技报》记者箫笛在该报的头版发表了一篇名为《数字图书馆带来阅读革命》的文章，较早地在中国介绍了这一新的阅读方式。

文章中说：我国是从 1995 年开始跟踪数字图书馆技术的。为加快数字图书馆内容资源的建设，迅速缩小数字鸿沟，加大文献数字化加工的力度，中国数字图书馆组建了一个大型的文献数字化加工中心，已加工、存储数字化资源超过 2.6TB，建设了 12 个比较完善的资源库，6000 万页数字化资源已上网，相当于 17.67 万册图书。数字图书馆的出现，对于广大普通读者的意义可以概括为"阅读的革命"。但文章没有说明这是一种什么样的革命。

2004 年 2 月 23 日，《中国新闻出版报》的记者方圆在该报第 3 版发表《无纸图书正风行数字阅读成时尚》一文，文中介绍了深圳市首家数字图书馆——南山区数字图书馆在正式对读者开放后的短短 4 天的时间里，图书馆的 1500 个用户名就被注册一空。注册后的用户可以自由借阅包括计算机技术、经济管理、法律法规、外语学习、医药卫生、文学艺术、生活休闲等 7700 种、共两万多册电

---

[1] 王晓燕. 基于关联数据的数字图书馆语义服务应用研究［D］. 河北大学，2017.

子图书（eBook）。

从这篇报道中我们可以看到，数字阅读已经走入了人们的生活。

2005年7月13日，《中国消费者报》第B04版，发表了该报记者桑雪骐的文章《数字出版引发阅读革命》。

文章写道：首届中国数字出版博览会让人们意识到，数字出版引发的阅读革命正在悄然上演。阅读软件使阅读更具娱乐性，时尚类平面杂志制作成立体感及画面感十足的多媒体杂志。读者看到的不仅是画面与文字的简单叠加，更可以同时看到跃动的画面，听到时尚的背景音乐，还可以通过鼠标点击，与书中的内容进行互动，达到视觉、听觉的全面体验。此时，"阅读"与"娱乐"的界线变得模糊了。随着数字出版产品在阅读工具、阅读内容和阅读方式等各方面技术和产品的成熟与完善，数字出版产品正在对人们的"阅读"产生深远的影响，人们阅读方式也因此发生着巨大变化。

2008年4月1日，《中国电子报》第2版发表了樊哲高的文章《手机阅读：数字出版新出路》，这在当时还被多数人认为不现实的事情，现在几乎成了多数人日常生活的重要组成部分。

文章写道：数字出版形态不断创新，在电子书的基础上形成对其他领域的扩展，包括从电子书到数字报纸，从电脑阅读到手机阅读，未来将在手机上形成随身"书报亭"，通过这个随身的书报亭来管理杂志、图书，给读者一个有冲击力的阅读体验。

文章同时还指出：阅读习惯和海量信息也困扰着数字出版产业。数字出版物在视觉效果上与纸质图书仍存在很大差距，容易导致阅读疲劳。屏幕的显示分辨率还不到纸介质的1/10，而且由于缺少物质的外壳，以纯粹的数字流形式存在，缺少纸质载体本身给人们带来的审美愉悦。海量信息虽是数字出版相对传统出版的主要优势之一，但海量信息不仅给数字出版机构获取作者授权设置了障碍，在给读者带来检索便利的同时，也带来阅读上的困难。一个电子阅读器的容量如果超过100书，就相当于一个人十几年的阅读量。除非对阅读有特殊爱好的人士，大容量的电子阅读器对一般读者而言并没有太大的实际意义，反而会增加其内容筛选和阅读的难度。

今天再回头来看作者所提出的这回问题，我们就会发现这些问题早已经不是问题了,随着数字技术的发展,随着数字化阅读这种新型的阅读方式的发展,越来越多的人开始接受并喜爱上这种阅读方式。

2014年05月12日,中国新闻出版研究院公布2014年第十一次全国国民阅读调查报告❶,报告中说:2013年我国成年国民数字阅读方式接触率为50.1%,较2012年上升9.8%;其中44.4%成年国民进行过网络在线阅读,较2012年上升11.8%;41.9%国民进行过手机阅读,较2012年上升10.7%;5.8%国民在电子阅读器上阅读,较2012年上升1.2%;0.9%国民用光盘阅读,2.2%的国民使用PDA、MP4、MP5等进行数字化阅读。

2017年4月18日,中国新闻出版研究院发布第十四次全国国民阅读调查报告❷。数据显示,2016年我国国民人均图书阅读量为7.86本,较2015年增加了0.02本。人均每天微信阅读时长为26分钟,较2015年增加了3.37分钟。数字化阅读的发展,提升了国民综合阅读率和数字化阅读方式接触率,整体阅读人群持续增加,但也带来了图书阅读率增长放缓的新趋势。

本次调查的数据显示:2016年,我国成年国民各媒介综合阅读率为79.9%,较2015年的79.6%略有提升,数字化阅读(网络在线阅读、手机阅读、电子阅读器阅读、PAD阅读等)方式的接触率为68.2%,较2015年的64.0%上升了4.2%,图书阅读率为58.8%,较2015年的58.4%上升了0.4个百分点。报纸阅读率为39.7%,较2015年的45.7%下降了6.0个百分点;期刊阅读率为26.3%,较2015年的34.6%下降了8.3个百分点。

我国成年国民每天接触新兴媒介的时长整体上有不同程度的提升,手机接触时长增长显著,人均每天微信阅读时长为26分钟;传统媒介中,我国成年国民人均每天读书时间最长,为20分钟,比2015年的19.69分钟增加了0.51分钟,但纸质报刊阅读时长均有不同程度下降。

2016年,我国成年国民上网率为73.8%,较2015年的70.0%增加了3.8%,通过手机上网的比例增幅明显。

我国成年国民对图书的价格承受能力与去年相比略有提升,期刊的价格承受

---

❶ http://www.199it.com.archives.224296html.
❷ http://book.sina.com.cn.news.whxw.2017-04-18.doc-ifyeimqy2574493shtml.

能力与去年相比有所下降。电子书的价格承受能力与去年相比略有上升。2016年手机阅读人均花费为16.95元，较2015年有所上升。

2016年，我国成年国民手机阅读接触率达到66.1%，较2015年的60.0%上升了6.1%。2016年成年国民选择通过手机上网的比例为72.6%，远高于通过电脑上网的比例（45.8%）。

2016年，我国成年国民日均手机接触时长达74.40分钟，比2015年的62.21分钟增加了12.19分钟。在手机接触者中，用于手机阅读的时长平均为47.13分钟。

受数字媒介迅猛发展的影响，2016年我国成年国民数字化阅读方式（网络在线阅读、手机阅读、电子阅读器阅读、光盘阅读、PAD阅读等）达到68.2%，较2015年的64.0%上升了4.2个百分点。

有62.4%的成年国民在2016年进行过微信阅读，较2015年的51.9%上升了10.5个百分点。从微信阅读使用频次与时长来看，2016年我国成年手机阅读接触群体的微信阅读使用频次为每天3.29次，较2015年（2.67次）增加了0.62次。2016年我国成年国民人均每天微信阅读时长为26分钟，较2015年的22.63分钟增加了3.37分钟。

2016年，我国成年国民电子书阅读率为28.3%，较2015年的26.8%上升了1.5%。2016年，我国成年国民人均电子书阅读量为3.21本，与上年基本持平。同时，我国数字化阅读接触者对电子书的价格承受能力有所上升，2016年数字化阅读接触者能够接受一本电子书的平均价格为1.78元，价格接受程度与2015年的1.64元相比略有增长。

从以上两组调查数据中我们可以看出，数字化阅读的时代已经到来。

中国的数字化阅读从一个侧面反映了全世界在数字化阅读的状况。

从2011年起，亚马逊的电子书购买量就已经超过纸质书。[1]

在数字化阅读的研究上，我们从时间上对国内外发表的研究论文进行一个梳理。

---

[1] Hamblen M. Amazon：E－books now outsell print books［EB/OL］.［2015－01－15］. http：//www.computerworld.com/s/article/9216869/Amazon E－books now outsell print books 2011.

第六章 数字化阅读中的读者心理

1998 年，Adler[1]等描述了 15 个不同职业的人在 5 个连续工作日中从事与工作相关的电子和印刷文档活动的情况，发现不同职业的文档活动时间在工作中的比重从约占 23%（护士）至 94%（会计助理），平均占工作时间近 82%。

Lazinger[2]等调查以色列耶路撒冷希伯来大学（The Hebrew University of Jerusalem）不同学院教师的网络使用情况，发现理工科和农学老师比人文社会科学老师更多地使用网络。

2000 年，Rozel 和 Gardner[3]以 600 名选修《管理信息系统课程》的学生为样本进行研究，认为电子资源的使用对学生的学业进步有着直接的、有意义的影响。Letchumanan 和 Tarmizi 研究马来西亚布特拉大学（University Putra Malaysia）数学专业学生的电子书使用情况，认为大多数受访者具有相似的阅读习惯。

2002 年，King 和 Montgomery[4]比较了教师与博士生的数字阅读行为，发现博士生 77% 的阅读资源是电子资源，多于教师；把文档打印出来阅读的教师占 68%，而博士生仅占 54%。

Tenopir[5]等研究了过去 30 年，大学教师的信息检索和阅读模式，发现他们在查找和使用科学信息方面日趋从纸质期刊转向电子期刊。例如，在查找期刊论文方面，趋于使用在线检索方式；与人文和社会科学的教师相比，基础科学的教师更倾向于阅读电子期刊；由于期刊数量和论文数量增加，查阅者面临更大的论文阅读压力，阅读文献数量增加，但时间有限，每篇文章阅读时间减少。

Ross 认为[6]，移动通信技术的发展使人们可用手机随时随地阅读电子书，人

---

[1] ADLER A, GUJAR B. Harrison, et al. A diary study of work-related reading: design implication for digital reading devices [C]. CHI'98 Proceedings of the SIGCHI Conference on Human Factors in Computing Systems. New York: ACM, 1998: 241-248.

[2] LAZINGER S J. BARLAN B. PERIT Z. Internet use by faculty members in various dsciplines: A comparative case study [J]. American society for information science, 1998, 48 (6): 508-518.

[3] Rozell E W. Gardner. Cognitive, Motivation and Affective Processes: Associated with Computer related performance: a Path Analysis [J]. Computers in Human behavior, 2000, 16: 192-222.

[4] KING K C, Montgomer Y. After migration to an electronic journal collection: impact on faculty and doctoral students [J/OL]. [2015-02-06]. D-Lib Magazine, 2002, 8 (12) http://www.dlib.org/dlib/december02/king/12king.html.

[5] TENOPIR C D, King S, Edwards L WU. Electronic journals and changes in scholarly article seeking and reading patterns [J]. Aslib Proceedings, 2009, 61 (1): 5-32.

[6] ROSS C, GORMAN G E. International Yearbook of Library and Information Management, 2002-2003: The Digital Factor in Library and Information Sciences [M]. London: Facet publishing, 2002: 91-111.

们的阅读模式发生了变化。图书馆要顺应这一趋势，构建电子书资源。要关注读者如何选择不同媒体，分析其选择某一媒体而非另一媒体的原因，以及对每种媒体的满意度。

Harzell[1]指出，相对于纸本，从显示器上阅读同一文本，速度可能会慢30%。

2003年，Murphy[2]等发现，相对于阅读印刷文本的学生，阅读在线文本的本科生发现文本更难理解，较少令人感兴趣，而且作者的可信度低。

2005年：Liu[3]通过问卷调查，研究数字环境下过去10年阅读行为的变化，发现在数字时代里人们的阅读时间增多了：67%受访者表示花费更多时间来阅读，约1/3受访者表示阅读时间没有变化；83%受访者表示电子阅读时间增加。

Berube[4]认为公共图书馆提供电子图书服务并进行阅读推广非常重要，毕竟图书馆的传统作用在于在版权所有者和公众之间提供桥梁，而这一作用比以往更重要。

2006年，Hupfer[5]等研究发现，性别差异对数字阅读行为的影响不仅体现在阅读行为上，还体现在数字检索方面。在互联网使用方面，女性主要用于发Email、聊天、查找医疗信息和政府信息，男性倾向于用来查找投资、购买和与个人兴趣相关的信息。

Birkerts[6]指出，数字化环境下成长的年轻一代缺乏深度阅读以及长时间持续阅读的能力。

2008年，马飞[7]著文称：根据调查结果显示，通过网络、移动设备等数字化

---

[1] HARZELL, G. Paper lion [J]. School Library Journal, 2002, 48 (9): 37.
[2] MURPHY P J, LONG T, HOLLER E. Persuasion online or on paper: a new take on an old issue [J]. Learning and instruction, 2003, 13: 511-32.
[3] Liu Z. Reading behavior in the digital environment: Changesin readingbehavior over thepastten years [J]. Journal of Documentation, 2005, 61 (6): 700-712.
[4] BERUBE L. E-books in public libraries: a terminal or termination technology? [J]. Inter lending & Document Supply, 2005, 3 (1): 14-18.
[5] HUPFER M B. DETLOR. Gender and Web information seeking: a self-concept orientation model [J]. American Society for Information Science and Technology, 2006, 57 (8): 1105-1115.
[6] BIRKERTS S. The Gutenberg Elegies: The Fate of Reading in an Electronic Age [M]. Boston: Faber & Faber, 2006.
[7] 马飞. 数字化阅读让阅读更精彩 [J]. 新世纪图书馆, 2008 (4): 99-101-95.

阅读率在逐年上升，1999 年数字化阅读率为 3.7%，2001 年为 7.5%，2003 年为 18.3%，2005 年为 27.8%，6 年间增长到 7.5 倍，平均年增长率为 123%。专家认为：20 世纪 80 年代以前，属于"文字文化"，80 年代以后则进入"电子文化"的时代。在多元化媒体高度发达的时代，数字化阅读已经成为人们重要的阅读方式之一。

宋巧会[1]认为：数字化阅读包含二重含义：一是指普通意义上的网络阅读；二是"移动阅读"。网络阅读又名"网上阅读"，顾名思义，它是一种基于网络的阅读方式，主要是以多媒体技术、网络技术为中介，以电脑上所传递的数字化信息为阅读对象，通过人机交互来交流并获取读者所需要的、包括文本在内的多媒体信息的行为。它是一种崭新的生存、交流、学习和思维的方式。

ROWLANDS[2]等发现，读者在电子书和电子期刊平均花费的时间非常短，分别约 4 分钟和 8 分钟，这说明网络使用者的阅读方式与传统的阅读方式不同。

2010 年，仲明[3]认为数字化阅是一种"牺牲深度来扩展广度"的"浅阅读"对研究工作弊大于利。浅阅读导致浅思考，长期的浅阅读容易养成浮躁的情绪。容易导致思维平面化倾向，会严重影响着学术研究的理论创新。数字化阅读对学术研究工作的促进效应主要表现在有利于创新能力的综合提高，有利于阅读品质的培养提高，有利于知识视野的无限拓展。

2011 年，Shabani[4]等指出，阅读行为变化是信息爆炸相关的一个关键问题，研究阅读行为不仅有助于了解人们通过阅读获取知识的方式，也有助于提高阅读推广的针对性和有效性。

Gibson[5]等认为数字资料可以储存在阅读设备的硬盘中，使阅读时间富有弹性，便于读者快速浏览文本信息，并利用电子墨水记录重要的内容和进行注释。

---

[1] 宋巧会. 网络阅读的特点及问题研究 [J]. 中国教育信息化（基础教育），2008 (4): 25 - 26.

[2] ROWLANDS I D, NICHOLAS P, WILLIAMS, et al. The Google generation: The information behaviour of there searcher of the future [J]. Aslib Proceeding S. 2008, 60 (4): 290 - 310.

[3] 仲明. 数字化阅读对学术研究的正负效应 [J]. 图书馆工作与研究，2010, (10): 4 - 7.

[4] SHABANI A F, NADERJKHARA M, ABED I. Reading, behavior in digital environments among higher education students [J]. Library Review, 2011, 60 (8): 645 - 657.

[5] 2011GIBSON C F, GIB B. An evaluation of second generation e - book readers [J]. The electronic library, 29 (3): 303 - 319.

数字媒体的这些优点使学生偏好数字阅读。

Coiro❶选取了数百个未成年人的数字阅读记录作为研究对象，总结出了一些很有价值的研究结论，即数字科技的进步和发展，对阅读的内容和内涵产生了深远的影响，互联网对未成年人阅读能力的构成有重要影响，利用互联网寻找解决问题的路径，需要未成年人拥有新的技巧和方法。

2012年，Jeong❷发现在数字环境下，深度阅读和集中阅读时间减少，浏览和扫读时间增加。读者很难集中注意力进行阅读的原因在于，读者在阅读过程中需要决定阅读哪一个文本，点击哪一个超链接以及是否要下拉阅读页面。美国National Assessment of Adult Lite Racy（Naal）2005年的研究显示，1992—2003年美国大学生的平均英语读写能力下降9%；2003年只有31%的毕业生具有高水平的阅读技能，而在1992年这一数字为40%。Jeong比较了电子书和纸质书对56名6岁学生理解力的影响，认为纸质书比电子书更有助于学生理解。

2014年，Wilson❸等研究电子书在多大程度上满足新南威尔士大学（University of New South Wales）医学研究人员在完成学术任务时的需求，结果显示，医学研究人员的电子书使用率较低，但大部分受访者表示在未来5年将使用电子书。

2015年，Rasmusson❹等研究发现，在未成年人数字阅读时间分配方面，内容处理需要花费65%的时间，信息定位需要花费23%的时间，这二者花费的时间占了88%，而用在其他阅读实践上的时间（如信息甄别与评价、阅读行为纠正和监管、处理线下阅读任务等）占比仅为12%。

---

❶ COIRO J. Predicting reading comprehension on the internet contributions of offline reading skills, online reading skills, and prior knowledge [J]. Journal of Literacy Research, 2011 (4): 352-392.

❷ JEONG H. A comparison of the influence of electronic books and paper books on reading comprehension, eye fatigue, and perception [J]. The Electronic Library, 2012, 30 (3): 390-408.

❸ WILSON C D, AMBRA R, DRUNNON D. Exploring the fit of e-books to the needs of medical academic sin Australia [J]. Electronic Library, 2014, 32 (3): 403-422.

❹ RASMUSSON M, ABERG L. Does performance in Digital reading relate to computer game playing, a Study of Factor Structure and Gender Patterns in 15 year olds' reading Literacy Performance [J]. Scandinavian Journal of Educational research, 2015 (6): 691-709.

Thanuskodi[1]研究了大学生在互联网使用方面的性别差异,发现男性和女性在搜索引擎的使用(google、yahoo、infoseek、rediff 等)、使用互联网的目的(信息、交流、教育、音频和视频等)以及网络资源(电子书、电子期刊、电子报纸、在线图书馆、数据库等)使用等方面均存在显著差异。

Ntui 和 Usang[2]以 503 名来自尼日利亚河横科技大学(Ross River University of Technology)和卡拉巴尔大学(University of Calabr)的学生为样本,研究了信息和通信技术使用对学习习惯的影响,发现手机、计算机和互联网的使用对学生的时间管理、笔记以及作业的完成情况都有显著影响。

Owusu-Acheaw[3]和 LARSON 对加纳科夫里多亚工业学院(Koforidua Polytechnic)学生的研究证实,阅读习惯会影响学生的学习表现。

Ajayi[4]等所做的问卷调查发现,电子资源包括电子书(e-book)、电子期刊(e-Journal)和电子新闻(e-NEWS)等改变了 90.57% 受访大学生的阅读习惯。

Biranvand 和 Khasseh[5]研究了电子书阅读对伊朗帕亚莫·努尔大学(Payame Noor University)学生的学业影响,研究中半学生分为两组,一组采用电子学习方式,另一组采用传统学习方式。电子资源的使用对学生的学业进步、学习资源的多样性、学习弹性、学习速度以及学习效果等都有显著影响,使用电子书使学生取得更大的学业进步。至于学习效果方面的差异,Biranvand 和 Khasseh 认为,相对于纸制印刷书,电子书读者能更容易、更有效地从书中找到特定的主题。

---

[1] THANUSKODI S. Gender Differences in Internet Usage among College Students:A Comparative Study [EB/OL].[2015 - 02 - 06]. http://digitalcommonS. unL. edu/libphilprac/1052.

[2] NTUI A E. Information and Communication Technology (ICT) Usage and Undergraduate Students Study Habits in Universities in Cross River State, Nigeria [EB/OL]. [2015 - 02 - 06]. http://digitalcommonS. unL. edu/libphilprac/1187.

[3] ACHEAW M A. Reading Habits Among Students and its Effect on Academic Performance:A Study of Students of Koforidua Polytechnic [EB/OL]. [2015 - 02 - 06]. http://digitalcommons. unl. edu/libphilprac/1130.

[4] AJAYI S O. SHORUNKE M. The influence of electronic resources use on students' reading culture in Nigerian universities:a case study of Adeleke University EDE, Osun State [EB/OL]. [2015 - 02 - 06]. http://digitalcommonS. unL. edu/libphilprac/1182.

[5] BIRANV A, KHASSE H. E - book Reading and its Impact on Academic Status of Students at Payment University, Iran [EB/OL]. [2015 - 02 - 06]. http://digitalcommons. unl. edu/libphilprac/1170.

2016年，Kurata[1]等指出，在互联网阅读环境下，阅读具备四个基本要素，即计划、预测、监控和评价。基于网络环境的阅读面临着诸多不确定性因素的影响，因此，在数字阅读环境下，读者是否能够综合运用预测、监控、评价等阅读策略变得更加重要，这也是阅读过程中元认知策略的具体体现。

2017年，石小恋[2]以处在由"学习阅读"转型为"通过阅读来学习"阶段的小学四年级学生为研究对象，对他们的数字化阅读能力进行了诊断评价。结果表明，在数字化阅读过程中，小学四年级学生的"直接提取""推理理解"能力较好，"整合与解释"能力一般，"批判与评价"能力较差；他们的属性掌握情况存在性别和班级差异，女生在各个属性上的掌握情况均优于男生，不同班级对于四个属性的掌握各有其强项和弱项。总体来说，掌握两种及以上属性的学生为大多数，占71.7%。

第四节 数字化阅读中读者心理

阅读从纸质载体转向电子载体，阅读方式的改变与阅读的信息量的增大是毋庸置疑的，阅读心理也会受到一定的影响也是客观存在的，但这种影响是短时间的还是长久的，是人们一直争论不休的问题。

2000年，王寅认[3]为：手捧一本实实在在的书，沉甸甸的，一页一页翻过去，总是给人留下真实可触的感觉。习惯了阅读传统印刷图书的人们，一时很难适应电子图书的阅读方式，也很难接受电子图书给人的那种"虚拟"的感觉。正因为电子图书不具有"实在"的特点，所以，并非在任何场合都能派上用场。美国总统宣誓就职时，手按装帧精美的《圣经》说"我宣誓"，给人一种庄严肃穆的感觉。假如把装帧精美的《圣经》换成笔记本电脑或刻有《圣经》内容的光盘，其效果如何，不言而喻。所以，电子图书并非在任何时候、任何场合都能够派上用场。

---

[1] Kurata K, Ishita E, Miyata Y, et al. Print or digital? Reading behavior and preferences in Japan [J]. Journal of the Association for Information Science and Technology, 2016 (7): 57-65.
[2] 石小恋. 基于认知诊断的小学生数字化阅读能力评价研究 [D]. 华东师范大学, 2017.
[3] 王寅. 电子图书利弊谈 [J]. 玉溪师范高等专科学校学报, 2000 (2): 49-50.

这种说法貌似有理，实际上是把问题极端化了。因为绝大多数人使用图书并不是把书当成一种特定仪式中的道具，而是当作获取知识的来源。他们主要关心的是信息本身，而不是信息用什么载体来承载。当初纸张取代竹简成为文献的主要载体时，是不是也会有人同样因为手里一张纸没有一卷竹简更有仪式感而产生阅读障碍呢？很显然，这种想法现在看来十分可笑了。

2002年，陈南❶认为，在改变人们阅读载体的同时，也影响人们的阅读心理，这个对人的产生的影响主要表现为：传统的书是由竹简与纸制成的，从材料上与从森林里走出的人类有着一种原始的联系，所以纸墨书香的感觉已成为我们一代又是一代人的文化记忆。因此，我们对 e-book 怀着复杂的心情，明知它有着传统书籍不可比拟的优势，但却觉得它的阅读载体的变化，使我们产生一种恐惧心理。

陈南还提到，过高的价格和接近 1.5 公斤的重量，让人们对随身带的阅读器很难接受。这个问题在今天看来实在是太缺乏想像了，事实上，在该文发表之前的 2001 年，诺基亚就开发出了平板电脑 M510，比 IPAD 的诞生整整早了 9 年。M510 配备 32MB SDRAM、32MB 存储，采用 10 寸 800×600 屏幕，预装 EPOC 操作系统，内置 OPERA 浏览器，搭配电池可续航 4 小时，前置一对扬声器，提供一个 USB 接口，可连接外置键盘。

现在，几十克重的、价格几百元的智能手机就已经能够实现数字化阅读的全部功能。这种心理恐惧恐怕早已无影无踪了。

随着技术的进步，数字化阅读所带来的便捷逐步优越于纸质阅读，现在：当你在阅读感觉眼睛疲倦时，就可以闭上眼睛听电子设备为你有声诵读，这是纸本图书不可能做到的，我们不妨再大胆设想一下，未来的图书可以存贮在与人的脑神经相连接的纳米级的芯片上，人工智能可以根据人的大脑发出的指令迅速整合人类所有的知识，并优化出最佳检索结果、答案或对策，人也人之间的信息鸿沟不复存在，实体的出版社和图书馆也不复存在，阅读也可以随之不再，一切关于阅读心理的研讨与争论也许也就失去了意义，但信息进入人的大脑带给人的心理影响是永远不会消失的。

---

❶ 陈南. 阅读电子图书与纸质图书之思考［J］. 情报科学，2002（10）：1081-1082.

2003年，吕立忠❶发文称，21世纪是网络化时代，但网络化也是一把"双刃剑"，它在造福于人类的同时也带来隐忧，因为网络中存在许多负面性问题，如网络中的信息污染、网络带来的信息安全问题、利用网络的犯罪活动以及网络发展中的社会两极分化等。

文章认为世界各国、各民族参与全球化的程度和从中获益的机会是不相等的，因为成功地参与取决于一个国家或一个民族的经济实力以及科学技术、文化教育的发展水平，在这些方面，西方发达国家较之广大发展中国家占有明显的优势，他们成为资本、信息、科学技术、文化的主要输出国，并借此在世界范围内推行他们的政治制度和思想观念，表现在文化上就是强势文化对弱势文化的渗透。网络成为发达国家向不发达国家进行文化渗透的工具，并且正是由于网络在传播、交流上的自由性、无国界性、便捷性以及这种先进传播、交流工具的快速普及，加剧了发达国家对不发达国家的文化渗透。那些控制着全球网络技术与网络信息资源的国家占据着传播其文化的主动权，美国就因此成为对他国进行文化渗透的"网络帝国"。

这种担心因数字化阅读而带来被"渗透"的恐慌心理，只能反映出作者现在思想意识的不成熟和对本土文化的不自信。其实与阅读心理并无多大的关系。

2009王健❷等著文指出，网络阅读存在如下的不良心理倾向：

（1）网络阅读易淡化读者阅读满足感；

（2）网络阅读易缺乏读者心理图式的整合；

（3）网络阅读思维的深度转型困难；

（4）网络阅读易使读者再创造程度降低；

（5）网络阅读的视觉屏幕心理限制；

（6）网络读者易产生心理焦虑与茫然。

网络阅读真的会淡化读者阅读的满足感么？这在网络阅读或称数字化阅读的初始也许是这样，但今天，从人们每天花在微信文章的阅读时间远远超过纸本阅读就可以看出，这种判断是缺乏前瞻性的。特别是网络阅读存在着读者与作

---

❶ 吕立忠. 公共图书馆与网络文化渗透［J］. 图书馆理论与实践，2003（1）：34-35.

❷ 王健，陈琳. 网络阅读心理的不良倾向及其调整［J］. 中小学电教，2009（5）：25-27.

（编）者实时的互动，并由此带来了更大有阅读满足感。

网络阅读中快速直观的图文声像以及方便快捷的文本链接方式，导致了读者不需要或来不及通过思维想象力来完善脑海的某个形象、补充完整未知信息，限制了读者在网络阅读过程中形成整合在读文字内容独有的心理图式的能力，不利于读者对阅读内容的深入思考与加工创新，影响网络阅读的质量与效果。这种看似合理的说法其实是存在逻辑的错误的，阅读的主要目的一是获取知识，二是愉悦身心。对于获取知识而言，数字化阅读有纸本阅读不可替代的优势，对于愉悦身心而言，多媒体的方式明显优越于单纯的文本阅读，以古诗词鉴赏为例，单是通过文字来领会作者的写作意图，明显不如在音乐与影像动画营造的氛围下更容易更真切，带来的心理感应也更接近作者的意思。至于当阅读者达到了一定阅读境界，无须借助这些手段时，完全可以关闭这些功能，也不会给读者的阅读心理带来什么影响。

认为数字化阅读无法达到一定的深度，属于浅阅读，也是基于早期阅读器的技术限制带来的忧虑，很显然，随着技术的发展，人们在阅读中出现理解障碍时，可以通过知识点的检索迅速找到对疑惑问题的解答。如学术论文是的参考文献，可以通过链接阅读到引文，从而加深对阅读的理解，使浅阅读成为深阅读。

数字化阅读是否会使读者的再创造程度降低呢？显然不会，再创造的前提是全面了解人类在某一领域、某一问题上所达到的研究深度和所获得的研究成果，传统的阅读方式几乎是无法实现的，即使是充分发过的数字化信息系统，仍然无法保证再创造的新颖性，但至少也可减少再创造过程中的无效劳动。

网络阅读的屏幕心理限制问题也是昨日黄花了。

但数字化阅读中的心理焦虑依然存在，而且与纸本阅读相比会更加强烈，这一点是毋庸置疑的，因为只有在知道得越多之后，人才越会感觉到自己的无知。

数字化阅读带来的海量信息进入人脑，这些信息之间的相互碰撞，更加剧了人对世界认识的茫然，对事物分析的无所适从，更容易产生心理上的焦虑，这才是数字化阅读的问题所在，但这并不是坏事，因为人们只有走出这种焦虑，才可能更清醒地认识世界，减少被虚假的现象所蒙蔽的可能。

数字化阅读可以提高读者的元认知能力，在数字化阅读过程中读者能够及时调整自己的信息策略，提高自身的阅读能力及阅读质量。

面对不可回避的数字化阅读读者要尝试改变传统阅读思维方式,逐渐适应屏幕呈现方式,培养健康的阅读心理和良好的阅读习惯。

良好的数字化阅读习惯的培养有利于实现大众在网络阅读的窗口中感受文字中的美妙世界,接受人类文化的熏陶,分享理性世界带来的乐趣,体验心灵与情感的满足。

2010 年,田夏秋❶等就电子书阅读对大学生心理影响进行了定性与定量的研究。

研究者通过编制一般情况调查表对山西医科大学的 940 人进行测试。一般情况包括性别、年龄、年级等。根据性别、年级等一般情况,使用 SPSS 13.0 软件,进行秩和检验统计分析。调查的结果是大学生认为电子书对学习有不同程度的帮助,其中认为帮助很大的占 6.75%,有些帮助的占 64.95%,认为没有帮助的占 21.70%,主要产生负面影响的占 4.66%,造成荒废学业的仅有 1.93%。

在电子书阅读对心情的影响方面,有 35.53% 的大学生认为阅读电子书可以调节心情、缓解学业压力。有 18.87% 的同学因阅读电子书可获得就业和人生规划方面的知识进而缓解就业焦虑,30.65% 的认为可以学到为人处事的道理,32.24% 的大学生感到阅读电子书可以陶冶情操,28.27% 的同学感到可以提高文学涵养,也有 11.88% 的同学因电子书情节而抑郁焦虑或烦躁不安,有 10.08% 的同学心情受到电子书影响后,不能及时调整心态。

研究发现:阅读电子书可以调节心情,当前大学生生活在高压状态下,承受着学业和就业双重压力,而电子书可以帮助他们实现自我减压。一方面电子书能够充当大学生学习和生活的调味品,让他们能在繁重的课业压力下放松自己,使他们能够以更加积极乐观的心态迎接学习和生活。

电子书阅读的虚拟性,影响着大学生正常社会人际关系的交往,若长期沉溺于电子书的虚幻世界中,与同学之间的感情联络就会淡化,与现实生活产生距离感,容易使大学生出现认知紊乱、思维迟缓、孤独焦虑等现象。

2013 年,罗维和刘欣❷就一位电子书成瘾的求助学生的心理问题进行了咨询

---

❶ 田夏秋,等. 电子书阅读对大学生的影响 [J]. 校园心理, 2010 (5).
❷ 罗维,刘欣. 一例大学生电子书成瘾的咨询案例报告 [J]. 社会心理科学, 2013, 28 (6): 97 - 100 - 105.

研究。

咨询对象：李某，男，20岁，汉族，独生子女，大二学生。父母为一般单位职工，婚姻状况良好，家庭经济状况一般，但没有明显经济压力。无重大身体疾病，无家族站病史。

李某自诉，自己沉迷于看电子书，每天看书时间超过8小时，影响了吃饭和睡觉的正常作息时间表，上课注意力不集中，并出现缺课、旷课现象，社会功能减退。看书多了也觉得无聊，但不看书又不知道做什么，出现明显的心理冲突。

咨询者的诊断结果是严重电子书成瘾。

对求助者，咨询人员与来访者建立良好的咨询信任关系；分析出现电子书成瘾的原因，并进行调整和改变；改变来访者简单、僵硬的行为方式和模式，建立合理的生活秩序。帮助改善其个性，形成正确的自我观念，提高个体的适应性和人际交往能力，处理生活挫折的能力，最终促进其人格的完善和心理健康。

强调人的自主自立，对自己负责的品质。要求求助者通过自我分析、审视、探索，反省生活行为，将最重要的生活行为具体化、数量化，在咨询师、父母或同学的帮助下加以实施，通过定期的评估与反馈，改善生活现状，并在此过程中逐渐明确自己应该做什么，多长时间完成，如何完成等问题，从而回归正常、积极的生活状态。

采用现实疗法帮助来访者正视和面对现实生活，提升其心理品质和能量，采用生活分析法改善来访者简单僵硬的行为模式，建立合理的生活方式。

经过5次咨询和一次随访，与来访者建立良好的咨患关系是咨询的基础和关键，特别对于本例来访者，刚开始的求助意愿低，只有建立安全、轻松的环境才能完成后续

经过7次咨询，来访者从刚开始缺乏求助意愿到后来积极主动寻求帮助，配合咨询方案直面自己的问题，寻找解决问题的方法和途径，遇到不良情绪时积极寻求缓解方案。

辅导员认为来访者比原来积极，看上去精神状态好了很多，不再懒散，能够主动参加班级活动；宿舍同学发现来访者玩手机的频率和时间明显减少，生活更有规律，按时上课、吃饭、睡觉，与同学主动打招呼，聊天。快放假时，咨询师

打电话回访,来访者考试挂科一门,但情绪良好,并未受到影响,电子书成瘾症状基本消失。

2015年,张建[1]著文分析了数字出版背景下的手机阅读审美心理。

与数年前人们关注的问题不同的是,张建已经不再关心数字化阅读是否会带来心理上的不适这样的问题了,而是将注意力放在数字化阅读对人们产生的吸引力和读者审美心理的变化上。

作者认为,随着智能手机和移动互联网的飞速发,人们利用手机看书读报、上网、聊天已经成为一种最普遍的日常生活方式。手机阅读是以手机为文本载体,以内容的娱乐化、快餐化和通俗化为文本特点的一种全新的阅读方式,也是产生于信息社会、消费社会、审美化生存时代等多重语境中的一种普遍的社会现象。正是因为其产品特点顺应了当前社会的阅读需求,手机阅读自诞生之日起,便以其阅读方式的灵活性、随意性等特点迅速在用户人群中流行开来,并给传统的阅读方式带来了巨大冲击。

阅读活动实质上就是一种审美活动,人们通过阅读扩大眼界,丰富知识,达到自我创新和自我超越的目的。在马斯洛的需求层次理论中,阅读归属于人的自我实现需要,是一种最高的需求层次。当前,由于手机媒体的到来,人们的阅读方式和观念都发生了深刻的变革,读者需要的不仅仅只是悦目悦耳,也要求悦心悦神。手机审美欣赏的过程,就是进行审美的选择、分析、判断、体验、品位等的心理活动过程,通过联想、想象、情感活动来把握对象的审美特性,从而产生审美的快适感,以达到审美主客体的融合,获得高度的审美享受,这就是手机审美带给读者的美感体验。在手机出版过程中,只有把握好读者的审美心理,使手机出版物从内容到形式无不蕴含着美,让读者在阅读的过程中不断获得精神上的愉悦和享受,阅读中的审美主客体之间才会产生美的情感体验,激发共鸣,手机阅读只有这样才会成为现代人的一种有美学价值的欣赏方式和生活方式。

手机阅读作为浅阅读具有便捷性、随身性、即时即地性等优点,对于没

---

[1] 张建.数字出版背景下的手机阅读审美心理探要[J].阿坝师范高等专科学校学报,2015,32(1):35-38.

有整块阅读时间的人来说，在碎片化的时间里能阅读到或幽默或深刻或感人或悬念迭出的故事、小说、散文或其他文化产品，能在散碎时间段落中随时随地发现日常世界中的那些平凡琐事，极其微妙的甚至是不引人注目的美感，获得瞬时而又激动人心的审美体验，这就是手机阅读带给读者的前所未有的阅读新感觉。

　　在一个文化多元化的时代，阅读理应是有着不同方式、不同层面及不同取向的多元阅读。当手机阅读等新的文化形式开始登上审美文化的舞台时，我们发现，现代视觉文化背后的审美缺失已经带来新的"视觉疲劳"，只有在阅读中满足读者更多元的审美理想，既重感性，也重理性；既平民主义式，也精英主义式；既平面化感受，也深层次阅读，这样的手机阅读才会是健康、和谐而又富于生机的阅读。

　　每一种新媒体或新载体的出现都会带动受众心理上的变化，但这些心理上影响都会很快随着对新媒体或新载体的陌生感的消失而消失，因为无论是什么表现形式，人们最终关注的还是信息的本身。数字化阅读带来的读者心理问题也是暂时的，当屏幕随着技术的发展最终变得比纸张更具亲和力的时候，这一切关于数字化阅读的心理现象的研究也就走到了尽头。当然，科学的发展是无止境的，一个新的技术带来的新的心理问题还会萦绕在人们的心头，成为人们新的谈论热点。

参考文献

[1] [美] 库尔特·考夫卡. 格式塔心理学原理 [M]. 北京：北京大学出版社，2010.

[2] [美] 考夫卡. 格式塔心理学原理 [M]. 傅统先，译. 商务印书馆，1937.

[3] 沈德灿. 精神分析心理学 [M]. 杭州：浙江教育出版社，2005.

[4] 张汉强. 青少年阅读心理学概论 [M]. 武汉：武汉出版社，2008.

[5] 刘水平. 阅读心理学 [M]. 呼和浩特：远方出版社，2005.

[6] 张必隐. 阅读心理学 [M]. 北京：北京师范大学出版社，2002.

[7] 钱明霞. 管理心理学 [M]. 北京：机械工业出版社，1998.

[8] 王秀成. 科技情报心理学 [M]. 北京：科学技术文献出版社，1987.

[9] 张国印，张天元. 简明读者心理学 [M]. 北京：中国财政经济出版社，1998.

[10] 张元璞，厉淑纯. 读者心理学 [M]. 北京：学苑出版社，1990.

[11] 钟德芳. 现代读者心理学概论 [M]. 北京：大众文艺出版社，2005.

[12] 潘伯善，王香君. 图书馆心理学 [M]. 武汉：武汉大学出版社，1991.

[13] 杨林. 从阅读到"悦读"图书馆心理学述略 [M]. 武汉：长江出版社，2011.

[14] 杨威理. 西方图书馆史 [M]. 北京：商务印书馆，1988.

[15] 谢灼华. 中国图书和图书馆史 [M]. 武汉：武汉大学出版社，1987.

[16] 杨子竞. 外国图书馆史简编 [M]. 天津：南开大学出版社，1990.

[17] [美] 约翰逊. 西洋图书馆史 [M]. 尹定国，译. 台湾学生书局，1983.

[18] 牛文娟，宫敏. 读者心理学探析 [J]. 图书馆工作与研究，1997 (3)：39 - 42.

[19] 梅雪. 读者心理学研究管见 [J]. 图书馆杂志，1994 (4)：20 - 21.

[20] 梁晓军. 图书馆服务工作中的读者心理学 [J]. 图书与情报，1985 (Z1)：119 - 122.

[21] 薛伟平，金荣彪. 读者心理学研究中的图书馆环境问题 [J]. 图书馆界，1983 (Z1)：27 - 30.

[22] 王靖元. 读者心理学 [J]. 国家图书馆学刊，1983 (1)：32 - 38.

[23] 唐培和，等. 计算学科导论 [M]. 重庆：重庆大学出版社，2003.

[24] 马文驹,李伯泰. 现代西方心理学名著介绍[M]. 上海:华东师范大学出版社,1991.

[25] 胡昌平,乔欢. 信息服务与用户[M]. 武汉:武汉大学出版社,2001.

[26] 柯平. 信息咨询概论[M]. 北京:科学出版社,2008.

[27] 顾立平. 开放获取与信息服务[M]. 北京:科学技术文献出版社,2016.

[28] Downing J, Leong C K. Psychology of reading. New YorK:Macmillam, 1982.

[29] SHARONL B. The development and validation of the library anxiety scale[D]. Wayne State University 1992.

[30] QUNG J, ANTHANY J. Identifying Library Anxiety Through Students' Learning – Modality Perferences[J]. The Library Quarterly, 1999(2):202 – 216.

[31] MICHEL C. Library anxiety in the electronic era, or why won't any body talk to me anymore? One librarian's rant[J]. Reference & User Services Quarterly, 2005(4):314 – 319.

[32] QUINN B. Enhancing academic library performance through positive psychology[J]. Library Administration, 2005(1):79 – 101.

[33] MELLON A. Library Anxiety:A Grounded Theory and Its Development[J]. College & Research Libraries, 1986(2):160 – 165.

[34] FRANK S. Reading[M]. Cambridge:Cambridge University Press, 1998.

[35] GIBSON E J, LEVIN H. The psychology of reading. Cambridge:MIT Press, 1975.